KB242439

/학/교/에/서/의/
청소년 인권

/학/교/에/서/의/
청소년 인권

권재원 지음

KSI 한국학술정보(주)

머리말

"……나는 법, 도덕, 정치 등에 대한 비판을 각기 독립적인 별도의 소책자로 수행하고 그 마지막에 특별히 노력하여 다시 전체의 연관, 각 부분들의 관계, 최종적으로 저 소재들의 사변적 가공에 대한 비판을 제시할 것이다.……"

생뚱맞게 인용된 이 글은 칼 마르크스의 경제학 철학 노트의 머리말이다. 이 노트는 끝내 완성되지 못했으며, 따라서 간행되지도 못했다. 이 책이 빛을 본 것은 마르크스의 사후 거의 100년이 지나서의 일이다.

이런 생뚱맞은 인용으로 청소년 인권에 관한 이 책의 머리말을 여는 이유는 필자가 목표한 대로 책을 완성시키지 못한 데 대한 변명을 하기 위함이다. 무릇 야심은 학문의 가장 큰 동력이지만 가장 큰 장애물이기도 하다. 인용문을 보면 짐작할 수 있겠지만 청년 마르크스는 저 장대한 기획을 끝내 완성하지 못했다. 젊고 확신에 차 있던 마르크스는 저 작업을 몇 개월이면 해결할 수 있으리라 생각했지만 이 기획은 그의 평생을 다 바쳐도 끝내 완성하지 못하는 필생의 과업이 되고 말았다. 마르크스 같은 위대한 천재도 이렇게 거창한 계획은 완성하지 못했던 것이다. 그럼에도 이렇게 거대한 계획을 세운 것 역시 당시 마르크스가 젊었기 때문이다.

그런데 이 책의 집필을 계획하면서 필자 역시 마르크스가 빠졌던 야망의 함정에 빠졌다. 애초에 이 책을 내기로 마음먹은 것은 아주 소박한 동기에서였다. 나름대로 청소년 연구사로 활동하면서 몇 년간 몇 편의 논문을 발표하였다. 그리고 선배 학자들을 보면 통상 주제를 같이하는 논문 다섯 편 정도가 모이면 이를 보강하여 하나로 묶어 책으로 엮어 출판하는 것이 관례인 것으로 보였다. 필자 역시 이런 단순하고 소박한 생각으로 이 책을 기획했다. 그러니 이 책은 마음만 먹으면 두어 달이면 완성할 수 있는 책이었고, 그래서 덥석 시간도 촉박하게 출판계획을 맺었던 것이다. 그러나 막상 집필을 시작하자 야망이라는 짐승이 엄습해 왔고, 나약한 인간인 필자는 거기 굴복하고 말았다. 다음의 목차를 보면 필자의 꿈이 얼마나 거창했는 지 확인할 수 있다.

제목: 학교 내 청소년 인권의 문제와 과제

서론

1부 청소년기의 의미와 권리
1. 청소년기의 의미: 생물학적 문화적
2. 청소년기의 특징
3. 청소년의 권리: UN협약과 청소년 헌장

2부 학교와 청소년
1. 학교 교육의 배경
2. 청소년 보호기관으로서 학교
3. 청소년 억압기관으로서 학교

3부 학교와 청소년 인권
1. 기본권적 권리
2. 학습권적 권리
3. 문화적 권리

4부 한국 청소년의 인권 실태
1. 학교에서의 청소년 학습권의 실태
2. 학교에서의 청소년 기본권과 실태
3. 청소년의 문화 향유권과 실태
4. 교사와 학부모의 청소년 인권의식

결론: 청소년이 행복한 학교를 위하여

학문의 길을 오래 걸어온 분들이라면 짐작하겠지만 이와 같은 기획은 평생을 걸어도 모자란, 아니 해당 분야의 학술사 전체가 매달려야 하는 과업이다. 이 중 필자가 애초에 발표했던 논문들은 저 목차상에서 4부의 일부에나 해당되는 미미한 것이었다. 그러니 원래 계획보다 4배, 아니 40배 이상 커진 계획을 세운 것이다. 어떻게 이런 엄청난 작업을 몇 개월 만에 끝낼 수 있겠다고 생각했는지 스스로 생각해 보아도 그 용기가 대견스럽기도 하고 부끄럽기도 하다. 더군다나 불혹의 나이에 청년기에나 있을 법한 야망과 만용의 함정에 빠졌다는 것이 회춘의 신호라고 해야 할지 철이 덜 들었다는 경고라고 해야 할지 판단하기 어렵다. 더군다나 필자는 감히 마르크스에 비할 수 없는 평범한 지식인이자 교육자에 불과하지 않은가?

당연히 모두가 예상할 수 있겠지만 필자는 저 거대한 기획을 도저히 완성할 수 없음을 깨달았다. 그동안 발표했던 청소년 관련 논문들을 보강하여 그저 엮어 내는 것이 현재로서 할 수 있는 필자의 최대한임을 깨닫기 위해서는 너무 많은 비용을 치러야 했다. 이 깨달음을 얻었을 때 필자는 이미 200자 원고지로 환산하여 500매 이상의 글을 쓴 상태였고, 그 정도의 적지 않은 분량의 글을 썼음에도 아직 원래 계획된 총 4부 중 2부의 절반도 마치지 못한 상태임을 확인하고 아득해하고 있던 상황이었기 때문이다. 작은 책 한 권 분량의 글을 쓰고서야 이 글이 도저히 완성될 수 없는 글임을 깨달았을 때의 참담함은 겪어보지 않은 사람은 도저히 짐작조차 못할 것이다. 그러는 동안 출판사와 약속했던 날짜는 훌쩍 지나가 버리고 말았고, 필자는 비참한 심정으로 자비를 구하는 편지를 보낼 수밖에 없었나. 다행히도 출판사는 3개월의 말미를 주었다.

그러나 이미 발표한 논문 다섯 편을 적당히 손질해서 엮는 것은 또한 자존심 상하는 일이었다. 물론 논문들을 모아서 단행본으로 손질하는 것이 무가치한 일은 아니다. 학술지들은 통상 매우 적은 지면만을 허용하기 때문에 하고 싶은 말을 다 하지 못하고, 문체 또한 건조하기 짝이 없다. 또 학회마다 나름의 학풍이 있고 경우에 따라 금기도 있기 때문에 학술지에 논문을 낼 때는 자기도 모르는 사이에 말조심을 하게 된다. 공연한 분란에 휩싸일 필요는 없는 것이며, 게재 심사에 탈락하는 것도 안 될 일이다. 사정이 이러하니 학술지 논문들이 불만의 근원일 수밖에 없다. 글쓴이는 할 말을 못해서 불만이고 읽는이는 딱딱하고 흥미가 없어 불만인 것이다. 따라서 학술지에 발표했던 논문들을 단행본으로 엮는 것은 굳어 있던 논문들에 생명을 주는 것이며, 독자와의 흥미로운 소통을 복원하는 것이니 결코 사소한 작업이 아니다.

그러나 이런 듣기 좋은 말들도 참담한 필자의 참담한 심정에는 별 위로가 되지 않았다. 그렇다고 저 불가능한 기획으로 다시 뛰어들 수도 없다. 여기서 필자는 타협책을 찾았다. 그것은 저 불가능한 기획 중에서 1~3부에 해당되는 내용을 간략하게 개요식으로라도 작성하여 한 편의 작은 논문으로 정리하는 것이었다. 그렇게 되면 이 작은 논문은 책 전체의 일종의 서론의 역할을 하게 될 것이다. 그러고 나서 나머지 다섯 편의 논문을 이 서론의 기조에 맞춰 방향을 수정하면 단순한 논문 모음이 아니라 나름의 체계를 갖춘 책으로 엮어질 수 있게 될 것이다.

이러한 필자의 타협은 나름대로 성공적이었고, 그 결과가 이 작은 책자로 완성되었다. 따라서 이 책은 청소년 인권과 학교의 관계를 개관한 한 편의 총론과 학교에서의 청소년 인권의 다양한 측면을 살펴보는 구체적인 다섯 편의 논문으로 구성되었다. 결국 여섯 편의 모음을 모은 셈이지만 나름대로 일관된 흐름은 형성하고 있기에 한

권의 책이 될 수 있는 최소한은 간신히 갖추었다 할 것이다. 그럼에도 불구하고 이 책에 수록된 여섯 편의 논문들은 완전히 독립된 것들이 상호 간의 어떤 연계관계도 가지고 있지 않다. 이 점 독자제현의 양해가 있기 바란다.

하지만 여전히 스스로에게 던지는 질문이 남아 있었다. 도대체 이렇게 구차한 변명을 늘어놓으면서까지 굳이 책을 만들려는 이유가 무엇인가 하는 것이었다. 베스트셀러나 스테디셀러가 될 리 만무하니 무슨 금전적 이득이 생기는 것도 아닐 것이며, 어차피 발표했던 논문들 다시 엮은 것이니 연구실적에 큰 보탬도 되지 않을 것이다. 그럼에도 불구하고 이렇게 책을 엮은 것은 그동안의 연구물들에 대한 비판적인 검토가 필요해서다. 이 검토들을 통해서 필자는 그간의 연구물들이 미숙하고 조금은 무모한 면들도 있지만 그래도 나름 가치 있는 작업들이었음을 확인할 수 있었다. 모쪼록 이 엉성한 논문 모음이 청소년의 권리를 신장하고 지키는 데 조금이라도 기여하기를 바라면서 변명에 가까운 머리말을 마치고자 한다.

2008년 권재원

이 책에 수록된 각 장은 원래 여러 학술지에 발표되었던 논문들을 수정한 것이다.

첫 번째 장은 이 책을 위해 작성된 논문으로 발표된 적 없는 글이다.

두 번째 장은 한국 사회과 교육학회가 발간하는 학술지 『시민교육연구』에 2004년에 발표했던 논문의 수정본이다.

세 번째 장은 사단법인 한국교육연구소가 발간하는 『한국교육연구』에 2004년에 발표했던 논문을 수정한 것이다.

네 번째 장은 한국청소년학회가 발간하는 『청소년학연구』에 2005년에 발표했던 논문을 수정한 것이다.

다섯 번째 장은 한국청소년학회가 발간하는 『청소년학연구』에 2006년에 발표한 논문을 수정한 것이다.

마지막 장은 국가인권위원회의 용역을 받아 수행한 『청소년 인권 실태조사』의 보고서 중 필자가 간여한 부분만 별도로 편집한 것이다.

끝으로 자문자답 하나.

문: "뭣 하러 이미 발표한 논문들을 한곳에 모았는가? 다시 읽어 보니 크게 바꿔 쓴 부분도 없는데?"

답: "흩어져 있는 논문들을 일일이 찾아다니는 수고를 덜어주기 위해서?"

시민으로서 청소년 인권의 보편성과 특수성, 그리고 학교

CONTENTS

사교육 문제와 학교 내 청소년 인권의 관계

청소년의 학교·학원에서의 불만에 대한 질적 조사: 수업과 처우

C O N T E N T S

학교 복장규정이 청소년의 정치문화와 비행 예방에 미치는 효과 연구

CONTENTS

청소년의 학교수업 몰입에 영향을 주는 교사 특성에 대한 연구 –교사는 어떻게 학생들의 수업시간을 즐겁게 혹은 지루하게 만드나?

중·고등학교 청소년 인권의 실태에 대한 조사

시민으로서 청소년 인권의 보편성과 특수성, 그리고 학교

I. 서 론

학교에 대한 무차별 난타는 이제 더 거론할 이유도 없을 정도로 흔한 일이 되었다. 2007년 현재 교사는 거의 공공의 적이라 불릴 만큼 매도당하고 있으며, 심지어는 학생과 학부모에게 구타당하는 지경에 이르렀다.

사실 한국의 기본적인 정서는 이렇게 학교를 증오하지 않았다. 오히려 편애했다. 교육은 백년지대계였고 공부하는 학도들은 미래의 동량들이었다. 교육입국이라는 말에서 알 수 있듯이 학교는 희망과 번영의 주춧돌이었다. 하지만 이제 우리는 그동안 학교에 기울였던 과도한 편애가 이제 과도한 증오로 되돌아오고 있는 현상을 목도하고 있다. 한국의 학교는 모든 것을 다 이룰 수 있다는 과도한 축복에 도취되어 자신의 문제들을 돌아보지 못한 나머지 이제는 그 모든 것의 실패에 책임을 지고 매도의 대상이 되고 있다(이홍우, 2006).

사실 학교는 그 실상보다 과도한 매도의 대상이 되고 있기 때문에 현재 학교에 던져지는 질타들 중 상당수는 부당한 것들로, 학교가 귀담아 듣지 않아도 되는 것들이 대부분이다. 예컨대 "내 아이가 적어도 연·고대는 갈 수 있는 아이인데 학교가 잘못해서 못 들어갔다." 따위의 푸념에 학교는 결코 반응을 보일 이유가 없다. 어차피 서열화된 대학의 최상층은 전체의 10%도 가지 못하는 것이고, 모두가 그 10% 미만의 좁은 문만을 목표로 매진할 경우 90% 이상이 실패자가 되고 말 것은 자명하다. 그리고 사람은 실패의 원인으로 자신을 제일 나중에 꼽기 마련이니, 학교를 원망하는 목소리가 90%가 넘는 것은 당연하다. 학교와 교육제도는 그것이 어떻게 바뀌더라도 학생과 학부모가 마음을 고쳐먹지 않는 한 1등을 제외한 나머지로부터 어차피 욕을 먹게 되어 있는 것이다.

그러나 이런 이기적이고 뻔뻔스러운 불만과 달리 학교가 결코 가벼이 여겨서는 안 되는 불만이 있으니 그것은 학교가 아동과 청소년, 특히 청소년의 인권을 침해하고 있다는 불만이다. 학교가 청소년들의 인권을 충분히 보호하지 못하고 있다는 정도가 아니라, 도리어 학교가 앞장서서 청소년 인권을 침해하고 있다는 것이다. 이것은 결코 흘려들을 말이 아니다. 학교는 스스로를 면밀히 돌아보고, 그 내부의 어떤 부분에서 청소년들의 어떤 인권을 침해하고 있는지 찾아내고 그런 일이 없도록 충분한 조치를 취해야만 할 것이다.

그런데 이것은 말로는 쉬워도 실행의 단계로 가면 그리 간단한 문제가 아니다. 학교가 청소년 인권을 침해하는 요소를 제거해야 한다는 이 단순한 요구조차 간단한 문제가 아니게 만드는 이유는 무엇보다도 '청소년 인권'이 무엇인지에 대해 동의하는 것부터 그리 쉬운 일이 아니라는 것에서 비롯된다. 아니, 한발 더 나아가 청소년이라는 개념조차도 그 의미가 불분명하다.

하지만 청소년이라는 개념이 어떤 특수한 집단을 지칭하고 있기는 할 것이다. 만약 그렇지 않다면 굳이 인권이라는 말 앞에 청소년이라는 말을 덧붙일 이유조차 없었을 것이다. 아무도 특별히 성인인권이라는 용어는 사용하지 않는다. 청소년 인권이라는 말이 매우 흔하게 사용되고 있다는 것은 청소년이라는 특별한 집단을 이미 전제하고 있는 것이다. 하지만 매우 흔하게 사용되는 개념이라 해서 그것이 실제를 그대로 보여준다고 단언할 수는 없다. 칸트가 순수이성비판에서 말했듯이 근거 없는 확장을 좋아하는 우리의 지성은 간혹 실제와 무관한 허깨비를 만들어 내는 경향이 있으며, 여기에 문화적 가상까지 한 수 거들기 때문이다.

게다가 청소년이라는 개념뿐 아니라 인권이라는 개념 역시 무한한 허깨비를 만들어낼 수 있는 용어다. 사람들은 저마다 다른 뜻으로 청소년이라는 말을 사용하며 언쟁을 벌일 수 있고, 마찬가지로 저마다 다른 뜻으로 인권이라는 말을 사용하며 언쟁을 벌일 수 있다. 그러니 청소년 인권이라는 결합개념에서는 얼마나 많은 의미의 조합들이 나올 수 있겠는가? 이렇게 무수한 의미를 가진 '청소년 인권' 개념이 있다면, 학교가 그것을 침해했다고 할 때 무엇을 침해한 것이며 도대체 무엇을 개선해야 한단 말인가? 어떤 수든지 그것을 무한대로 나누면 영(무)이 된다. 그러니 청소년 인권의 개념이 한정되지 않는다면 학교가 청소년 인권을 침해하고 있다는 말은 학교가 아무것도 침해하고 있지 않다는 말과 동의어가 된다. 게다가 학교가 청소년 인권의 수호자가 되어야 한다는 당위도 생각처럼 그렇게 당연한 것이 아니다. 따라서 청소년 인권과 학교의 관계 역시 불분명하다. 결국 "학교가 청소년 인권을 침해하고 있기 때문에 이를 개선해야 한다."는 지극히 당연해 보이는 명제도 그 내부를 분해해 보면 무수하게 복잡한 가치들과 의미들이 엉켜 있는 것이다.

　이러한 문제의식에 입각하여 이 논문에서는 우리가 청소년이라는 개념을 사용할 경우 포괄할 수 있는 의미들을 한정하고, 또 인권의 의미를 명확하게 한 뒤 이들을 결합하여 '청소년 인권'이라는 개념의 몇 가지 가능한 의미들을 정리하고자 한다. 이러한 의미들이 정리되었을 때 각각의 의미에 따라 학교가 침해하는 인권이 어떤 것이며, 이를 방지하거나 혹은 수호하기 위해 학교는 무엇을 해야 하는지 밝혀질 것이다. 이는 어떤 의미에서는 청소년 인권이라는 주제로 철학을 하겠다는 뜻이 되겠는데, 불행히도 필자는 교육학자이고 사회학자일 뿐 철학적 바탕은 일천하다. 아무래도 필자의 일천한 철학적 바탕을 연구의 한계라고 미리 전제해 두어야 풍부한 교육을 갖추고 깊이 있는 사려를 갖춘 독자들의 오해와 질타를 미리 면할 수 있을 것이다.

Ⅱ. 청소년의 의미

1. 청소년의 역사

　먼저 청소년이라는 말이 어떤 과정을 통해 형성되어 왔는지 그 용어의 역사를 검토해 보자. 청소년이라는 말이 매우 다양한 의미를 담게 된 것은 이 말로 의미하던 바가 시대에 따라 또 지역에 따라 매우 달랐기 때문이다. 이런 서로 다른 의미들이 계속 누적되어 오늘날과 같은 매우 복잡한 의미를 가진 청소년이 되었다.

엄밀히 말해서 청소년은 우리말이 아니다. 이는 서양의 Youth를 번역한 것이다. 사실 우리는 청소년이라는 말과 청년이라는 말을 따로 사용하지만 서양에서는 이 구별이 그렇게 명확한 것이 아니다. 독일어로는 모두 Jugend이며 영어로는 모두 Youth다. 다만 우리말에서는 청년이라는 말로 매우 젊은 성인을 의미한다는 것이 다르다. 우리말의 청소년은 확실히 서양의 Jugend나 Youth보다 한결 더 어린 느낌을 준다. 이렇게 어린 느낌을 주는 서양말로는 adolescence가 있다. 그러나 오늘날에는 adolescence와 youth를 엄격히 구별하지 않는다. 다만 youth가 20대 전반기의 젊은이까지 포괄할 수 있는 보다 넓은 의미를 가지고 있다.

이는 오랫동안 소년과 청년으로 연령을 구별해 왔던 역사에서 비롯되었다. 통상 유교문화권에서는 15세를 경계로 소년과 청년을 구별했다. 그러나 서양의 Youth는 통상 12, 3세에서 18, 9세 정도의 연령대를 의미한다. 여기에는 동양적 의미의 소년과 청년이 모두 포함되니 자연스레 청소년이란 말이 만들어질 수밖에 없었다. 따라서 청소년의 의미는 우리말이 아니라 서양의 Youth, Jugend가 무엇을 의미하는가를 통해 추적해 보아야 한다.

청소년이라는 용어를 가장 먼저 사용한 서양의 사상가들 중 단연 돋보이는 존재는 루소(Rousseau, 2006)다. 플라톤의 『국가』 이후 가장 위대한 교육의 정전으로 꼽히는 『에밀』에서 루소는 인생의 단계, 특히 성인이 되기 전 단계를 매우 세밀하게 분류한다. 그저 아이 / 어른이 아니라 아이 안에 영아기, 유아기, 소년기, 그리고 청소년기로 분류한 것이다. 이 중 청소년기에 대해 루소는 매우 모호한 입장을 취한다. 그리고 그때부터 이 모호함은 청소년기의 특징이 되었다.

이른바 질풍노도의 시기, 제2의 탄생이라는 말을 통해 비로소 성인의 첫걸음을 디디는 시기를 의미하는가 하면, 주변인이라는 말로 성인도 아동도 아닌 모호한 위치로 청소년을 규정하는 전통이 시작된 것이다.

물론 이러한 모호한 시기는 서양 역사에서 늘 있어 왔다. 특히 고대 그리스에서는 이 전통이 매우 강해 이른바 에페보스라 부르는 시기, 즉 아이는 아니지만 아직은 정식 시민으로 인정받지 못하는 특별한 훈련 기간을 두었다. 그러나 그 나이는 오늘날 우리가 청소년이라 부르는 연령대보다는 한결 높아서 통상적인 군 복무 기간 무렵이 이 시기에 해당된다(Boyd, 1966). 이런 전통은 오늘날까지도 서양에 흔적으로 남아서 20대를 사실상 어른으로 잘 취급하지 않는 문화의 배경이 되었다.

물론 오늘날의 관점에서 보면 루소의 이론은 모호한 점이 많고 또 과학적으로 잘못된 점도 많이 있다. 그럼에도 불구하고 루소는 아이들이 단지 작은 어른이 아니며, 어른이 될 준비를 하고 있는 미완성의 존재, 결여의 존재가 아님을, 또한 신체적으로 거의 어른이 되었다 할지라도 여전히 혼란스럽고 애매한 청소년기라는 시기가 있음을 처음 제시했다는 데 그 의의가 있을 것이다.

2. 청소년을 연령대로 분류할 수 있는가?

루소의 전통은 오늘날까지도 깊게 남아 있다. 무엇보다도 청소년기를 통상 10대 중 어떤 시기로 이해하는 것은 거의 관습화되었다. 오늘날 청소년기와 틴-에이지 혹은 1318세대는 거의 동의어처럼 사용된다. 물론 중·고등학생이라는 말도 비슷하게 사용되어서 만 19세인 대학교 신입생들의 처지를 몹시 혼란스럽게 만들기도 한다.

그런데 이렇게 루소의 용어법과 분류법을 따라가다 보면 우리는 하나의 혼란에 도착하게 된다. 그것은 신체적으로 정신적으로 엄청난 변화가 일어나는 특정한 시기를 지칭하는 다른 용어, 즉 사춘기(puberty)라는 용어가 있기 때문이다. 사실 루소가 정의한 청소년기는 어떤 의미에서는 오늘날 사춘기라는 용어에 더 가깝다.

사춘기는 급격한 신체적 성장, 성적 능력의 발흥과 그로 인한 호르몬의 급격한 변화로 인해 심리적으로도 매우 독특한 현상을 보이는 과도기를 의미한다. 이것이야말로 오히려 질풍노도, 제2의 탄생이라는 말을 더 잘 포괄하는 용어다.

이 단어의 어원은 사실 결혼 적령기, 즉 생식이 가능한 나이라는 뜻을 가지고 있다. 따라서 여성이 초경을 시작하는 나이, 남성이 처음 정액을 생산하는 나이를 의미한다. 통상 남성은 만 14세, 여성은 만 12세를 이 시기로 보아 왔지만, 최근 이 연령대가 점점 내려가는 것이 추세라서, 오늘날에는 사춘기의 연령대와 통상적인 청소년기의 연령대가 큰 차이를 보이게 되었다.

물론 루소가 이런 생리적인 의미로 청소년을 사용한 것은 아니다. 처음 생식을 할 수 있게 되었다는 것보다 루소가 더 중요하게 생각한 것은 이성을 영접한다는 것이었다. 하지만 이런 이성적 사고의 조작적 정의라 할 수 있는 형식적 조작능력이 나타나는 연령도 점점 낮아지는 추세에 있어서 역시 통상적인 청소년기, 즉 틴 에이지의 범위를 많이 벗어난다.

게다가 현대사회로 올수록 한 사람의 성인으로 버젓이 행세할 수 있는 준비태세가 점점 늦춰지는 추세다. 실제로 대학에서 가르쳐 본

경험이 있는 사람이라면 오늘날 20대를 성인으로 인정하기가 점점 어려워짐을 확인할 수 있을 것이다. 2007년 현재 대학생들이 스스로 느끼고 있는 연령 수준과 실제 받고 있는 대우는 술을 마시고 담배를 피우고 섹스를 한다는 것 외에는 1980년대의 고등학생과 큰 차이가 없다. 물론 2007년 현재 고등학생들은 1980년대 고등학생들보다 술도 더 많이 마시고, 담배도 더 많이 피우고, 섹스도 더 많이 한다.

이런 상황에서 일부 보수적인 화자는 군대를 갔다 와야 겨우 어른이 된다거나 혹은 아이를 낳아야 어른이 된다는 주장을 하기도 하지만 용돈을 주지 않는다고 부모를 구타하는 철없는 30대 혹은 대책 없고 철없는 부모가 점점 늘어나는 것으로 보아 이런 주장도 그리 타당성을 얻기 어렵다.

그렇다면 이 난관을 벗어날 수 있는 길은 청소년기에 해당되는 연령대를 계속 확장하는 것이다. 아래로 더 내리고 위로 더 늘리는 것인데, 실제로 학자에 따라서는 만 11세~23세까지를 청소년으로 분류하는 사람도 있다.[1] 그러나 이렇게 확장했다 하더라도 그 연령대가 반드시 청소년을 망라한다고 보기는 어렵고, 그 연령대 바깥이 아동과 성인이라고 단정하기 어렵기는 마찬가지다. 따라서 연령대를 어떻게 조절한다 하더라도 이를 바탕으로 청소년을 설명하기란 사실상 불가능하다.

---

1) 이렇게 될 경우 우리는 갓 사범대학을 졸업한 교사가 일선에서 학생을 지도할 때 청소년이 청소년을 지도하는 상황에 처하게 된다.

3. 심리적 · 사회적 발달단계로서 청소년

지금까지 살펴본 바와 같이 어떤 특정 연령대를 청소년으로 바로 환원하는 것은 불가능하며 매우 복잡한 변수들과 얽혀 있다. 이는 비단 청소년뿐 아니라 모든 인생의 시대를 구분하는 경우에도 마찬가지일 것이다. 오늘날 30이면 이립, 40이면 불혹 식으로 특정 연령대의 성장, 발달단계를 대담하게 선언하는 경우는 찾아보기 어렵다. 그러나 그 어려움이 인생의 성장 발달단계가 존재하지 않는다는 의미는 아니다. 다만 이를 일정한 연령대로 단정지을 수 없을 뿐이다. 따라서 학자들은 연령 대신 어떤 심리적, 사회적 특성을 지표로 삼아 발달단계를 정의하려고 시도하였다. 물론 피아제처럼 심리적 특성과 연령을 결합하여 설명하려는 시도도 있었지만 후속연구에 의해 그가 제시한 발달단계의 연령은 대체로 오류로 증명되었다.

그렇다면 청소년기란 아동보다 나이가 많고 성인보다는 어리면서 그 특성상 아동과 성인 어디에도 해당되지 않는 연령집단을 의미한다. 하지만 이것도 그렇게 간단한 문제는 아니다. 적어도 여기에 대해서는 다음과 같은 조합들이 모두 가능하기 때문이다.

① 아동의 특성 일부를 보유하면서 성인의 특성도 일부 보유하고 있는 집단이다.

이 견해를 대표하는 사람은 사회적 장이론(social field theory)으로 유명한 레빈(Lewin, 1951)이다. 그의 주장에 따르면 청소년기는 아동의 활동장의 일부를 포기해야 하면서도 성인의 활동 공간에 전면적 입장이 허락되지 않는 시기를 의미한다. 그 외 다양한 이론들이 있지만 대체로 이들의 주장은 아동 반, 성인 반이 섞인 모호한 존재로서 청소년을 그리고 있다. 이러한 주장에 따른다면 아동의 특징과 성인의 특징이 섞이기 시작할 때 청소년기가 시작되며, 아동의 특징이 완전히 사라지고 성인으로 완성되었을 때 청소년기가 끝난다. 구체적 연령은 여러 가지 변인들이 작용하여 서로 다를 것이다.

② 아동과 성인 누구에게도 존재하지 않는 독특한 특성을 지니고 있는 집단이다.

이 주장을 따르게 되면 청소년은 단지 과도기가 아니다. 청소년의 특성은 아동 반, 성인 반 섞어서 유추할 수 없다. 청소년은 그 자체 독특한 존재이며, 나름의 과업을 가진 시기다. 루소도 이러한 의미로 청소년기를 사용하였다. 사실 루소에게는 모든 연령단계가 다음 연령단계로 가기 위한 과정이자 준비가 아니라 자체 고유한 목적이었다. 어린이의 목적은 어른이 되는 것이 아니라 어린이가 되는 것이다. 마찬가지로 청소년의 목적은 청소년으로 완성되는 것이지 결코 어른으로 완성되는 것이 아니다. 이는 결국 미래의 이름으로 현재를 착취하지 말라는 명령이 된다. 이는 칸트의 정언명령에도 해당된다. 만약 현재를 미래의 목적으로 삼는다면 이는 미래의 성인인 자신이 현재의 청소년인 자신을 수단으로 삼는 것이기에 정언명령 위반이 되는 것이다. 따라서 청소년은 미래의 모습이 아니라 현재의 모습, 미래의 욕구가 아니라 현재의 욕구, 미래의 존엄이 아니라 현재의 존엄에 따라 대우받을 자격이 생기는 것이다.

②번의 입장을 선택하는 것이 한결 친인권적이고 민주적으로 여겨질 것이다. 그러나 여기에도 문제가 있다. 그렇게 된다면 '자아'는

유아의 자아, 아동의 자아, 청소년의 자아, 그리고 성인의 자아가 각기 별도의 목적을 가진 별개의 존재들이 되며 우리의 인생은 단계적인 자아분열중에 불과하게 되기 때문이다. 만약 자아를 자신의 일대기를 통합할 수 있는 능력으로 보는 에릭슨(Erikson, 1959)에게 동의한다면 이는 실로 심각한 문제가 아닐 수 없다. 과거를 회상했는데 지금의 내가 아닌 다른 나들로 채워져 있는 삶은 통일성을 상실하고 말 것이다. 바로 여기에서 '정체성(Identity)'의 문제가 대두된다.

에릭슨은 독특하게 이 정체성 자체를 청소년기의 특징으로 설정하였다. 정체성과 자아통합에 대한 욕구가 발생하고 이를 조직화하는 시기가 바로 청소년기라는 것이다. 즉 자아 정체성을 확립하는 시기가 청소년기인 것이다. 따라서 에릭슨의 유명한 이른바 인생 발달의 8단계에서 청소년기는 이후의 삶이 통합된 자아를 보유한 실현 가능한 삶이 되는가 아니면 사실상 자아의 주인이 되지 못한 체 수동적으로 끌려 다니거나 방황하는 삶이 되는가를 결정하는 매우 중요한 시기가 된다. 하지만 에릭슨은 이 특정한 시기에 자아 정체성이 확립되는지 아니면 자아 정체성이 확립될 때까지 시기를 청소년이라고 부르는지 명확한 답을 주지 못했다.

이것은 가볍게 넘어갈 문제가 아니다. 만 20세가 될 때까지 자신의 정체성을 확립하지 못한 사람을 실패자로 부르는 것과 만 30세가 될 때까지 자신의 정체성을 확립하지 못한 사람을 청소년이라고 부르는 것은 엄청난 차이가 있기 때문이다. 전자의 경우 두 번의 기회는 없다. 반면 후자의 경우는 이른바 대기만성이라도 기대할 수 있는 것이다. 그렇다고 나이 서른이 넘어서도 정체성을 확립하지 못하고 모색에 모색을 거듭하는 사람을 청소년이라고 부르는 것도 어색한 일이다. 흔히 만년 청년이라는 말을 쓰기도 하지만 이는 주로 활력과 건강이 뛰어난 중년을 지칭하는 것이다. 따라서 에릭슨의 청소년은 자아 정체성 확립의 발달과제와 일정 연령대가 대체로 일치한다는 의미 정도로 받아들여야 할 것이다. 즉 통상 넓게 잡아 12~23세 사이에 자아 정체성 확립의 과업이 가장 활발하게 수행된다는 의미로 잡아야 할 것이며 이 시기를 청소년기라 부른다는 의미로 해석하는 것이 가장 타당할 것이다.

게다가 이 정체성이라는 것조차 근대의 산물이라는 주장이 있다. 실제로 근대 철학인 실존주의가 대두되기 전까지 정체성이라는 용어는 에릭슨의 용법과 매우 다르게 사용되었다. 원래 이 정체성은 개념, 관념과 실제 사물의 일치를 의미한다. 이렇게 사용되었을 경우 이는 개별성, 특수성이 아니라 주로 보편성에 해당되는 것이다. 즉 개별적 존재가 보편자와 자신을 동일화하면서도 개별성을 유지하는 것이 정체성의 의미가 된다. 이런 의미에서 20세기 이전의 Identity 는 정체성보다는 동일성이라는 용어로 더 많이 번역한다. 이 용어가 에릭슨이 말하는 정체성으로 사용되기 위해서는 하이데거(Heidegger) 의 이른바 기투(entwerfen)의 개념이 나타나야 한다.

그러나 이 경우에도 문제가 된다. 몰렌하우어(Mollenhauer, 1983) 가 적절히 지적했듯이 이렇게 기투로서 정체성을 파악한다면 이는 평생을 통해 결코 확립될 수 없는 것이기 때문이다. 그렇다면 인생은 사망하는 그 순간까지 평생 청소년기에 머물러 있는 셈이 된다.

그런데 놀랍게도 에릭슨을 제외한 발달 심리학자는 청소년기에 대한 이렇다 할 정의나 설명을 제공하지 않았다. 피아제(Piaget)는 그의 인지 발달이론과 도덕성 발달이론에서 모두 만 14세를 종점으로 설정하였다. 인지 측면에서 만 14세에 도달하면 형식적 조작기에 들어서서 상징을 조작하고 추상적으로 사고하는 능력을 획득한다. 이는 성인과 동등하게 생각할 수 있게 되었다는 의미다. 물론 피아제는 성인들 중에 여전히 구체적 조작기에 머물러 있는 사람들이 많음을 알고 있었다. 따라서 자질에 따라 만 14세에 도달하면 웬만한 어른들보다 발달단계가 더 높을 수도 있는 그런 나이에 도달한 것이다. 이는 도덕성 발달에서도 마찬가지로 나타난다. 콜버그(Kollberg) 역시 만 14세에 후인습적 도덕 단계에 접어듦으로써 도덕성 발달이 완료되는 것으로 보았다. 이들의 공통점은 이 나이에 이르러 추상적 사고, 추론적 사고, 즉 이성에 의한 사고가 가능하다는 데 있다. 이는 뿌리 깊은 루소의 전통이다. 루소의 이른바 제2의 탄생이 신체적 존재에서 이성적 존재로 재탄생하는 것을 의미함은 앞에서 살펴본 바와 같다. 그런데 루소에게는 제2의 탄생은 있어도 제3의 탄생은 없다. 즉 일단 이성이 반가운 손님처럼 찾아오면 그다음 해야 할 일은 이 손님을 영접하고 육성하는 것이다. 따라서 아동과 청소년의 차이는 질적인 차이지만 청소년과 성인의 차이는 양적인 차이에 불과하다. 단지 이성적 추론 능력의 차이가 청소년과 성인의 차이라면 당연히 개인 특성에 따라 17세 청소년을 40세 성인보다 더 신뢰해야 하는 경우도 인정해야 할 것이다. 이는 유럽이나 동아시아 전통에서도 낯설지 않게 마주치는 상황이다. 모차르트와 같은 천재가 어린 나이부터 커리어를 쌓아갈 수 있었던 것 역시 이런 배경에서 이해할 수 있을 것이다. 오늘날 같이 확고한 청소년기의 경계가 있는 사회에서는 제아무리 모차르트라도 그렇게 빨리 커리어와 명성을 쌓기가 쉽지 않았을 것이다.

프로이트 역시 청소년기에 대한 특별한 배려를 하고 있지 않다만 14세가 되면 이른바 성기기에 도달한다. 즉 생식능력과 성욕이 완성되는 것이다. 그러니 오늘날의 눈으로 보면 몹시 어색한 14세

줄리엣의 정사장면이 프로이트에게는 매우 당연한 것이 된다. 14세가 되었음은 사실상 성인으로서 첫발을 내딛었음을 의미한다. 루소, 피아제, 콜버그, 프로이트를 따르자면 청소년기는 발달단계상의 특별한 단계라기보다는 처음 성인으로 삶을 시작한 아직은 서투른 시기에 불과하다. 마치 운전면허를 처음 따고 도로에 나섰을 때처럼 아직은 서투르고 미숙하지만 근본적으로 그 능력은 성인과 동등한 것이다.

심지어 청소년기를 가장 명확하게 규정한 에릭슨의 발달 이론에서도 청소년과 성인을 질적으로 구별하지 않고 있다. 이른바 성인기역시 성년 전기, 중기, 후기, 노년기로 나누고 각각의 발달과업을 부여하고 있기 때문이다. 따라서 발달 과정상에서 만 20세 이상이 만 13~19세에 비해 특별한 우위에 있다고 보기 어렵다. 에릭슨의 이론은 단지 특정 연령대가 가장 많이 요구되는 과업이 무엇인지 제시한 것에 불과하다.

이렇게 되면 혼란이 발생한다. 발달심리학에 따르면 청소년기는 사실상 성장이 완료되어 이성적 존재로서 첫발을 딛는 단계이던가 아니면 정체성 확립이라는 고유의 과업이 부과되는 인생의 여덟 단계 중 하나에 불과한 것이기 때문이다. 전자의 예를 따르자면 청소년기는 성인의 기능에 숙달되기까지의 잠깐 혹은 평생이 될 수 있다. 후자의 예를 따르자면 정체성이 확립되기까지의 유동적인 기간이 청소년기가 된다. 따라서 청소년기는 인생의 어떤 특정한 연령대로 환원할 수 없으며, 당연히 특정한 연령대를 청소년으로 규정하여 각종 권리상의 제한을 둘 수도 없는 것이다.

4. 문화적 개념으로서 청소년

이렇게 발달심리학적으로 청소년을 규정하기가 어려운 이유는 청소년이라는 개념 자체가 사실상 문화적 가상에 불과하기 때문인지도 모른다. 마가렛 미드(Mead, 1961)는 이런 문화적 가상으로서의 청소년 개념을 지지한다. 그녀는 여러 원시부족들의 성인식을 관찰한 결과 아동기와 성인기가 연속적인 문화와 단절적인 문화 사이의 차이점을 밝혀냈다. 연속적인 문화에서 아동은 나이가 먹으면서 차차 성인이 되어간다. 성인이 되었다고 해서 아동기 때 하던 일을 중단하지 않는다. 성인은 아동이 자란 존재이며 아동에 새로운 것이 추가된 존재다. 어른들은 아이들 때 즐기던 놀이를 결코 중단하지 않는다. 이런 사회에서는 청소년이란 긴 과도기가 존재하지 않는다. 그들은 단지 간단한 통과의례만 마치면 바로 성인 사회로 진입된다.[2] 반면 아동기와 성인기가 문화적으로 단절된 사회에서는 아동기의 문화를 버리고 성인의 문화를 내면화하기 위한 시간이 필요하다. 사회마다 차이가 있겠지만 적어도 그 시간이 하루의 성인식 축제로 불충분함은 분명하다. 그 기간은 그 사회가 얼마나 복잡한가, 그리고 그 사회에서 어른으로 인정받기 위해 필요한 문화적 자원의 양이 얼마나 많은가에 달려 있다.

결국 미드가 말하고자 하는 바는 청소년은 인생의 발달단계의 공통의 단계가 아니며, 단지 그 사회의 문화에 따라 그 존재 여부가 결정된다는 것이다. 따라서 청소년이라고 하는 하나의 선험적인 발

---

2) 남태평양의 통과의례에서 시작된 게임이 유명한 번지점프다. 남태평양의 어린이들은 수염이 날 나이가 되면 번지점프를 하면서 자신의 용기를 입증하고, 즉시 성인으로 인정된다. 따라서 이들에게는 우리의 청소년기라고 하는 기나긴 과도기가 존재하지 않는다.

달단계를 전제하는 것은 과학이라기보다는 차라리 형이상학에 가까운 것이 된다.

이는 실제 역사적으로 남성의 청소년기가 여성의 청소년기보다 더 길게 주어졌다는 사실로도 입증된다. 한국의 예를 들면 여성은 사실상 첫 생리와 함께 성인으로 간주된 반면 남성은 관례를 올린 다음에도 상당 기간 '애송이' 취급을 받은 다음에야 성인사회의 구성원으로 받아들여졌다. 유럽의 경우는 이보다 차이가 더 심해서 여성은 17, 18세만 되면 혼인 적령기가 되고 25세만 넘어가면 노처녀 취급을 받은 반면 남성은 30세나 되어야 성인으로 대접받았다.[3] 이는 남성과 여성이 생물학적으로 다르다는 점을 인정하지 않는다면 단지 문화적인 관습으로밖에 받아들일 수 없는 현상이다.

혹은 같은 사회, 시대에서도 사회 계급에 따라 청소년기가 전혀 다르기도 하였다. 19세기 영국의 예를 들면 귀족 집안의 남성은 옥스퍼드나 캠브리지 같은 엄격한 대학생활을 마치고 23~4세가 될 때까지 사실상 청소년으로 간주되었다. 부르주아 계층의 남성은 상고를 마치고 19~20세에 상사에 취직할 때까지 청소년으로 간주되었다. 반면 빈농이나 노동자 계급의 남성은 길어야 15세 정도면 더 이상 청소년으로 인정받지 못하고 성인과 동등한 책임과 의무를 지어야 했고, 심한 경우는 10세 전후에 이미 생계를 위해 공장에 나가야 했다. 공장법에 의해 13세 미만의 아동들에 대한 교육이 의무화될 때까지는 아동의 개념조차 단지 생물학적인 의미였다. 몸집과 근력이 어른과 맞먹게 되면 바로 어른으로, 즉 노동력으로 간주되었던 것이다. 이런 현상은 오늘날까지도 유효하다. 한국과 캄보디아는 청

---

3) 제인 오스틴의 연애소설에서 왕왕 나타나는 남녀 주인공의 큰 나이 차이는 이런 문화적 배경을 통해 이해할 수 있다.

소년으로 간주되는 연령층에 큰 차이가 있으며, 한국 내에서도 이주 노동자 자녀와 강남 상류층 자녀의 청소년기는 다르다. 1980년대의 한국 대학생들은 사회의 여론을 주도하며 자신을 민주주의의 보루로 여긴 반면 2000년대의 한국 대학생들은 스스로를 아이로 여긴다. 1950년대까지만 해도 19∼20세면 교사도 될 수 있었지만 2007년에는 23∼4세의 교사도 너무 어리다며 사범대학을 6년제로 하거나 수습교사제를 도입해야 한다는 주장까지 나온다.

길리스(Gillis, 1981)는 그의 방대한 연구에서 의존성의 정도에 따라 청년기(Youth)와 청소년기(Adolescence)를 구별한다. 청소년기는 아동기와 마찬가지로 성인에게 의존해야 하는 시기이며 청년기는 숙달될 때까지의 약간의 의존만 필요할 뿐 기본적으로 독립적인 시기를 의미한다. 그는 기본적으로 전통사회에서는 청소년기는 존재하지 않았고, 단지 도제 기간이라 할 수 있는 청년기만이 존재한다고 보았다. 의존적인 청소년기는 근대 산업사회의 소산이며, 흥미로운 것은 19세기에는 청년기가 청소년기에 흡수된 반면 20세기 후반부터는 10대 후반∼20대 초반의 청년기가 다시 등장했다는 것이다. 이는 고등학교 졸업 직후 바로 산업전선에 투입되었던 전기 자본주의와 달리 후기 자본주의에는 고등교육이 대중교육화되어 사실상 중등교육의 연장처럼 되어 버린 현상을 반영하는 것이다. 이 논리를 따라가면 결국 청소년기를 규정하는 것은 생산양식의 변화와 이에 따른 교육량의 증감이다. 전통사회에서는 성인이 하는 일이 특별한 숙련을 요구하지 않았기 때문에 도제단계(청년기)만을 거치면 성인과 동등해질 수 있었으나, 근대사회에서는 성인대접을 받기 위한 교육의 기간이 길어져서 아동기를 벗어나서도 계속 의존과 교육의 시기가 연장되어야 했기에 청소년기가 발생하였다. 그리고 후기 산업사회에서는 필요한 교육 기간이 더 길어졌기 때문에 성인기의 첫 몇 해를 절반쯤 의존해야 하는 청년기에 할애하게 되었다.

이때 주목해야 할 점은 산업화가 진행될수록 청소년으로 규정되는 연령대가 점점 높아진다는 것이다. 농경사회에서는 15세 정도에 불과했던 것이 산업사회에서는 18세까지 올라갔으며, 정보사회에서는 거의 20대 후반까지 올라간 것이다. 이는 단순하게 한 사람의 성인으로 생존하기 위해 학습해야 하는 양이 증가했기 때문일 수도 있고, 조금 복잡하게 노동자의 공급을 조절하기 위한 일종의 저수지 역할이 필요했기 때문이라고 할 수도 있다. 이 중 후자의 주장을 지지해 주는 사례는 19세기~20세기 초반에 걸쳐 노동조합들이 의무교육의 확대를 요구했다는 것이다. 이는 노동자들이 자기 자녀들의 교육을 위해 요구한 것이 아니다.[4] 오히려 그 진짜 동기는 노동자들이 잠재적 경쟁자인 아동들을 노동시장에서 퇴출시키기 위한 것이었다. 그래서 처음 공교육이 도입될 때 대부분의 부르주아들은 값싸고 다루기 쉬운 노동력이 시장에서 퇴출하는 것에 격렬하게 반대했던 것이다. 그러니 아동이나 청소년이라는 말의 의미와 그것이 포함하는 연령대에도 사회계급의 관계가 반영되어 있는 것이다.

이렇게 청소년이라고 하는 것이 사회적, 문화적 소산이라는 증거는 수도 없이 나열할 수 있다. 이렇게 되면 관점이 '청소년이란 누구인가?'라는 질문에서 '청소년의 규정은 무엇이며, 누가 그 규정에 포섭되는가?' 혹은 '청소년 규정은 어떤 사회적 기능을 하는가?'로 옮겨가게 된다.

혹은 체계에 의한 생활세계의 식민화를 통해 청소년기를 설명할

---

4) 서양인들은 자녀교육을 자신의 삶보다 우위에 두지 않는다. 항상 최초의 동기는 자녀가 아니라 자신에게서 나온다.

수도 있다. 체계가 생활세계를 식민화하면 할수록 청소년기의 범위는 넓어진다. 식민화하기 위해서는 통제와 규율이 강화되어야 하며, 그러기 위해서는 자율적 개인으로 인정받지 못하는 집단이 늘어날수록 유리하기 때문이다. 따라서 아직 미숙한 존재로 성인과 동등한 권리를 인정받을 수 없는 훈육 대상으로서 청소년의 종결 연령대는 점점 높아지는 것이다. 이는 체계를 통해 자신의 이익을 관철시키고 있는 지배계급의 이해관계와도 직결된 문제다. 이런 점에서 청소년은 이중으로 착취당한다.

Ⅲ. 청소년과 인권

1. 시민이자 보호의 대상으로서 청소년

지금까지 청소년의 여러 의미를 생물학적, 사회학적, 심리학적으로 살펴보았다. 그 결과는 청소년의 의미가 명료해지기는커녕 오히려 점점 더 불명확해진다는 것이다. 우리는 어떤 기준으로든 청소년을 명확하게 규정할 수 없다. 유일하게 규정할 수 있는 것은 신체적인 변화, 즉 2차 성징이 처음 나타나는 시기의 호르몬상의 불안정기, 즉 사춘기다. 하지만 오늘날 사춘기는 통상적으로 청소년기라 부르는 시기와 점점 거리가 멀어지고 있다. 신체적 성장과 정신적 성숙 사이의 불균형기라는 규정은 점점 그 신빙성이 모호해지고 있다. 피아제, 콜버그와 같은 대표적인 발달심리학자들은 사실상 이 정신적

성숙이 이른바 청소년기에 완성되는 것으로 간주하고 있다. 에릭슨은 자아정체성이라는 개념으로 청소년기라는 시기의 독특함을 설명하고 있지만, 이 개념을 따라가면 우리는 인생은 통째로 청소년기라는 결론에 도달하게 된다. 레빈은 장이론으로 청소년기를 설명하지만 이 경우 어린이의 장과 어른의 장이 문화적으로 구별되지 않는 사회에서는 청소년기가 존재하지 않는다는 결론에 도달한다. 이 모든 귀결은 결국 청소년기는 문화의 소산이며 그 실체가 모호한 개념이라는 것뿐이다.

그럼에도 불구하고 청소년이라는 용어는 매우 빈번하게 사용되고 있고 제도화되어 있다. 청소년에 대한 이중의 착취는 어째서 이렇게 모호한 청소년 개념이 제도화되어 있는지 잘 설명해 주고 있다. 특히 공교육 제도의 확립과 청소년 개념의 제도화가 비슷한 시기에 이루어졌다는 사실은 이중적 착취의 존재로서 청소년 개념의 형성에 대한 설득력을 더욱 높여준다. 기실 공교육 제도와 이 제도가 포괄할 연령대가 먼저 결정되었고, 그들을 이 제도에 포괄할 근거로서 신체로는 성장하였으나 정신적으로는 미숙한 청소년이라는 개념이 나중에 적용되었다고 주장할 수도 있다.

청소년은 명백히 신체적으로는 성인으로 간주된다. 그들은 성인의 모든 기능을 갖추고 있으며, 성인이 감당할 수 있는 노고를 모두 능히 수행할 수 있다. 이런 의미에서 이들은 아동의 영역에서 추방당했다. 즉 청소년은 더 이상 놀이가 아니라 노동을 해야만 하는 연령대다. 그러나 그들은 성인의 영역으로의 완전한 진입은 금지당한다. 신체적으로는 충분히 성장하였으나 신경의 성숙이 완료되지 않았다는 것이 그 중요한 근거다. 이러한 미성숙을 근거로 보호의 논리가 등장하고 훈육의 논리가 등장한다. 이들은 놀이 대신 노동을 해야 하지만, 아직 완전히 노동할 수는 없기에 이들을 위해 특별히 고안된 노동, 즉 '학습'을 해야 한다.

청소년의 신경적 미성숙에 대한 논거들은 매우 많다. 이 논거들을 굳이 여기에 다시 소개하는 것은 지면낭비일 것이다. 그러나 이러한 논거들은 발달심리학적으로 확고하게 지지받고 있지는 않다. 오히려 만 15세가 지나면 청소년의 여러 정신적 기능은 성인과 동등하다는 증거들이 더 많이 제출되는 형편이다(Osheron & Markman, 1975; Russel & Haworth, 1987; Coleman, 1980; Moshman, 1989). 그럼에도 불구하고 청소년의 미성숙은 일종의 상식처럼 받아들여지고 있으며, 미성숙한 존재이기 때문에 보호의 대상이라는 견해도 거의 부정되지 않는다.

이렇게 청소년은 경우에 따라서는 한 사람의 다 자란 시민으로 취급받지만 또 다른 경우에서는 여전히 교육과 보호가 필요한 미성숙자로 취급받는다. 따라서 이들은 놀이터와 직장의 묘한 점이지대인 학교에 다니며 노동 대신 노동의 준비과정인 그러나 일종의 노동이라고 할 수 있는 학습을 한다. 이 지점에서 우리는 기묘한 결론에 다다르게 된다. 흔히 학생과 청소년 중 어느 것이 전체 집합이며 어느 것이 부분집합인가라는 질문은 답이 분명하다고 생각한다. 너무도 당연히 청소년이 먼저고 학생이 나중이라고 생각하는 것이다. 그러나 지금까지의 논의를 따라가면 청소년이 먼저 규정된 것이 아니라 학교가 먼저 규정되고 그 학령을 기준으로 청소년이 나중에 규정된 것 같은 의혹에 빠질 수밖에 없게 된다.

만 14세 이상의 형사상 책임 능력을 인정하고 있는 형법은 다시한 번 미성숙한 존재로서 청소년의 개념 규정이 올바른가 하는 의혹을 강화한다. 형법상 청소년은 완전한 도덕적 책임 능력을 가진 것으로 간주되는 시민이다. 만 15세 이상이면 전일제 직장에 취업할 수 있는 노동법 역시 청소년을 시민으로 간주하고 있다. 그러나 민법상 그 권리는 크게 제한되며, 참정권은 더욱 크게 제한되고 있다. 더군다나 청소년은 각종 영상물과 출판물에 대한 접근을 제한받고 있다. 이렇게 영역에 따라서 시민도 되고 아이도 되는 청소년의 불안한 지위가 바로 오늘날 청소년 문제의 원인이다.

형법의 대상이며 노동법의 대상이라는 것은 이미 권력매체로 조절되는 체계와 화폐매체로 조절되는 체계의 조종을 받음을 의미한다. 그럼에도 불구하고 이들에게 가해지는 여러 제약들은 이제 그 흔적만 남은 가족, 학교라는 생활세계의 그림자다. 그러나 가족과 학교 역시 체계의 조종을 받고 있다(Habermas, 1982). 그리고 앞에서 살펴본 바와 같이 보호대상으로서의 청소년의 근거는 매우 미약하다.

2. 인권의 두 측면과 청소년 인권

지금까지 청소년의 지위가 시민이자 미성숙자로 애매하게 규정되어 있음을, 그리고 이 중 미성숙자 규정은 그 근거가 희박함을 살펴보았다. 그렇다면 인권 측면에서 청소년은 시민들이 누려야 하는 모든 권리를 다 누려야 한다는 주장이 설득력을 얻을 수 있다. 그러나 이것이 청소년의 권리와 성인의 권리가 동일하다는 의미는 아니다. 성인의 권리도 핵심부를 제외하면 성에 따라 사회적 배경에 따라 서로 다를 수 있듯이 청소년의 권리 역시 그 핵심부에서는 성인의 그것과 같을 수 있겠지만, 나름의 특수성을 가지는 부분도 있을 것이다.

1) 보편적 권리로서 청소년 인권

먼저 보편적 권리로서 청소년 인권을 살펴보자. 여기서 보편적 권리라 말한 것은 결국 시민으로서의 본질적인 권리를 모두 가진다는 의미가 된다. 그리고 어느 나라나 시민으로서의 본질적인 권리를 규정해 놓은 문서는 바로 헌법이다. 따라서 보편적 권리로서 청소년 인권이란 헌법이 보장한 모든 시민의 기본권이 그대로 청소년에게 적용된다는 의미가 된다. 여기에는 자유권, 평등권, 참정권, 사회권, 청구권 등의 이른바 5대 기본권이 모두 포함된다. 현행 우리나라 헌법에서 보장하고 있는 기본권을 영역별로 정리하면 <표 1-1>과 같다.

〈표 1-1〉 대한민국 헌법의 기본권의 영역별 분류

권리 영역	구체적 권리
기본권의 전제	(1) 법 앞에서의 평등 (2) 인간의 존엄과 가치 존중 (3) 행복 추구권
자유권	(1) 신체의 자유 (2) 사상, 양심, 종교 및 표현의 자유 (3) 언론, 출판, 집회, 결사의 자유 (4) 학문과 예술의 자유 (5) 거주이전의 자유 (6) 사생활과 비밀의 자유 (7) 재산권 행사의 자유
사회권	(1) 인간다운 생활의 권리 (2) 교육의 권리 (3) 근로의 권리 (4) 노동3권 (5) 혼인과 가족 및 모성 등 보호를 받을 권리 (6) 환경권

권리 영역	구체적 권리
청구권	(1) 청원권 (2) 재판을 받을 권리 (3) 형사보상 청구권 (4) 국가보상 청구권 (5) 범죄피해자 급부 청구권
참정권	(1) 선거권 (2) 국민투표권 (3) 공무담임권

만약 아동과 달리 청소년을 성인에 비해 특별히 보호받아야 할 미숙한 존재로 간주할 근거가 없다면 이 기본권들은 성인과 아무런 차별 없이 그대로 적용되어야 할 것이다. 최소한 여러 발달이론상 성숙이 완결되는 그리고 형사상의 책임도 지게 되는 15세 이상의 청소년들에게는 그대로 적용되어야 할 것이다. 이 기본권들은 흔히 청소년 인권이라고 제시되던 거의 대부분의 권리를 포괄한다.

그런데 이러한 주장은 전통적인 교육관에 의해 종종 갈등을 야기한다. 더군다나 헌법상에서 교육이 권리이면서 동시에 의무라는 모호한 위상을 가지기 때문에 이 갈등은 더욱 증폭된다. 여기에는 최소한 의무교육을 수료한 자만이 시민으로서 간주된다는 사실상 지키기 거의 어려운 암묵적 합의가 깔려 있다. 따라서

그러나 의무교육이 국민의 의무라는 의미보다는 국가의 의무라는 측면이 강조되고 있는 것이 오늘날의 일반적인 경향인 만큼 교육이라는 이름으로 청소년의 기본권을 제약할 수 있는 근거는 점점 희박해진다. 따라서 청소년은 헌법이 보장하는 시민의 기본권을 모두 가지며, 교육이나 보호를 이유로 이를 침해받을 수 없다(최윤진, 2002).

2) 특수한 권리로서 청소년 인권

청소년이 보편적인 시민권을 가진다 할지라도 청소년이라는 용어가 사용되는 한 성인과 구별되는 특수한 집단임은 분명하다. 15세 이상의 청소년은 성인과 거의 동등하다 할지라도 15세 이하의 청소년은 여전히 특별한 보호와 배려의 대상일 수 있기 때문이다. 따라서 일반적인 시민의 기본권이 아니라 청소년에게만 특수하게 적용되는 인권의 영역도 분명히 존재할 것이다.

그러나 이 경우에도 청소년 인권은 기본권 침해나 제한의 근거가 아니라 기본권에 추가되는 특별한 권리로 간주되어야 한다. 이는 시민의 기본권에 추가되는 특수한 집단으로서 장애인의 권리와 같은 논리다. 이 경우 청소년의 권리와 아동의 권리는 그렇게 뚜렷하게 구별되지 않으며 다만 성숙의 정도에 따른 차이로 간주된다.

프리만(Freeman, 1983)은 이를 복지권, 보호권, 성인권, 부모에 대응하는 권리 넷으로 분류하였다. 이 중 복지권, 보호권은 일종의 사회권에 해당되며 성인권은 자유권, 평등권, 참정권 등에 해당된다. 이 세 가지는 청소년의 특별한 권리라기보다는 성인에게 주어지는 권리가 청소년에게 제한되어서는 안 된다는 의미의 권리다. 청소년의 특수한 지위에서 비롯되는 특수한 권리로서 두드러지는 것은 부모에 대응하는 권리(rights against parents)인데, 이는 부모에 의한 과도한 통제에서 벗어나 자신에게 직결된 사항에 대한 자율적인 자기결정의 권리다. 물론 여기에서 말하는 부모의 범주에는 교사나 기타 보육, 교육 업무 종사자도 포함된다. 즉 청소년은 명백히 자신 혹은 타인에게 해악을 끼치는 상황이 아니라면 선택과 결정의 권리가 있는 것이다. 사실상 부모에 의해 강제 학습 노동을 강요당하는 한국의 청소년은 바로 이 지점에서 심각한 인권침해를 경험하는 셈이다.

콜스(Coles, 1995)는 청소년기의 발달과업이 자립이라는 데 착안하여 자립을 위한 지원을 받는 것이 청소년의 독특한 권리라고 주장하였다. 여기에는 천부권(지식추구권, 사회보장권, 사생활의 권리, 평등기회의 권리), 보호권, 의사표명권, 권능부여권이 포함된다. 이 권리들은 장차 성인의 권리와 동등해질 것을 전제로 하는 권리로서 단순한 양육과 보호를 강조하는 아동권과 명백히 구별되는 청소년의 권리라고 할 수 있다.

이렇게 특수한 권리로서 제시된 청소년의 권리들이 가지는 공통점은 보호와 자립의 경계선상의 특수한 존재로서 청소년의 상황에 근거하고 있지만 이 중 자립을 궁극적 기준으로 삼는다는 것이다. 따라서 청소년의 권리는 나이를 먹으면서 점점 더 적은 보호를 받을 권리, 점점 더 적은 간섭을 받을 권리라고 반어적으로 표현할 수 있을 것이다.

3) 보편적이고 특수한 권리인 청소년 인권의 구체화: UN권리협약과 청소년 헌장

살펴본 바와 같이 보편적 시민으로서의 권리와 특수한 집단으로서의 권리를 망라하면 청소년 인권의 포괄적인 범위와 내용이 결정될 수 있을 것이다. 그동안 이렇게 청소년 인권의 포괄적 범위와 내용을 규정하려는 많은 시도들이 있었으며 이를 총망라하여 완성한 것이 'UN어린이 청소년 권리 협약'이다. 이 협약의 주요 내용은 4개의 권리, 3개의 원칙, 1개의 과정이라는 의미에서 흔히 4-3-1 모델로 정리된다.

4개의 권리는 생존권, 보호권, 발달권, 참여권이다. 생존권은 적절한 생활수준을 누릴 권리, 안전한 주거지에서 살아갈 권리, 충분한 영양을 섭취하고 기본적인 보건서비스를 받을 권리 등 기본적인 삶을 누리는 데 필요한 권리다. 보호권은 모든 형태의 학대와 방임, 차별, 폭력, 고문, 징집, 부당한 형사 처벌, 과도한 노동, 약물과 성폭력 등 유해한 것으로부터 보호받을 권리다. 발달권은 잠재능력을 최대한 발휘하는 데 필요한 권리로, 교육받을 권리, 여가를 즐길 권리, 문화생활을 하고 정보를 얻을 권리, 생각과 양심과 종교의 자유를 누릴 권리다. 참여권은 자신의 나라와 지역사회 활동에 적극적으로 참가할 수 있는 권리로 자신의 의견을 표현하고, 자신의 삶에 영향을 주는 문제들에 대해 발언권을 지니며, 단체에 가입하거나 평화적인 집회에 참여할 수 있는 권리다.

3원칙은 아동의 정의, 비차별, 그리고 아동 최선의 이익 원칙을 말한다. 아동의 정의는 아동을 '18세 미만의 모든 사람을 의미한다'고 명시하는 것으로 아동과 청소년이라 지칭하는 연령대를 아동이라 부르도록 기본적인 원칙을 세워 합의를 본 것이다. 비차별의 원칙은 성별, 종교, 사회적 신분, 인종, 국적, 그 어떤 조건과 환경에서도 아동은 차별되어서는 안 된다는 것이다. 아동 최선의 이익 원칙은 '공공 또는 민간, 사회복지기관, 법원, 행정당국 또는 입법기관에 의하여 실시되는 아동에 관한 모든 활동에 있어서 아동최선의 이익이 최우선으로 고려되어야 한다'는 원칙이다. 즉 여러 이익이 아동의 이익과 충돌할 경우 아동의 이익이 우선된다는 것이다.
(http://www.sc.or.kr/Scripts/ChildRight/un.asp)

이러한 UN의 아동·청소년 권리협약을 국내 실정에 맞게 적용한 것이 '청소년 헌장'이다. 여기에는 청소년의 권리를 보편적 권리와 특수한 권리로 명백하게 구분하여 제시하고 있으며, 청소년의 특수성을 이유로 보편적 권리가 침해받는 일이 없도록 명시하고 있다.

Ⅳ. 청소년 인권과 학교

지금까지 청소년의 의미와 그로부터 비롯되는 청소년 인권의 보편적이고 특수한 부분을 살펴보았다. 그렇다면 이러한 청소년 인권이 가장 민감하게 고려되어야 할 곳은 어디인가? 두말할 것도 없이 가정과 학교일 것이다. 그리고 이 중 청소년이 깨어 있는 시간 중 가장 많은 시간을 보내고 있는 공간은 가정보다는 학교다. 심지어 청소년기와 학창시절은 거의 동의어로 사용되고 있기도 하다. 한국에서 사실상 청소년과 학생은 특별한 의미 차이가 없는 것으로 받아들여지고 있다. 따라서 청소년 인권이 가장 잘 지켜져야 하는 곳은 학교일 수밖에 없다.

1. 학교제도와 청소년 인권

학교에서 근무한다고 해서 교사가 보편적인 시민의 권리를 침해받을 수 없듯이, 학교에 재학한다고 해서 청소년이 자신의 보편적인 시민의 권리를 침해받을 수 없다는 논리는 매우 자명하다. 이는 학교를 설립하고 운영함에 있어 가장 기본이 되는 교육법에서도 분명하게 못 박아두고 있다. 그럼에도 불구하고 학교는 청소년 인권침해의 온상으로 늘 원성의 대상이 되고 있다. 도대체 청소년이 하루의 대부분을 보내는 학교가 이런 원성의 대상이 되는 이유는 무엇인지 살펴보자.

학교가 청소년 인권침해의 주범으로 원망의 대상이 되고 있는 것은 흔히 의미상의 학교와 제도로서의 학교를 착각하기 때문에 발생하는 인식상의 괴리 때문이다. 오늘날의 학교 제도는 스승과 제자가 인격적 감화를 주고받으면서 성장해 가는 그런 목가적인 의미의 학교와는 거리가 멀다. 근대 학교는 국가가 강제하는 제도이며 외적인 힘이다. 따라서 학교가 청소년 인권침해의 주범으로 비춰지는 것은 어떤 의미에서는 당연한 일이다. 학교라는 제도 자체가 인권의 보호 · 보장을 위해 만들어졌다기보다는 어린이와 청소년을 통제하기 위해 만들어졌기 때문이다. 또 근대 기본권 사상이라는 것이 국가의 전횡으로부터 개인을 보호하는 것을 가장 중요시하였다는 점을 감안하면 시민 : 국가의 관계가 청소년 : 학교의 관계로 대입되는 것은 그리 어색한 조합이 아니다.

근대 학교제도는 19세기를 전후한 시기 독일과 프랑스를 중심으로 만들어진 제도다. 두 나라 모두 학교제도는 자발적으로 만들어졌다기보다는 국가에 의해 강제로 부과되었다. 독일은 우연히 위대한 학자인 빌헬름 훔볼트가 공교육 책임자로 임명된 덕분에 교육자들의 자발성을 대체로 인정하였으나 프랑스는 교육자의 대부분을 차지했던 예수회원들을 탄압했다는 점에서 차이가 났을 뿐이다. 그러나 교사의 자발성을 인정했다고 해서 이것이 청소년이 자발성도 인정한 것은 아니다. 두 나라 모두 학교 제도의 궁극적 목적은 교육이 아니라 훈육에 있었다. 즉 청소년을 잘 훈련시켜 충성스러운 군인과 성실한 노동자로 만드는 데 그 목적이 있었던 것이다. 이런 의미에서 근대 학교제도를 일종의 전쟁도구로 바라보는 관점이 설득력을 얻는다(이치석, 2006). 미국의 경우 학교제도는 강제력으로 작용하였다. 이는 가정과 교회의 교육권을 박탈하고 교육에 대한 권한을 국가가 독점함을 의미하였으며, 시민사회의 저항을 분쇄하면서 정착하였다(Gatto, 1992).

이러한 점으로 미루어 학교는 교육법이 규정하고 있는 바와 달리 청소년의 인권을 보장하기보다는 침해할 가능성이 더 큰 제도다. 이는 전형적인 근대의 제도며 하버마스(Habermas, 1982)가 말한 체계(System)에 해당된다. 근대 학교제도의 정착은 문화적 전승의 영역이었던 교육을 권력 매체에 기반을 둔 하부체계인 행정체계가 포섭하고 식민화하는 과정인 셈이다.

밀(Mill, 1974)은 권력집단과 개인의 권리 증진의 관계에서는 소극적 관점과 적극적 관점이 있다고 하였다. 즉 권력집단의 전횡으로부터 개인의 권리를 보호할 수 있는 안전구역을 설정하여 권력을 제한할 것인가, 아니면 개인이 권력에 참여할 권리를 적극적으로 확대할 것인가의 문제인 것이다. 소극적 권리는 권력체가 억압체로 받아들여지는 것이 보편적인 역사적 배경에서 비롯된다. 적극적 권리는 이 문제가 어느 정도 해결된 다음 제기된다. 학교와 청소년 인권의 관계도 이 두 차원에서 풀어 나가야 할 것이다.

그렇다면 학교에서의 청소년 인권 문제는 학교가 적극적으로 청소년 인권을 증진하고 보장하는 역할을 맡기 보다는 소극적 주체가 됨으로써, 즉 학교의 전횡으로부터 청소년을 보호하는 장치를 마련하는 수준에서 시작되어야 할 것이다.

2. 한국 교육의 특수성과 청소년 인권

학교제도 자체가 국가에 의해 행해지는 강제력이며 체계에 해당된다면 한국 학교가 유달리 인권침해에 대해 더 많은 불평을 듣고 있는 이유는 무엇일까? 여기에는 학교제도에 한국의 특수한 사정들이 첨가되기 때문이다. 그것이 무엇인지 밝히는 것은 또 다른 연구의 영역이며 대단히 복잡한 주제이기 때문에 여기에서는 단지 가설적으로 몇 가지를 제시해 보고자 한다.

첫째, 성리학 전통의 영향이다. 여기서 흔히 정신노동과 교육을 중시하는 유교적 전통이라고 하지 않고 성리학을 강조한 것은 유교의 여러 유파들 중 가장 가치위계가 분명한 체계가 성리학이기 때문이다. 성리학에 이르러 위계질서는 단지 사회 질서유지의 수단이 아니라 우주에서 인간의 지위를 결정하는 속성까지 담당하게 되었다. '금수만도 못하다'는 표현은 이를 단적으로 보여주는 언술이다. 이는 기존의 위계서열이 절대로 넘을 수 없는 우주적 법칙으로 고착됨을 의미한다. 그런데 성리학은 이러한 위계서열이 근본적인 법칙인 이유는 그것이 인간의 자연스러운 성정과 어울리기 때문이라고 한다. 인간의 자연스러운 성정과 어울리는 위계서열은 결국 어른 − 아이의 관계, 연령에 의한 서열일 수밖에 없다. 이러한 전통은 어른과 아이의 엄격한 구별 기제로 작동하게 된다. 교복과 두발 자율화에 대한 반대 논거로 아직도 "학생과 성인을 구별하기 어려워져서 비행이 우려된다."는 주장이 제기되고 있는 현실은 여전히 이 엄격한 어른 − 아이 서열이 힘을 가지고 있음을 보여준다. 이렇게 군사부일체의 전통은 이렇게 수립되었고, 스승의 그림자도 밟지 못하는 엄격함은 이렇게 고착되었다. 비록 학생이나 학부모가 거침없이 교사를 구타하는 사건이 종종 발생하고 있지만, 여전히 이 그림자 없는 스승의 힘은 건재하며, 그들은 성리학적 전통이 남아 있는 사회의 암묵적 동의하에 학생들이 감히 어른과 비슷해지지 못하도록 규제하는 악역을 담당한다.

둘째, 압축적 근대화로 인한 인간자본론의 개인화다. 한국의 근대화는 막스 베버의 용어를 빌리자면 자본주의 정신없는 산업화라고 할 수 있다. 즉 산업화가 먼저 이루어지고 합리화는 나중에 뒤따르게 되었다. 이렇게 급격한 사회변동 상황에서 개인들은 선택의 폭이 '적응', '도태' 양자택일로 축소될 수밖에 없다. 변화를 이전 상황에 비추어 성찰하고 대안을 모색하고 창의적으로 조절하는 사치는 정상적인 변동 상황에서나 가능한 일이다. 한국의 교육 패러다임은 다른 대안을 모색할 틈도 없이 인간자본론으로 고착되었다. 교육을 통해 급변하는 사회에서 적응하는 것, 그리고 보다 높은 사다리에 올라타는 것 외의 다른 목적들은 사치스럽고 한가한 것이 되었다. 생존이 우려되는 상황에서 신체의 자유, 의사표현의 자유 등이 운위될 여지는 거의 없다. '고3이니까.'라는 단 한마디로 수많은 억압과 인권침해가 교사, 학생, 학부모 모두에게 합리화되는 현실은 이러한 교육 패러다임의 일면화가 가져온 결과다.

이러한 두 가지 한국적 특수성에 공교육 제도의 원죄가 결합하였다. 규율이 강제될 수 있다면 국가가 주도하는 공교육은 어떤 자원이라도 활용할 수 있다. 이는 곧바로 학교 내 철저한 수직적 위계서열(교사도 자유롭지 못한), 그리고 생존과 사다리 게임을 빙자한 입시 파시즘으로 이어졌다. 만약 공교육의 목적이 의문을 품지 않고 명령에 복종하는 군인과 신민을 길러내는 것이라면 이는 그 이상적인 모델이라 할 만하다.

3. 학교의 쟁점 청소년 인권의 보호 또는 보장: 교육권과 자유권

　지금까지 살펴본 바와 같이 학교제도는 청소년들의 인권을 제한하는 측면이 강하며 한국의 경우는 그 특수성으로 인해 그것이 더욱 강하고 총망라적이 되었다. 그런데 교육은 어쨌든 청소년들이 받아야 하는 것이며, 청소년들이 마땅히 누려야 하는 권리로도 간주된다. 게다가 청소년은 사회적 약자로서 자립에 필요한 자원을 획득할 때까지 적절한 보호를 받을 필요가 있다. 학교는 통제뿐 아니라 이러한 보호와 적절한 자원의 획득에 기여한다. 통제와 보호라는 학교에 이러한 2중성은 학교에서 청소년 인권 역시 2중적으로 규정한다.

　한 측면에서 청소년 인권은 학교의 권한을 제한하고 규제해야 한다는 요청으로 나타난다. 이는 자유주의 전통을 통해 학교를 청소년 외부의 규제, 간섭으로 간주하는 것이다. 근대 학교제도는 기본적으로 청소년들의 권리를 제한하도록 되어 있다. 이때 청소년은 보편적이고 자연적인 권리의 이름으로 이를 침해하는 각종 학교의 규제와 제한의 철폐를 요구할 수 있다. 이는 청소년이 헌법상의 모든 권리를 가지며, 헌법상의 권리를 침해하는 학교 내의 일체의 규정과 제도가 사라져야 한다는 것을 의미한다. 물론 헌법상의 권리에 따라 청소년은 자신의 기본적인 권리를 침해하는 각종 학교의 제도에 대해 청원하고, 자신이 대상이 되는 규제의 제정과정에 참여할 권리를 가진다. 이는 마치 고전적인 시민권 이론을 청소년에 적용시킨 것과 같다.

다른 한편에서는 청소년에 대한 학교의 규제와 통제가 오히려 청소년의 권리를 신장하는 것으로 합리화된다. 이 경우 청소년은 신체적, 정신적인 미성숙으로 인해 특별한 보호가 필요한 존재로 가정된다. 따라서 이들에게 위해를 가할 수 있는 환경으로부터 이들을 차단하는 것은 궁극적으로는 청소년의 신체와 정신의 안전을 위한 것이니만큼 일종의 변신론으로서 합리화된다. 이는 모든 은행 저금식 교육의 공통된 지반이기도 하다. 이때 학생에게 가해지는 일방적인 규제와 주입은 그들이 성인이 된 다음의 효용에 의해, 즉 미래로부터 정당성의 근거를 얻는다. 청소년은 아직 시민권을 주장할 위치에 없으며, 시민권을 주장할 수 있게 되기 위하여, 즉 성인으로 성장하기 위하여 자신의 권리를 합당한 성인에게 위임하게 된다. 이렇게 학교에서 가하는 통제와 규율, 그리고 각종 신체적 정신적 침해는 도리어 권리의 이름으로 합리화되는데 이때 동원되는 권리가 바로 교육의 권리다. 청소년은 정상적인 교육을 받을 권리가 있으며, 바로 이 권리로 인해 다른 권리의 침해도 감내해야 하는 것이다.

그것을 과연 교육으로 부를 수 있는가, 교육이 곧 훈육과 통제의 동의어인가 하는 문제는 첨예한 교육철학적 문제다. 그러나 교육 (education)과 훈련(training)을 예리하게 구별하고 있는 듀이(Dewey, 1916)의 교육학은 이 지점에서 많은 시사점을 준다. 어떤 고정된 목표를 위해 조작적으로 행해지는 훈련과, 학습자 스스로의 창발성에 기반을 둔 교육은 근본적으로 다른 것이다. 따라서 교육의 이름으로 청소년의 권리를 제한하는 것은 형용모순이다. 제한과 규제는 청소년이 아니라 청소년의 환경에 대해 주어져야 하는 것이다.

그럼에도 불구하고 근대 학교는 이 두 권리가 교묘하게 얽혀 있다. 결정은 이 두 권리들 중 어느 것이 더 중요한 기준으로 작용하는가에 의해 이루어진다. 이는 앞에서 제시한 교육의 의미 혹은 사실성의 문제라기보다는 일종의 정치적 문제이며, 가치의 문제가 되기 일쑤다. 즉 근원에는 청소년을 어떻게 바라보는가에 대한 근본적인 두 문화의 차이가 작용하고 있는 것이다. 하지만 근대 공교육의 발생 원리, 근거를 감안해 본다면 아무래도 교육권이라는 이름으로 합리화되고 있는 통제와 규율 쪽에 무게중심을 두지 않을 수 없다. 따라서 통제와 규율이 기본이며 청소년들이 학교 내에서 어떤 목소리를 내며 문화를 바꿔 나가는가에 따라 자유권적 요소가 커지기도 작아지기도 한다고 보는 것이 사실에 가까울 것이다.

V. 결 론

지금까지 청소년 개념의 2중성, 그리고 그 2중성에서 비롯된 청소년 권리의 2중성, 그 2중성이 구현된 공간으로서 학교에 대해 간략하게 살펴보았다. 사실 이 정도 분량의 소고를 통해 이런 큰 주제를 다룬다는 것은 매우 무모한 일이다. 하지만 그럼에도 불구하고 우리는 청소년 문제를 다룰 수 있는 2중싱이라는 중요한 분석틀을 확보할 수 있게 되었다.

그렇다면 결론은 지금까지 나온 논의들을 다시 정리하는 것 이상이 될 수 없다. 앞서 청소년 개념의 2중성은 현실적인 2중성이 아니라 문화적 구성물임을 분명히 확인했기 때문이다. 생리학, 심리학적 증거도 모두 청소년기라 불리는 긴 과도기의 존재를 정당화하지 않고 있다. 따라서 2중성에 근거한 각종 훈육과 통제는 그 타당성을 잃게 된다.

물론 아동의 경우라면 미성숙 개체라는 측면에서 교육과 인권의 변증법이 여전히 발생할 여지는 있을 것이다. 그러나 청소년과 성인의 차이에 대한 명백한 근거가 존재하지 않고, 청소년의 시기가 문화적으로 결정된다면 적어도 중학교 고학년 이상부터는 교육이라는 이름으로 인권침해가 자행하는 현실은 어떤 이유로도 정당화될 수 없을 것이다.

교육의 변증법은 교육이 끊임없는 자기부정의 과정이라는 점이다. 교육은 그것이 본질에 가깝게 행해질수록 스스로의 필요성을 축소시키는 과정이다. 따라서 오히려 학년이 올라갈수록 그 통제의 범위와 강도가 약해져야 하지만 한국 학교의 현실은 오히려 그 반대의 현상을 보여준다. 어떤 측면에서 바라보아도 한국 학교에서 행해지는 각종 통제와 규율을 교육적이라기보다는 인권침해에 가까워 보인다.

참고문헌

이치석(2006). 『전쟁과 학교』. 서울: 삼인
이홍우(2006). 『교육과정 탐구』. 서울: 박영사.
최윤진(1998). 『청소년의 권리』. 서울: 양서원.
최윤진, 이해주(2004). 『청소년 인권론』. 서울: 교육과학사.

Coles, B.(1995) *Youth and social policy*. London; UCL press.

Erikson, E.(1959). *Identity and Life Cycles*. Boston: W. W. Norton & Company.

Fischer, L., Schimmel, D., & Kelly, C.(1987). *Teachers and the Law*. New York & London: Longman.

Franklin B. (ed) (1995). *The Handbook of Children's Rights*. London and New York: Routledge.

Franklin B. (ed) (1986). *The Rights of Children*. Oxford: Basil & Blackwell.

Freeman, M. D. A. (1983). *The Rights and Wrongs of Children*. London: Frauces Pinter.

Gill, J. R.(1981). Youth and History. New York: Academic press.

Durkheim, E.(1956). *Education and Sociology*. Glencoe: Free Press. 이종각 역(1978).『교육과 사회학』서울: 배영사. (1961). *L'Education moral*. Paris: Alcan. 박덕규 역(1988).『도덕교육론』서울: 교육과학사.

Illich, I.(1971). *Deschooling Society*. New York: Harper and Row. 황성모 역.『탈 학교 사회』. 서울: 삼성문화문고.

Marx, Karl(1850). *Klassenkampf in Frankreich*. in *Marx, Engels Werke*, Bd. Ⅲ, Berlin, pp.9－114. 최인호 역(1996).『칼 맑스, 프리드리히 엥겔스 저작선』, 3권, 서울: 박종철 출판사, pp.6－123.(1867). Das Kapital Bd. 1. 김수행 역(1990).『자본론』1권. 서울: 비봉출판사.

Mollenhauer, K.(1983). *Vergessene Zusammenhaenge*. Muenchen: Juventa.

Rousseau, J. J. 민희식 역(2006).『에밀』. 서울: 육문사.

Rice, F. P.(1999). *The Adolescent: Development, Relationship, and Culture*. New York: Allyn & Bacon.

사교육 문제와 학교 내 청소년
인권의 관계

Ⅰ. 서 론

1. 문제제기

제일 먼저 사교육 문제부터 시작하자. 이는 사교육 문제가 가장 시급한 한국교육의 문제이자, 현재 사교육이 행해지고 있는 양태가 가히 청소년에 대한 학대에 가까울 정도로 도를 넘치고 있기 때문이다. 교육문제든 청소년문제든 사교육 문제 혹은 사교육 문제를 야기하고 있는 배후의 그 무엇은 반드시 제일 먼저 확인하고 넘어가야할 일이다.

사교육 과열이 교육계 최대 화두로 떠올랐다. 물론 사교육 논란이 어제오늘의 일은 아니다. 다만 최근의 논란은 공교육의 품질을 원인으로 제시하고, 경제논리를 적용한다는 점에서 과거와 다르다. 즉 과거에는 공교육 시스템하에서 더 높은 순위에 들기 위해 일종의 플러

스알파로서 사교육을 요구했다면 지금은 교육 수요자인 학부모가 학교의 교육 품질에 만족하지 못해 사교육이 늘어나고 있다는 것이다. 한마디로 사교육비의 증가에 가장 결정적인 영향을 주는 변인으로 사교육의 효과보다 공교육에 대한 불만을 강조하고 있는 것이다(이주호, 2001; 김양분 외, 2003; 교육인적자원부, 2004). 이 논리에 따르면 학부모, 학생들은 사교육의 효과가 있어서가 아니라 공교육에 대한 불만이 높아서 사교육에 매달리게 된다.

이러한 견해에 따라 정부 역시 사교육 문제의 해법을 사교육의 억제가 아닌 이른바 공교육의 품질 개선에서 찾고자 하고 있다. '공교육 정상화를 통한 사교육비 경감 종합 대책'(교육인적자원부, 2004)이 대표적인 사례이다. 그 전후로 이루어진 공교육 개선과 사교육 문제 해소에 대한 일일이 인용부호를 달기 어려울 정도로 많은 연구들이 생산되었다. 그러나 이러한 많은 연구들에도 불구하고 다음과 같은 문제들이 아직 남아 있다.

첫째, 사교육과 입시과외의 구별이다. 입시과외가 우리나라 사교육의 대부분을 차지하고 있지만, 원칙적으로 사교육은 각종 재능과외도 포함한 개념이다(백일우, 1999). 둘째, 교육수요자로 청소년을 강조할 필요가 있다. 학부모는 교육의 직접 대상이 아니며, 이기주의의 영향을 받을 수 있다(성태제, 1993). 그리고 교육수요자라는 이름으로 가장 가혹한 학대행위를 할 수 있는 존재 역시 학부모다. 셋째, 공교육에 대한 불만 요인으로 학습뿐 아니라 청소년 인권과 처우에도 눈을 돌릴 필요가 있다.

따라서 사교육 문제를 재능과외와 입시과외로 분리해서 살펴본 조사, 학부모가 아닌 청소년들을 대상으로 한 조사, 학교에 대한 불만을 학습뿐 아니라 인권 면에서도 살펴본 조사가 필요하다. 이를 위해 이 연구는 학교에 대한 청소년의 불만 정도를 학습과 인권으로 나누어 학원과의 비교를 시도하였다.

2. 연구의 목적

앞서 제시한 문제의식을 기반으로 이 연구는 다음과 같이 구체적인 연구 목적들을 수립하였다. 첫째, 청소년들이 수강하고 있는 사교육이 교육 다양성을 얼마나 보장해 주는지, 재능과외와 입시과외로 나누어 비교 분석한다. 둘째, 청소년들이 학교와 입시학원에서 느끼고 있는 학습 불만족 정도를 비교 분석한다. 셋째, 청소년들이 학교와 입시학원에서 느끼고 있는 인권불만 정도를 비교 분석한다. 넷째, 청소년들의 학교에 대한 불만이 학원과 비교하여 학습·인권 어느 차원인지 분석한다.

3. 연구의 의의와 한계

이 연구의 의의는 다음과 같다. 첫째, 사교육 팽창의 원인으로 제시되는 공교육에 대한 불만을 학습·인권 면으로 나누어 봄으로써 문제가 야기되는 영역을 구체적으로 파악할 수 있다. 둘째, 학부모가 아닌 청소년들을 대상으로 조사함으로써 교육의 실제 수요자들이 가진 불만의 실체를 파악할 수 있다. 셋째, 청소년들의 학습·인권 차원의 불만을 학교·학원과 비교함으로써 학원이 학교의 어떤 점을 보완하고 있는지 파악할 수 있다. 이는 공교육 개선의 실천 방향 제시에 도움을 줄 것이다.

그러나 이 연구에는 다음과 같은 한계가 있다. 첫째, 가용자원의 한계로 전체 청소년을 대상으로 무선 표집을 실시하지 않았다. 그러나 모집단을 층화 표집하였으며, 층화된 계층 내에서는 무선 표집을 실시하였다. 둘째, 학교 재학생들이 교실에서 설문지를 작성하여 학교에 대한 불만을 실제보다 낮게 응답할 가능성이 있다. 그러나 이 극복을 위해 응답자에게 조사의 익명성을 충분히 강조하였고, 래포(rapport)를 형성 이후 조사를 실시하였다. 셋째, 이 연구의 결과는 청소년들이 학교와 학원 중 어느 쪽에 더 큰 불만을 가지고 있는지에 대한 정보만 제공할 수 있다. 청소년이 학교와 학원에 가지고 있는 불만의 절대적인 정도를 파악하기 위해서는 별도의 연구가 필요하다.

Ⅱ. 이론적 배경

1. 사회문제로서 학원

한국에서 가장 성행하는 사교육 기관은 학원이다(김양분·류한구·김현진·이희숙·이진영, 2003).[1] 그런데 교육인적자원부(2004)에서 학원 수강생의 비율을 떨어뜨리기 위한 정책까지 내놓고 있다는 것

---

[1] 원칙적으로는 입시학원 또는 과외학원이라 해야 한다. 그러나 입시학원이 워낙 보편화되어 있기 때문에 이 연구에서는 '학원'이라는 용어를 사용한다. 그 외 입시학원이 아닌 학원은 '재능학원'으로 칭한다.

은 이것을 바람직한 교육의 형태가 아닌 사회문제로 간주하고 있음을 보여준다. 그러나 모든 사교육이 문제는 아니다. 오히려 사교육은 다양한 교육의 기회를 보장해 주는 장치가 될 수도 있다. 따라서 학원의 팽창을 사회문제로 간주하려면 학원이 사교육의 본래의 의미와 기능과 비추어 어떤 역할을 하고 있는지 밝혀야 한다.

사실 최근 들어 마치 사교육이 사회문제인 것처럼 다루어지고 있어서 매우 비정상적인 교육처럼 느껴지지만 역사적으로 살펴보면 교육의 원형은 사교육이었다. 전통사회의 교육은 동·서양을 막론하고 모두 사교육위주였고, 공교육은 계몽적인 군주가 백성들에게 베푸는 일종의 은혜처럼 취급되었다. 즉 교육은 곧 사교육을 의미하는 것이었으며 이는 특권층이 지식을 독점·계승하는 수단이 되었던 것이다. 전 국민을 대상으로 하는 공교육은 시민혁명 이후, 근대 민족국가의 성장과 함께 나타났다. 사교육이 교육의 주역에서 물러나고 국민교육이 보편화된 것은 20세기 전후의 일이다(김신일, 2003, pp.136－151).

공교육의 기능은 지식전달뿐 아니라 사회 통합에 필요한 집합의식과 규범의 학습, 즉 사회화를 포함한다. 이는 사회가 고도로 분업화되면서 유기적 통합의 전제조건인 집합의식 교육 담당기관이 별도로 요구되었기 때문이다. 이것이 공교육 기관인 학교의 일차 기능이다(Durkheim, 1978, p.68).

그런데 학교를 사회화의 도구로 삼아 사회통합의 조건을 달성하려는 국민교육 이념은 시작부터 많은 비판을 받았으며, 오늘날에는 거의 근대성의 가장 큰 질환처럼 간주되고 있다 이 비판들 중 가장 강한 울림을 주는 것은 학교가 개인의 다양한 교육 욕구와 개인차를 무시하는 비효율적이고 억압적인 기관이라는 것이다(Illich, 1971; 이주호, 1999). 이는 학교가 교육시장 독점을 풀고 다양한 사교육과 경쟁해야 한다는 주장으로 발전한다(김선웅·이주호, 2002). 다른 하나는 학교가 지배계급의 이익·가치를 사회화라는 이름으로 강요하는 불평등 재생산 도구라는 것이다(Marx, MEW, Bd.7, p.16; Bourdieu & Passeron. 1970, pp.240-242). 이 견해에 따르면 학교의 교육과정과 내용, 심지어는 교수방법까지 지배계급의 이데올로기로 규정한다(Apple, 1979). 이러한 불만과 비판들이 다양한 사교육을 일으키는 동력이 되었다.2)

이렇게 공교육과 사교육의 관계를 살펴보면 전기 산업사회에서는 사교육에 대한 반발로 공교육이 확대된 반면, 후기 산업사회에서는 공교육에 대한 반발로 사교육이 확대되고 있음을 알 수 있다. 즉 사교육과 공교육은 서로 상대방에 대한 불만을 통해 확대되는 경향을 보여 왔던 것이다. 귀족교육에 대한 민중들의 반발이 일정부분 공교육의 동력이 된 반면, 이번에는 국가에 의한 획일적이고 억압적인 교육에 대한 반발이 다시 사교육을 야기하는 일종의 변증법적 과정이 확인된다.

따라서 오늘날의 사교육은 어떤 형태든 공교육과의 관계를 통해서 규정되어야 한다. 사교육 기관들을 이렇게 그것을 발생시킨 공교육과의 관계에 따라 규정한다면 크게 공교육의 대체재와 보완재로 나눌 수 있을 것이다(장수명, 2002).

대체재로서 사교육은 공교육의 이념이나 방법을 거부하며 그야말로 대체하고자 하는 경우를 말한다. 각종 대안학교, 발도르프 학교, 민중교육, 홈스쿨링 등이 그 예가 될 수 있다. 이때 사교육은 공교육이 전제하고 있는 교육철학과 교육목표를 거부하거나 크게 수정하

---

2) 이렇게 야기된 사교육은 통상 대안교육이라고 불린다.

기 때문에 교육과정과 교수방법을 공유하지 않는다.

보완재로서 사교육은 공교육이 일일이 취급하기 어려운 특별한 교육적 욕구들을 충족시키는 것이다. 여기에는 각종 기능·예능 학원들이 그 예다. 학교가 설치할 수 있는 교과와 수업 시수에는 한계가 있기 때문에 이를 사교육으로 보충하는 것이다. 오늘날에는 잘 사용되지 않지만 '과외'라는 용어의 어원도 교과 외 학습이라는 의미를 가지고 있다.

이렇게 사교육을 공교육과 어떤 관계를 맺고 있는가에 따라 분류할 수 있지만, 이 분류로는 현재 사교육의 대부분을 이루고 있는 입시학원의 본질을 파악하기 어렵다. 따라서 사교육을 그것이 다루는 교육 내용에 따라 분류하는 것이 보다 효과적이다. 백일우(1999)는 이 기준에 따라 사교육을 재능과외와 입시과외로 분류하였다. 재능과외란 학업성취도 향상보다 다양한 영역의 지식과 재능 향상을 목적으로 하는 사교육이다. 입시과외란 공교육의 교육과정과 내용을 따르면서, 높은 학업성적을 목적으로 하는 사교육이다.

이제 문제의 핵심으로 들어가자. 최근 사교육 문제라고 지칭되는 것은 결국 학원의 문제다. 따라서 문제의 핵심인 학원이 어떤 기능을 하고 있는지 알아보는 것이 순서일 것이다.

학원은 어떤 종류의 사교육 기관일까? 재능·입시과외 분류상 학원의 위치는 당연히 명백한 입시과외다. 그러나 대체재·보완재 분류상에서 학원의 위치는 모호하다. 우선 학원은 대학입시에 포함된 공식적 교육과정과 지식의 범위를 벗어나지 않는다. 따라서 학원을 대안학교 같은 공교육의 대체재라고 보기는 어렵다. 그렇다면 학원은 보완재로 보아야 할 것이다. 즉 학원은 입시과외이며 보완재다. 그런데 문제는 학원이 보완재가 되기 위해서는 교육 수요자가 학교에서 부족하다고 여기는 어떤 부분을 보완하고 있어야 한다는 점이다. 과연 학원은 무엇을 보완하고 있는가?

이를 확인하기 위해 학원들의 교육과정을 살펴볼 필요가 있다. 대부분의 학원은 국·영·수·사·과의 5대 과목을 중심으로 운영되고 있다. 이제 문제는 공교육의 교과목을 그대로 재현하고 있는 이 학원교육이 과연 보완이라고 할 수 있는가 하는 것이다. 물론 이 중에서 수학은 모두가 만족하는 수업을 학교에서 실시하기 어렵기 때문에 수학 전문 학원의 보충이 필요하다는 주장이 있다(이영희·윤정희, 2002). 그러나 현재 학원 교습행위가 이러한 역할을 하고 있다고 보기는 어렵다. 실제 학원 수업은 수학 원리에 대한 심화된 추론능력 향상보다는 선행학습이나 반복적인 문제풀이 연습, 각종 경시대회 준비에 치중하고 있다(김양분·김미숙, 2002; 김양분 외, 2002). 결국 학원은 공교육의 대체재도 보완재도 아니다. 학원이 보완하는 것이 있다면 교육의 이념상 해서는 안 되는 편법과 반칙을 학부모의 이기심에 기대에 제공한다는 것이다. 이는 마치 매춘의 사회적 기능과 유사한 것이다. 학원은 교육의 공창이다.

공교육의 대체재도 아닌, 보완재도 아닌 학원이 공교육을 압도할 정도로 팽창했다면 당연히 이는 사회문제이며 병리현상이다. 혼인제도를 압도할 정도로 매춘이 보편화되고 있다고 생각해 본다면 금방 이해할 수 있는 일이다. 따라서 학원을 공교육의 정상 기능을 왜곡시키는 사회문제로 보는 것은 당연하다. 그러나 이 왜곡의 책임을 학원에게 지울 수 없는 것은 매춘의 책임을 창녀에게 지울 수 없는 것과 같다. 학원은 단지 수요에 충실했을 뿐이다. 문제는 이 수요가 어디에서 비롯되었는가 하는 것이다. 불행히도 그 책임은 공교육이, 즉 학교가 져야 한다. 오늘날 학원문제는 사실상 학교가 자초한 면이 크다. 학부모들의 이기적 욕구는 시민성 함양보다 대입에서의 승리를 원했고, 학교가 스스로 입시 교육을 실시함으로써 공교육을 왜곡시켰던 것이다(성태제, 1993). 즉 학원은 공교육의 왜곡된 기능을 보완·강화하고 있다.

2. 입시학원의 유인 동기로서 학교에 대한 불만

지금까지 학원이 입시과외이며, 공교육의 대체재도 보완재도 아닌 사회문제이며 굳이 보완재라고 본다면 왜곡된 공교육의 보완재임을 살펴보았다. 그러나 이것만으로 청소년이 학교 수업을 방해받아 가며 학원에 다니는 이유를 설명하기 어렵다. 청소년들을 학원으로 끌어들이는 유인동기를 살펴볼 필요가 있다. 교육인적자원부(2004)와 양정호(2003)에 따르면 여기에는 학부모들의 학벌주의, 학원의 효과에 대한 믿음, 학교에 대한 불만과 불신 등이 포함된다. 그러나 이는 학부모의 생각일 뿐이다. 학부모의 강요가 물론 청소년들을 학원으로 몰아넣는 것은 사실이지만, 여기에는 청소년들의 자발성도 포함되어 있기 때문이다.[3] 그렇다면 학원의 유인동기가 무엇인지 보다 상세한 분석이 필요할 것이다.

먼저 많은 학부모들이 믿고 있는 학원의 성적향상 효과를 살펴보자. 이는 학원에 다니면 성적이 오를 것이라는 믿음이 청소년들을 학원으로 이끄는 유인 동기가 될 것이라는 주장이다. 그런데 여러

---

[3] 청소년들이 자발적으로 학원을 수용하고 있다는 것은 학교와 달리 학원과 관련한 청소년들의 하위문화, 반문화가 형성되지 않고 있다는 것을 통해서도 확인할 수 있다.

선행연구들이 학원이 정상적인 교육은 물론 입시연습 기관으로도 큰 효과가 없다는 결과를 보여주었다. 이정환(2002)에 따르면 학원 수강 여부는 영어를 제외한 교과목 성적향상에 유의한 영향을 주지 않았다. 영향을 준 변인은 아버지의 교육 수준, 직업(전문 관리직 여·부), 그리고 가정의 소득수준이었다. 김양분 등(2002)에 따르면 학원은 단기적으로는 효과가 없었고, 장기적으로는 역효과를 보였다. 양정호(2003)에 따르면 성적에 가장 큰 영향을 주는 변인은 과외가 아닌 학생의 과목 선호도였다. 문제는 많은 학부모와 학생들이 이것을 알고 있음에도 불구하고 학원을 수강한다는 것이다. 따라서 성적향상 효과로 청소년의 학원유인 동기를 설명하기는 어렵다.

두 번째로 학벌주의를 살펴보자. 실제 학부모의 학벌주의, 직업귀천의식이 높을수록 사교육 신뢰도와 지출이 커진다는 경험적 증거도 있다(강인원, 정성일, 2003; 정영숙, 1996). 그러나 학벌주의는 학교에 대한 입시교육 강화 요구, 사설 독서실의 증가 등의 다른 결과도 가져온다. 그러나 최근 사교육의 일관된 동향은 오로지 학원의 팽창이다. 따라서 학벌주의가 학원의 유인동기로 작용하는 것은 분명하지만 이것만으로 학원 유인동기를 설명하기에는 부족한 부분이 많다.

세 번째로 학교에 대한 불만·불신을 살펴보자. 이는 이른바 신자유주의 교육담론의 핵심을 이루는 것이며, 그 배경에 신고전파 경제학의 전제, 즉 소비자의 합리적 선택을 깔고 있다. 여기에 따르면 학교의 교육 품질에 불만족을 느낀 수요자들이 시장에 새로 등장한 대체재 혹은 경쟁 업체인 학원으로 몰린다는 논리가 도출된다(김선웅·이주호, 2002). 학부모들의 과외의도에 가장 큰 영향을 주는 변인이 학교에 대한 불만이라는 연구 결과도 있어 이 주장에 설득력을 더하고 있다(강인권·정성일, 2003). '공교육 정상화를 통한 사교육

문제 해결'(교육인적자원부, 2004) 혹은 2006년에 대대적으로 진행된 이른바 방과 후 학교 등의 정책방향은 교육당국이 학원 문제의 원인을 학교에 대한 불만에서 찾고 있음을 보여준다. 따라서 학교의 품질을 높여 학원으로 가는 수요를 다시 학교로 흡수하겠다는 것이다.

그러나 이 주장도 논리적으로 성립하기 어렵다. 학교 교육의 품질이 과연 성립 가능한 개념인지도 의문이지만, 설사 그것에 대한 불만이 있다 하더라도 대안학교나 홈스쿨링이 아니라 왜 하필 입시학원인가 하는 문제의 답을 주지 못하기 때문이다. 입시학원에 다니는 이유는 당연히 진학이다. 그런데 우리나라의 진학은 철저히 상대평가다. 따라서 모두가 학원을 다니지 않고 공부를 안 하는 것이 궁극적으로는 이익이다. 그렇다면 한국 청소년과 학부모는 일종의 죄수의 딜레마에 빠져 있다는 의미일 것이다. 즉 다 같이 학원을 다니지 않기를 희망하지만 상대방의 배신의 리스크 때문에 할 수 없이 다니는 것이다. 어느 경우에도 학원 수강은 학교 교육의 품질과는 무관하며, 공교육의 품질을 아무리 향상하더라도 학원 수강률을 떨어지지 않을 것이며, 오히려 학원수업의 난이도와 가혹도만 증가시킬 것이다.

3. 청소년의 학교에 대한 불만: 수업과 인권

그럼에도 불구하고 학교에 면죄부를 줄 수는 없다. 학교교육에 대한 불만은 분명 확인된 사실이며, 학교교육의 정상화를 통해 사교육 문제 해결한다는 기본 방향을 전면 부정하기는 어렵기 때문이다. 따라서 청소년을 학원으로 유인하는 동기가 되는 불만이 학교의 어떤 영역에서 일어나고 있는지 구체적으로 파악해야 한다.

먼저 생각할 수 있는 것이 학교 활동의 대부분을 차지하고 있는 학습 영역의 주 활동인 수업이다. 다음과 같은 간단한 가설을 세워 볼 수 있다. 청소년이 학교 수업에 불만을 느낀다면 청소년은 더 좋은 수업을 위해 학원에 이끌릴 것이다. 실제로 적지 않은 청소년들이 학원보다 학교 수업이 더 재미없고 따분하다고 여기고 있으며, 학교 교사보다 학원 강사가 수업을 더 잘한다고 평가하고 있다. 학원 강사가 수업을 더 잘하는 이유로는, 단서 제공, 수업 설계 체계화, 동기유발, 피드백, 수업참여 등을 들었다(김종한, 2003).

학생들이 학교수업을 지겨워하고 있다는 심리학적 연구결과도 있다. 청소년들은 학교 수업시간에는 몰입(Flow)을 거의 경험하지 않지만, 학원 수업시간에는 높은 몰입을 경험하는 것으로 나타난 것이다(엄나래·정영숙, 2002; 최인수 외, 2004). 이는 학생들은 학교보다 학원 수업에 더 흥미와 재미를 느낀다는 의미이다.

여기에서 주목할 것은 청소년들이 수업의 내용, 수업의 성적향상 효과보다 다른 측면에서 학원 수업을 선호할 단서를 보여주고 있다는 것이다. 청소년들은 수업을 통한 재미, 흥미유발, 그리고 교사와의 상호작용을 희망하고 있다. 실제로 흥미유발, 도구의 자유로운 사용, 학생과의 능란한 의사소통은 일선 학교에서 수업 잘한다고 알려진 교사들의 공통된 특징이기도 하다(김주훈·곽영순, 2003). 이런 점 등으로 미루어 보아 청소년들은 학교 수업의 성적향상 효과 때문이 아니라 지루하고 흥미 없는 수업 과정에 대해 불만을 가지고 있음을 확인할 수 있다.

수업과 함께 청소년들이 학교에서 불만을 느낄 수 있는 또 다른 영역은 규율과 생활지도의 영역이다. 이 영역은 이미 지속적으로 청소년 인권의 사각지대로 수없이 문제제기가 되어 왔던 영역이며, 인권이냐 교육이냐 하는 지루한 논쟁이 이어져온 진원지이기도 하다. 물론 앞에서 계속 확인했듯이 청소년 인권과 관련한 논의에서 기본 전제는 그들이 보호받아야 할 미성숙 개체가 아니라 한 사람의 시민으로 헌법이 보장하는 모든 기본권을 누릴 권리가 있음을 인정하는 것이다. 우리나라에서 청소년 인권은 1991년 국회가 UN의 '청소년과 아동 권리 협약'을 비준함으로써 공식화되었으며, '청소년헌장'(1998)의 '청소년의 권리' 편에 집약되어 있다.

청소년 인권은 헌법적 권리이며 기본권이기 때문에 설사 교육적 의도가 있더라도, 그들에 대한 조치나 훈육이 이를 침해해서는 안 된다(이혜숙, 2002). 또 학교가 권리를 침해했을 때 청소년들은 강하게 저항하거나(김동일・류지영, 2002), 학습에 나쁜 영향을 받거나(정준교, 2002), 그들을 훈육하려는 교사들과 딜레마상황을 만들기도 한다(천세영, 2002).

그러나 우리나라 일선 학교의 규율이나 생활지도 규정은 제정 및 적용 절차의 비민주적 요소가 많고, 부당 처벌을 견제할 장치가 없으며, 통제 목적의 억압적 내용이 많다고 한다(김동일・류지영, 2002). 더욱 문제가 되는 것은 일선 학교 교사의 청소년 인권의식이 열악하다는 것이다. 많은 교사가 자기 권리에 대해서는 민감하나, 학생 인권은 가볍게 생각하는 이중 기준을 가졌다. 교사들은 교육적 목적이 있다면 학생들의 사생활을 침해할 수 있다고 응답했으며, 학생이 체벌을 거부하거나 스스로를 변호할 권리를 인정하지 않았다. 특히 학생이 권리침해에 대해 이의를 제기할 때, 이성적이 아닌 감정적 반응을 보였다(심성보 등, 2002, pp.98-105).

이런 상황에서 청소년이 학교의 규율이나 생활지도라는 영역에서 권리를 침해받을 가능성이 크다. 그 내역을 '청소년헌장(1998)'이 제시한 청소년의 권리를 기준으로 살펴보면 ㄱ)물리적 정신적 폭력으로부터 보호받을 권리, ㄴ)사적인 삶의 영역을 침해받지 않을 권리, ㄷ)자신의 생각과 느낌을 자유롭게 펼칠 권리, ㄹ)건전하고 다양한 문화·예술 활동에 자유롭게 참여할 권리, ㅁ)자신의 삶과 관련된 정책결정 과정에 참여할 권리 등이다.

그리고 지금까지 살펴본 학교의 실태는 이러한 권리가 지켜지기는 커녕 교육이라는 이름으로 침해될 가능성이 더 크다. 교육이라는 이름으로 권리가 침해되는데, 그 교육조차 지루하고 질이 떨어진다면 청소년들은 보다 인격적인 대우를 해 주는 교육기관 혹은 교육의 질이라도 높은 교육기관을 욕구하게 될 것이다. 그리고 한국의 학교는 이 둘 중 어디에도 해당되지 않을 가능성이 크다.

4. 이론의 종합과 가설의 설정

지금까지 학원은 주로 학교 수업에 대한 불만에 대한 보완재로 여겨져 왔으나, 또한 수업 외의 영역인 인권에 대한 보완재로도 기능할 수 있음을 살펴보았다. 그런데 학원이 계속해서 팽창하고 있다는 것은 이러한 불만이 학원에서 어떤 형태로든 충족되고 있을 가능성을 보여준다. 그렇다면 청소년들이 학원에 대해 느끼는 불만은 학교에 비해 낮을 것이라는 예측을 할 수 있다. 만약 학원 수업에 대한 불만이 학교보다 낮다면 이는 수업을 보완한다는 의미일 것이며, 인권에 대한 불만이 더 낮다면 인권을 보완한다는 의미일 것이다. 따라서 학교에 대해 이 두 영역 모두 혹은 하나에서 불만을 가지고 있는 청소년은 학원수강을 계속하고자 할 의도가 있을 것이다. 이러한 논의들을 명제화하면 다음과 같은 가설들을 설정할 수 있다.

<가설 1> 청소년의 학교 수업불만은 학원 수업불만보다 높을 것이다.

<가설 2> 청소년의 학교 인권불만은 학원 인권불만보다 높을 것이다.

<가설 3> 청소년의 학교 수업불만이 높을수록 학원수강 확률은 높아질 것이다.

<가설 4> 청소년의 학교 인권불만이 높을수록 학원수강 확률은 높아질 것이다.

Ⅲ. 연구 설계

1. 연구대상 및 자료 수집

이 연구의 대상은 서울 지역의 중·고등학교 재학생을 모집단으로 다단계 층화 표집한 277명의 청소년들이다. 모집단을 서울 지역으로 한정한 것은 학원 과열이 전국적 현상이라는 선행조사 결과를 반영한 것이다(김양분 등, 2003). 먼저 모집단을 중학교와 고등학교로 나누었고, 고등학교는 일반고와 특목고로 나누었다. 실업계 고등학교를 제외한 것은 선행조사 결과 사교육 규모가 다른 집단에 비해 현저하게 낮았기 때문이다(교육인적자원부, 2004). 다음은 각 유층별로 교번 일람표를 이용하여 무작위로 중학교와 일반고는 6개교, 특목고는 2개교를 추출하였고, 각 학교별 전체 학생 명렬표를 표집 틀로 삼아 총 367명의 청소년들 무작위 추출하였다.

이들을 대상으로 배부한 설문지 중 유효한 277장의 응답을 최종 표본으로 삼았다. 표본의 일반적 특성은 <표 2-1>과 같다. 대부분의 계층에서 70% 이상의 응답률을 보였으나 일반고 남학생의 응답률이 53.2%로 낮다. 이는 이 계층에서의 불량응답 가능성을 보여주기 때문에 주의를 요하는 현상이다. 그러나 정선과정에서 이 유층의 특별한 불량응답은 발견되지 않았다. 이는 불량응답 가능성이 높은 청소년이 아예 응답을 하지 않았기 때문에 나타난 현상으로 보인다.

〈표 2-1〉 표본의 특성과 응답률

	남자			여자			계		
	유효 응답	배부 대상	응답률	유효 응답	배부 대상	응답률	유효 응답	배부 대상	응답률
중학교	98	113	86.7%	60	81	74.1%	158	193	81.9%
일반고	42	79	53.2%	45	59	76.2%	87	138	63.4%
특목고	18	19	94.7%	14	16	87.5%	32	35	91.4%
계	158	211	74.9%	119	156	76.3%	277	367	75.5%

2. 변인 설정

이 연구에서 조사하고자 하는 변인들을 독립변인과 종속변인으로 나누어 제시하면 다음과 같다.

1) 독립변인

이 연구의 독립변인은 학원수강 여부, 재능과외 수강경험, 학교·학원에 대한 청소년의 주관적 불만, 학교수업 불만, 학원수업 불만, 학교인권 불만, 학원인권 불만, 그리고 여러 신상변인들로 구성되어 있다. 설문지의 자세한 지표와 측정수준은 <표 2-2>에 제시되어 있다.

'학원수강 여부'는 조사 시점 현재 응답자가 입시학원을 수강하고 있는지 여부를 물은 것이다. 이를 통해 현재 얼마나 많은 청소년이 현재 입시학원을 수강하고 있는지 파악할 수 있다. '재능과외 수강경험'은 사교육이 청소년들의 문화·예술 활동에 어느 정도 기여하고 있는지 알아보기 위한 것이다. 이는 입시를 목적으로 하지 않는 예·체·기능 학원을 수강한 적 있는지 중학교 이전과 이후로 나누어 응답도록 한 것이다. 이 둘을 비교하면 학령에 따른 재능과외의 사교육 내 비중의 추세를 알 수 있다.

'학교·학원에 대한 주관적 불만'은 청소년들이 현재 자신들이 재학하고 있는 학교와 수강하고 있는 학원에 대해 느끼는 불만의 정도를 각각의 4점척도에 응답하도록 한 것이다. 이는 청소년이 정서적으로 학교나 학원에 느끼는 불만족이다. 따라서 이 수치가 높다고 반드시 교육적·인권적 차원에서 개선 여지가 있는 것은 아니다. 이 변인을 투입한 이유는 학원수강 의도에 청소년들의 학교·학원에 대한 정서적 선호도가 수강의도에 미치는 영향을 통제하기 위해서다.

'학교·학원수업 불만도'는 청소년들이 현재 재학 중인 학교와 수강 중인 학원의 수업에 대한 불만의 정도를 측정한 것이다. 이 변인의 지표들은 좋은 수업에 대한 선행연구(김종한, 2003; 김주훈, 곽영순, 2003; 엄나래, 정영숙, 2002; 최인수 등, 2004)들을 종합하여 ㄱ)

다양한 자료의 제시, ㄴ)활발한 상호작용, ㄷ)충실한 피드백, ㄹ)흥미 있는 수업, ㅁ)학생 활동의 제공 등 다섯 개의 지표로 구성하였다. 이 각각에 대한 청소년의 만족도를 물어 그 역수의 평균이 수업불만도가 된다. 그리고 이를 학교와 학원에 대해 각각 물어보아 학교수업 불만도와 학원수업 불만도 변인의 값으로 삼았다. 이는 모두 5개의 리커트 4점척으로 구성되어 있으며, 일선 교사들과 교육 전문가들에게 내용타당도 검사를 받았다. 이 지수의 크론바하 알파 값은 .7687로 신뢰도에 큰 문제가 없는 것으로 나타났다.

'학교·학원 인권 불만도'는 청소년들이 학교나 학원에서 인권에 대한 침해를 얼마나 자주 경험하는지 측정한 것이다. 이 변인의 지표들은 '청소년 헌장(1998)'과 선행연구(천세영 등, 1999; 천세영, 2002; 김동일, 류지영, 2002; 심성보 등, 2002)를 종합하여 ㄱ)언어폭력, ㄴ)부당한 신체적 규제, ㄷ)체벌, ㄹ)생각의 표현 제약, ㅁ)의사결정 과정 배제 등 다섯 개의 지표로 구성하였다. 이들에 대한 침해 정도를 학교와 학원에 대해 각각 물어보아 그 평균을 학교인권 불만도, 학원인권 불만도의 값으로 삼았다. 이는 5개의 리커트 4점척으로 구성되었으며, 법률 전문가에게 내용 타당도 검사를 받았다. 이 지수의 크론바하 알파 값은 .6589로 신뢰도에 큰 문제가 없었다. 그 외 외부효과의 통제를 위해 재학 중인 학교의 종류, 성, 학업성적, 가정의 소득수준, 부모학력 등을 함께 측정하였다.

2) 종속변인

<가설 1>의 종속변인은 '학교·학원 간 수업불만도의 차이'이다. <가설 2>의 종속변인은 '학교·학원 간 인권불만도의 차이'이다.

<가설 3>과 <가설 4>의 종속변인은 '학원수강 의도'다. 이는 청소년이 앞으로도 계속 학원을 수강하고자 하는가의 여부이다. 이의 측정을 위해 현 수강생의 경우 계속 수강 여부를, 비수강생의 경우 앞으로 수강 여부를 물어보았다. 그 결과 '계속 수강'과 '앞으로 수강'은 '의도 있음'으로 1의 값을, 나머지는 '의도 없음'으로 0의 값을 부여하였다.

〈표 2〉 설문지의 주요 지표와 측정 영역

변인	지표	측정수준
학교 불만도	현재 재학 중인 학교에 만족 정도	1. 매우만족, 2. 대체로 만족, 3. 대체로 불만족, 4. 매우 불만족
학교수업 불만도	다양한 자료제시	
	활발한 상호작용	
	충실한 피드백 제공	
	재미있고 흥미 있는 수업	
	학생의 자발적 활동	
학교 인권 불만도	위협하거나 모욕하는 언어 경험	1. 전혀 없음, 2. 없는 편임, 3. 약간 있음, 4. 매우 자주
	복장이나 신체에 대한 규제 경험	
	과도한 체벌 경험	
	생각과 표현의 제약 경험	
	일방적 의사결정 경험	
학원수강 여부	현재 입시학원 수강 여부	1. 예, 0. 아니오.
재능과외수강경험	초등학교 시절 경험 여부	1. 있음, 0. 없음
	중학 이후 경험 여부	
학원수강 의도	앞으로 학원 수강의 지속 혹은 중단 여부	1. 계속 다닐 것, 2. 끊을 것(1, 2는 수강자만 응답), 3. 앞으로 다닐 것, 4. 안 다닐 것(3, 4는 비수강자만 응답).

변인	지표	측정수준
학원 불만도	학교와 동일	1. 매우만족, 2. 대체로 만족, 3. 대체로 불만족, 4. 매우 불만족
학원수업 불만도		
학원인권 불만도		
재학 중인 학교		1. 중학교, 2. 일반고, 3. 특목고
성		1. 여자, 0. 남자.
가정의 소득수준		1. 매우 가난, 2. 가난한 편, 3. 넉넉한 편, 4. 매우 넉넉.
부모 학력		1. 고졸 이하, 2. 고졸 또는 대학 중퇴, 3. 대졸, 4. 대학원 졸

3. 자료 수집 및 분석

이 연구의 자료 수집 방법은 자기기입식 질문지법이다. 이를 위해 총 367부의 설문지를 배부하였으며, 그중 281부를 회수하였다. 그리고 정선과정을 거쳐 총 277부를 분석에 사용하였다. 설문지는 2004년 5월 1일-15일 사이에 배부하였다. 자료 분석 방법으로 두 집단 간 평균 비교에는 T-검정, 세 집단 간 평균 비교에는 일원 분산분석(One-way ANOVA)과 셰페 다중비교(Scheffe's multiple comparison)를 사용하였다. 동일 집단 내 두 속성의 비교인 <가설 1>, <가설 2> 검정에는 대응표본비교 T-검정(Paired Samples T-test)을 사용하였고, 종속변인이 범주형이고, 독립변인이 연속변인인 <가설 3>, <가설 4> 검정에는 로지스틱 회귀분석(logistic regression)을 사용하였다. 통계 패키지로는 SPSS Windows 10.05 영문판을 사용하였다.

Ⅳ. 연구 결과 분석

수집한 자료를 분석한 결과는 다음과 같다.

1. 기술통계

먼저 현재 청소년들의 학원수강 빈도를 살펴보면 <표 2-3>과 같이 전체의 72.8%인 201명이 현재 학원을 수강하고 있음을 확인할 수 있다. 이를 학교 종류별로 살펴보면 중학생보다 고등학생, 일반고생보다 특목고생의 학원 수강률이 높다. 이 차이는 p<.01 수준에서 유의하였다.

〈표 2-3〉 연구대상의 현재 입시학원 수강 빈도

(백분율)

		비수강	수강	카이 제곱
중학생	관측 값	53 (33.5)	105 (66.5)	
	예측 값	43.4	114.6	
일반고생	관측 값	22 (25.3)	65 (74.7)	9.957**
	예측 값	23.9	63.1	
특목고생	관측 값	1 (3.1)	31 (96.9)	
	예측 값	8.8	23.2	
계		76 (27.4)	201 (72.8)	

*: p<.05, **: p<.01

그런데 <표 2-4>를 보면 높은 입시학원 수강 빈도에 비해 문화·예술 활동의 다양성을 보완하는 재능과외 수강 빈도는 중학교 시기 이후 급격하게 줄어들었음을 알 수 있다. 응답대상 청소년의 85.7%가 초등학교 시절 재능과외를 수강한 적 있다고 하였으나, 중학교 이후에도 재능과외 수강한 경험이 있다고 응답한 청소년은 34.4%로 크게 낮아졌다. 이는 중학교 입학 이후 청소년의 사교육 경험이 문화체험에서 입시연습으로 급격하게 바뀌고 있음을 보여준다.

〈표 2-4〉 재능과외 수강경험의 추세변동

	수강경험	빈도	백분율(%)
중학교 이전	없음	39	14.3
	있음	234	85.7
중학교 이후	없음	179	65.6
	있음	94	34.4

청소년들의 학원수강 의도의 응답 빈도는 <표 2-5>와 같다. '의도 없음'은 현재 학원 수강생이 수강 포기 의사를 밝히거나, 비수강생이 앞으로도 수강 계획이 없는 경우다. '의도 있음'은 현재 학원 수강생이 계속 수강의사를 밝히거나 비수강생이 수강계획을 밝힌 경우이다. 표를 살펴보면 전체의 88.1%가 앞으로 학원수강 의도가 있음을 알 수 있다. 특히 학원 수강생의 경우 4%만이 중단 의사를 밝힌 반면 비수강생의 경우 32.9%가 수강할 의도가 있다고 응답하여 앞으로 학원 수강생이 더 늘어날 가능성을 보여주고 있다.

<표 2-5> 학원 수강 의도의 교차분석

(백분율)

		의도 없음(0)	의도 있음(1)	카이 제곱
비수강생	관측 값	25(32.9)	51(67.1)	9.957**
	예측 값	9.1	66.9	
수강생	관측 값	8(4.0)	193(96.0)	
	예측 값	23.9	177.1	
계		33(11.9)	244(88.1)	

*: $p < .05$, **: $p < .01$

평균(mean)을 속성으로 삼는 변인들의 기술 통계치는 <표 2-6>과 같다. 청소년들이 학교와 학원에 대해 느끼고 있는 주관적 불만을 측정한 '학교·학원 불만'의 평균은 각 2.44와 2.14로 학원보다 학교에 대한 불만이 높았다. 구체적 수업에 대한 불만을 측정한 '학교·학원수업 불만도'의 경우 학교수업 불만이 학원보다 .0754만큼 더 높았다. 청소년들이 학교와 학원에서 느끼는 인권침해의 정도를 측정한 인권불만도 역시 학교에서의 불만(2.7359)이 학원에서의 불만(2.5015)보다 높았다.

<표 2-6> 독립 변인들의 기술 통계치

	N	최솟값	최댓값	평균	SD	편포도
학교 불만	277	1	4	2.44	.68	.334
학원 불만	207	1	4	2.14	.63	.370
학교수업 불만	277	1.60	4.00	2.6968	.4939	.361
학원수업 불만	206	1.20	4.00	2.6214	.6748	.214
학교인권 불만	277	1.40	4.00	2.7350	.5162	-.451
학원인권 불만	205	1.00	3.80	2.5015	.6474	-.450

이들 중 주요 설명변인인 학교·학원에서의 수업불만과 인권불만을 하위집단별로 비교한 결과는 <표 7>과 같다. 먼저 수업불만을 살펴보자. 분산분석 결과 중학교, 일반고, 특목고의 세 집단 간 학교수업 불만도 사이에는 $p < .01$ 수준에서 통계적으로 유의한 차이가 나타났다. 이 중 특목고 재학생의 학교수업 불만도가 가장 높고, 중학생의 불만도가 가장 낮다. 셰페 다중비교 결과 특목고생의 학교수업 불만이 다른 두 집단에 비해 각 $p < .01$ 수준에서 유의하게 높은 것으로 나타났다. 남학생과 여학생의 학교수업 불만도 사이에는 통계적으로 유의한 차이가 나타나지 않았다. 학원수업 불만을 살펴보면 중학교, 일반고, 특목고 세 집단의 학원수업 불만도 사이에는 $p < .01$ 수준에서 통계적으로 유의한 차이가 나타났다. 이 중 특목고 학생의 학원수업 불만도가 중학생과 일반고 학생에 비해 높았고 ($p < .01$) 남학생과 여학생의 학원수업 불만도 차이는 유의하지 않았다.

〈표 2-7〉 수업 및 인권불만도의 하위집단별 비교

변인	집단	N	평균	표준편차	표준오차	F또는 T
학교수업	중학생	158	2.6025	.4598	3.658E-02	7.261**
	일반고생	87	2.8023	.5536	5.936E-02	
	특목고생	32	2.8750	.3759	6.645E-02	
	남자	158	2.6772	.5426	4.316E-02	-.758
	여자	119	2.7227	.4215	3.864E-02	
학원수업	중학생	108	2.4481	.6204	5.970E-02	15.455**
	일반고생	67	2.6507	.7347	8.976E-02	
	특목고생	31	3.1613	.3739	6.715E-02	
	남자	115	2.5565	.6922	6.455E-02	-1.755
	여자	91	2.7033	.6466	6.778E-02	

변인	집단	N	평균	표준편차	표준오차	F또는 T
학교인권 불만	중학교	158	2.6354	.4797	3.816E−02	
	일반고	87	2.7678	.5489	5.885E−02	14.056**
	특목고	32	3.1375	.3883	6.865E−02	
	남자	158	2.7823	.5443	4.330E−02	1.762
	여자	119	2.6723	.4714	4.321E−02	
학원인권 불만	중학교	107	2.3626	.6989	6.756E−02	
	일반고	67	2.5403	.5646	6.898E−02	9.019**
	특목고	31	2.8968	.4347	7.808E−02	
	남자	114	2.4035	.6710	6.285E−02	−2.455*
	여자	91	2.6242	.5977	6.265E−02	

*: $p < .05$, **: $p < .01$

다음 인권불만을 살펴보자. 분산분석 결과 중학교, 일반고, 특목고 학생들의 학교인권 불만도 사이에 유의한 차이가 나타났다($p < .01$). 이 중 특목고생의 학교인권 불만이 가장 높고 중학생이 가장 낮은데, 셰페의 다중비교 결과 이 차이는 특목고생과 다른 집단들 사이에서 나타났다($p < .01$). 남·여 학생의 학교인권 불만도에는 유의한 차이가 없었다. 학원인권 불만을 살펴보면 세 집단의 학원인권 불만도 간에 $p < .01$ 수준에서 유의한 차이가 나타났다. 셰페의 다중비교 결과 특목고생의 학원인권 불만도가 중학생($p < .01$)과 일반고생($p < .05$)보다 높았다. 또 남학생의 학원인권 불만도는 여학생에 비해 .2207만큼 유의하게 높았다($p < .05$).

2. 가설의 검정

<가설 1>은 청소년의 학교수업 불만도와 학원수업 불만도의 차이를 비교하는 것이다. 이는 동일 집단의 두 속성 간 평균 비교이기 때문에 대응표본 T검정(paired samples T-test)을 사용하였다. 검정 결과는 <표 2-8>과 같다. 표를 살펴보면 청소년의 학교수업 불만도와 학원수업 불만도 사이에 통계적으로 유의한 차이가 나타나지 않아 영가설이 채택되어 <가설 1>이 기각되었음을 확인할 수 있다.

〈표 2-8〉 학교·학원 간 수업불만도의 대응표본 비교 T 검정

		평균	N	S.D.	표준 오차 평균	상관도	유의도
Pair 1	학교	2.7029	206	.4748	4.772E-02	.347**	.000
	학원	2.6214	206	.6748	6.177E-02		

학교-학원	Paired Differences		t	자유도	유의도
	평균	표준편차	1.729	205	.085
	8.115E-02	.6771			

*: p<.05, **: p<.01

<가설 2>는 청소년의 학교인권 불만도와 학원인권 불만도의 차이를 비교하는 것이다. 이 역시 <가설 1>과 같이 동일 집단의 두 속성 간 비교이기 때문에 대응표본 T 검정을 실시하였다. 검정 결과는 <표 2-9>와 같다. 표를 살펴보면 청소년들의 학교인권 불만도가 학원인권 불만도보다 .2683만큼 더 높고, 그 차이가 p<.01 수준에서 통계적으로 유의함을 확인할 수 있다. 따라서 청소년들의 학교인권 불만도가 학원인권 불만도보다 높을 것이라는 <가설 2>는 검정되었다.

〈표 2-9〉 학교·학원 간 인권불만도의 대응표본 비교 T 검정

		평균	N	S.D.	표준 오차 평균	상관도	유의도
Pair 1	학교	2.7698	205	.4991	3.486E-02	-.008	.909
	학원	2.5015	205	.6474	4.521E-02		

	Paired Differences		t	자유도	유의도
학교-학원	평균	표준편차	4.681**	204	.000
	.2683	.8206			

*: p<.05, **: p<.01

　<표 2-10>은 <표 2-8>과 <표 2-9>에서 확인된 이러한 차이가
수업불만도, 인권불만도를 구성하는 여러 지표들 중 어디에서 주로
발생하였는지 지표별로 대응표본 T검정을 하고, 유의한 차이가 나타
난 문항들을 제시한 것이다. 먼저 수업불만을 보면 청소년들은 교수
기법과 매체의 다양성 면에서는 학원수업에, 수업의 재미·흥미 면
에서는 학교수업에서 더 많은 불만을 가지고 있음을 확인할 수 있
다. 그 외 상호작용 면, 피드백, 자발적 학생활동 등에서는 유의한
차이가 나타나지 않았다. 그러나 인권불만의 경우는 이 변인을 구성
하는 다섯 개의 지표들 중 네 개의 지표에서 유의한 차이가 나타났
으며, 일관되게 학교에 대한 불만이 더 높았다. 유일하게 차이가 관
측되지 않은 지표는 체벌이었다.

〈표 2-10〉 학교와 학원 간 유의한 차이가 관측된 지표들

	유의한 차이가 관측된 지표들	학교-학원	t	sig.
수업 불만	교수기법과 매체는 다양한가?	-.21	-3.003**	.003
	이해하기 쉽고 재미있게 가르치는가?	.22	3.033**	.001
인권 불만	모욕적이고 위협을 가하는 언어를 경험하는가?	.33	4.577**	.000
	복장이나 신체에 부당한 규제를 경험하는가?	.16	1.977*	.049
	자기 생각을 표현함에 있어 규제를 경험하는가?	.25	3.216**	.002
	의사결정에 학생의 건의는 막혀 있거나 무시당하나?	.21	2.582*	.011

*: $p < .05$, **: $p < .01$

<가설 3>과 <가설 4>는 청소년의 학교 내 수업 및 인권에 대한 불만이 학원수강 의도에 정적인 영향을 줄 것이라는 것이다. 그런데 학원수강 의도라는 종속변인이 있음(1)과 없음(0)의 값을 가지는 명목변인이고 투입되는 독립변인들은 연속변인이기 때문에, 로지스틱 회귀분석(logistic regression)을 실시하였다. 이때 발생할 수 있는 혼란요인을 통제하기 위해 모든 독립변인을 공변량으로 투입하였다. 그 결과는 <표 2-11>과 같다. 표를 살펴보면, 모형은 $p < .01$수준에서 유의하지만 R제곱의 값으로 보아 예측 설명력은 크지 않음을 알 수 있다.

〈표 2-11〉 사교육 수강 의도에 대한 로지스틱 회귀분석 결과

	B	S.E.	Wald	df	Sig.	Exp(B)
학교불만도	-.159	.348	.208	1	.648	1.172
성	-.165	.454	.132	1	.711	.848
현재 학원수강 여부	2.603**	.535	23.700	1	.000	13.500
학교성적	.436	.227	3.681	1	.055	1.546
가정소득수준	.677	.381	3.164	1	.075	1.969
부모학력	-.696	.361	3.712	1	.054	.499
학교수업 불만도	-.923	.545	2.867	1	.090	.397
학교인권 불만도	1.004*	.504	3.969	1	.046	2.728
일반고재학 여부	-.736	1.109	.440	1	.986	.991
특목고재학 여부	1.106	1.103	1.005	1	.154	.269
(상수)	-.775	2.142	.131	1	.717	.461

〈Model summary〉

-2 Log likelihood	C & SR제곱	Kerke R제곱	Chi-square	df	Sig.
261.520	.199	.289	61.390**	9	.000

*: p<.05, **: p<.01

각 변인들의 계수를 살펴보면 학원수강 여부(p<.01)와 학교인권 불만(p<.05)이 양의 값을 가지면서 통계적으로 유의하고, 나머지 변인들은 유의하지 않음을 확인할 수 있다. 따라서 학교 내 수업불만이 청소년의 학원수강 의도에 정적인 영향을 줄 것이라는 <가설 3>이 기각되었고, 학교 내 인권불만이 학원수강 의도에 정적인 영향을 줄 것이라는 <가설 4>가 검정되었다. 모형의 Exp(B)값에 따르면 다른 조건이 같다고 할 때 현재 학원을 수강하고 있는 청소년이 그렇지 않은 청소년에 비해 앞으로 학원을 수강할 확률은 13.5배 크고, 학교인권에 대한 불만이 한 단위 증가할 때마다 학원을 수강할 확률

은 그렇지 않을 확률보다 2.728배 더 높아진다. 그러나 모형의 설명력이 낮고, 청소년의 사교육수강 의도를 예측함에 있어 학교인권 불만이 아닌 현재 학원수강 여부가 가장 높은 예측력을 가진 변인이라는 점에서 이를 일반화하는 것에는 주의가 필요할 것이다.

V. 논의 및 결론

이 연구는 학교의 수업·인권불만도의 학교·학원 차이를 분석하고, 이것이 학원수강 의도에 미치는 영향을 검정하였다. 그 결과 청소년의 학교에 대한 불만이 어느 차원에서 학원유인동기로 작용하는지 확인하였다. 이제 이 결과를 논의함으로써 방과 후 문화 활동에 장애요소가 되고 있는 학원문제의 해결점을 모색해 보고자 한다.

먼저 <가설 1>이 기각된 결과부터 살펴보자(<표 2-8>). 이는 청소년들이 학교와 학원에서 수업에 대해 느끼는 불만에 유의한 차이가 없음을 보여주는 결과로 사회적 통념과 비추어 의외의 결과다. 그동안 사교육 문제에 대한 논의의 중심은 항상 수업과 학습효과에 집중되었다. 사교육 문제 해결을 위한 공교육 개선방안 역시 학교수업의 강화, 학원 수업을 대체할 다른 수업 형태의 제공(위성과외) 등에 치중되어 왔다. 그런데 <가설 1>이 기각되었다는 것은 설사 청소년들이 학교수업에 불만이 있더라도 학원수업이 이를 만족시키지는 못함을 보여주는 것이다. 이는 학원의 팽창 원인이 학교에 비해 수업 경쟁력이 높고, 교육품질이 높아서라는 기존의 예측들(김선웅,

이주호, 2002; 강인원, 전성일, 2003; 김종한, 2003)과 배치되는 결과다. 그런데 수업불만의 차이를 구성 지표별로 살펴보면 청소년들이 수업의 흥미·재미라는 영역에서만큼은 학원수업에 더 만족하고 있음을 확인할 수 있다(<표 2-10>). 따라서 사교육 문제 해결을 위해 학교 수업의 개선점이 요구된다면, 이는 수업의 양과 학습내용의 수준이 문제가 아니라 재미와 흥미의 문제임을 이 결과는 시사하고 있다. 청소년들은 수업을 통해 단지 교과내용의 학습뿐 아니라 미적·문화적 쾌감도 기대하고 있다. 또, 학교 수업의 내용보다는 교사들이 만들어내는 획일적이고 지루한 교실 문화에 불만을 느끼고 있는 것이다.

다음 <가설 2>가 검정된 결과를 살펴보자(<표 2-9>). <가설 2>의 검정은 학원이 학교의 어떤 기능을 보완하고 있다면, 그것이 수업이 아니라 오히려 인권의 영역임을 보여주고 있는 결과다. 특히 인권불만 변인을 구성하는 5개 지표 중 4개에서 일관되게 학교에 대한 불만이 높았다(<표 2-9>). 이는 전반적으로 학원 강사가 학교 교사에 비해 청소년들을 더 잘 대우하며, 청소년들의 다양한 욕구가 학교보다는 학원에서 더 쉽게 표현 가능한 여건임을 보여준다. 그렇다면 청소년들은 교사보다 학원 강사에게, 학교보다는 학원에 정서적으로 더 높은 친밀감을 느낄 것이다. 즉 수업효과가 아니라 정서적 효과 때문에라도 청소년들은 충분히 학원을 선택할 동기를 가지고 있는 것이다. 따라서 학교 수업이 개선되더라도 일방적인 규율의 완화 및 개선, 그리고 다양한 문화·예술 활동의 보장이 따르지 않는다면 학원문제는 해결되지 않을 것이다. 이는 그동안 주로 수업과 학습활동 강화에만 집중되었던 기존의 사교육 경감, 공교육 정상화 관련 논의들에 새로운 차원으로 주의를 환기시켜주는 결과다.

다음으로 <가설 3>이 기각되고, <가설 4>가 채택된 결과에 대해 살펴보자(<표 2-11>). 청소년들의 '학원수강 의도'에 정적인 영향을 준 변인은 '현재 학원 수강 여부'와 '학교인권 불만'이었다. 반면 '학교수업 불만'이 증가하더라도 청소년이 학원을 수강하기로 결정할 확률은 증가하지 않았다. 이는 청소년의 학교 내 인권불만이 단지 학원에 비해 높을 뿐 아니라 그들을 학원으로 내몰고 있는 유인동기로도 작용하고 있음을 보여주는 결과다. 즉 청소년의 높은 학교인권 불만과 사교육 문제의 관계를 인과론적으로도 추론할 수 있음을 보여주는 것이다.

이상의 가설검정 결과들은 청소년 문화 활동과 관련하여 매우 중요한 시사점을 줄 수 있다. 만약 청소년들이 학교 수업이 입시에 도움이 되지 않아 학원을 수강하려는 의도를 가지고 있다면, 아무리 다양한 문화 활동과 표현 공간이 제공되어도 이들을 학원에서 불러내기는 어려울 것이다. 그러나 이 연구 결과에 따르면 청소년들은 수업 내용보다 학교의 비민주적 문화에 더 강한 불만을 가지고 있었고 이것이 학원수강 의도에 영향을 주었다. 이를 이용한 학원 강사들은 거의 연예인 수준의 쇼맨십으로 청소년을 끌어들이다. 그러나 학원의 목적은 문화적 욕구의 충족이 아니라 입시교육이다. 따라서 이는 부수적이고 우연한 효과에 불과하다.

그렇다면 오히려 학교에서 이러한 문화적 욕구 충족의 기능을 강화하는 것을 학원문제의 대책으로 모색할 필요가 있다. 그 외 학교 밖의 다양한 문화 활동 장의 활성화도 적극적으로 모색될 필요가 있다. 이를 통해 학교의 문화가 민주적이고 다양한 표현이 가능하도록 바뀐다면 청소년들의 불만이 상당부분 흡수될 것이고, 학원수강 의도도 떨어질 것이기 때문이다.

결국, 이 연구는 문제가 해결이 되는 결과를 보여주고 있다. 애초이 연구는 학원 문제가 청소년의 문화·여가 활동을 제약하는 장애물이라는 데서 출발했다. 그런데 학원문제의 해결은 학교의 문화가바뀌고 청소년들의 문화·여가활동 기회가 충분히 보장될 때 해결될수 있다는 결론에 도달한 것이다. 이와 더불어 학교에서 청소년의인권이 개선되고, 민주적 의사소통이 보장된다면 이때 비로소 고질적인 사교육 문제는 해결의 실마리를 찾을 수 있을 것이다.

지금까지 가설 검정이 가진 의미를 논의하였다. 이제 기술통계를통해 발견한 사실들에 대해 논의해 보자. 무엇보다 수업·인권, 학교·학원을 막론하고 특목고 학생들이 가장 높은 불만집단으로 나타난결과에 주목할 필요가 있다(<표 2-7>). 이는 성적이 상위권일수록입시경쟁이 치열하고, 입시경쟁이 치열할수록 '성적과 진학 이데올로기'에 근거한 문화적 획일성과 일방적 규율이 더 빈번히 강요되는현상을 반영한 것으로 보인다. 또 현재 학원수강 빈도보다 앞으로의사교육 수강 의도가 더 높은 빈도를 보였다는 결과도 눈길을 끈다(<표 3>과 <표 5> 비교). 현재 학원 수강생 중 수강 중단 의사를 밝힌 청소년은 4%에 불과한 반면, 비수강생 중 앞으로 수강할 의사가있다고 응답한 청소년은 67.1%에 달했다. 따라서 사교육 문제, 특히학원의 문제는 미래 진행형의 문제이기도 함을 알 수 있다.

그 외 청소년들의 중학교 이후 재능과외 경험 빈도가 초등학교때의 절반으로 떨어진 것도 의미 있는 결과다(<표 2-4>). 이는 입시부담이 적은 초등학교 때는 사교육이 다양한 문화 활동 제공이라는 긍정적 보완재로 기능하였으나, 입시교육이 본격화된 중학교 이후부터는 획일적 입시학원으로 집중됨을 보여준다. 이는 근면이 발달과업인 아동에게는 다양한 활동을 보장하다가, 정작 다양한 실험을 통한 정체성 형성이 발달과업인 청소년에게는 획일적 입시학원을 강요하는 역설적 모습이다.

지금까지 이 연구의 결과가 가진 의미를 논의하였다. 그러나 이 연구는 지금까지 논의한 시사점들에도 불구하고 제한점들이 있어 후속연구에 의해 보완되어야 한다.

첫째, 이 연구는 청소년들의 인권불만이 학원보다 학교에서 더 큼을 보여주었을 뿐, 구체적으로 어떤 사안에 불만을 느끼는지 상세하게 보여주지 못하였다. 이는 이 연구가 청소년들의 학교의 수업·인권불만 중 어느 것의 학원 유인효과가 큰지 확인하는 것을 목적으로 설계되었기 때문이다. 보다 구체적 정보를 위해서는 청소년 인권침해에 대한 사례분석이나 문화기술 연구가 필요할 것이다.

둘째, 이 연구는 청소년 전체의 불만을 비교하였다. 비록 분산분석을 통해 재학 중인 학교 유형별 비교를 행하기는 하였으나 논의를 진행하기에는 불충분하였다. 특히 특목고 학생이 최고의 불만집단으로 나타난 결과는, 최상위권 모범생 집단을 대상으로 한 별도의 조사연구가 필요함을 보여준다.

마지막으로, 이 연구는 학원수강 의도에 정적 영향을 주는 청소년의 불만이 어느 영역에서 발생하는지에 대한 정보만을 줌을 다시 강조한다. 이는 문제의 해결이 아니라 시작에 불과하다. 따라서 학교가 충족시키지 못하는 다양한 문화·여가 프로그램의 개발과 활성화 방안이 후속연구로 뒤따라야 할 것이다. 물론 이를 통해 학원문제를 근절할 수는 없겠지만 학원문제의 경감은 충분히 기대할 수 있기 때문이다.

참고문헌

강인원, 전성일(2003). "학벌주의가 학부모들의 인식수준과 학원수강 의 도에 미치는 영향", 『소비자학 연구』, 14(1), pp.141 – 158.

교육인적자원부(2004). 『공교육 정상화를 통한 사교육비 경감대책』.

구정화(1997). "청소년의 건전한 여가활동을 위한 지도 – 청소년의 건전한 여가문화 형성을 중심으로", 『상담과 지도』, 32, pp.111 – 135.

권이종(1997). "청소년 수련활동 활성화를 위한 여건조송 방안 – 시간확보와 동기부여를 중심으로", 『청소년학연구』, 4(1), pp.87 – 105.

김동일, 류지영(2002). "학교규율에 대한 청소년들의 인식과 저항운동", 『청소년학연구』, 9(2), pp.233 – 254.

김미윤(2001). "청소년들의 문화경험과 문화교육", 『청소년문화포럼』, 4, pp.89 – 107.

김민정(2003). "청소년 문화복지 실태 및 만족도와 요구 분석연구", 『청소년학연구』, 9(3), pp.337 – 361.

김선웅, 이주호(2002). "학교 정책과 과외의 경제 분석", 『한국 경제의 분석』, 8(2), pp.1 – 52.

김양분, 김미숙(2002). 『입시학원의 교육실태 분석』. 한국교육개발원, RR 2000 – 1.

김양분, 김홍주, 양승실, 윤종현, 김정래(2000). 『과외교습 실태 분석』. 한국교육개발원, CR 2000 – 3.

김양분, 이인호, 윤초희, 성기선, 김미숙(2002). 『선행학습 효과에 관한 연구』. 한국교육개발원, CR 2002 – 5

김양분, 류한구, 김현진, 이희숙, 이진영(2003). 『사교육 실태 및 사교육비 규모 분석 연구』. 한국교육개발원, CR 2003 – 19.

김종한(2003). "학생의 수업평가방법에 의한 힉교 교사와 학원 강사의 수업의 질 분석", 『교육학 연구』, 41(1), pp.385 – 405.

김주훈, 곽영순(2003). "좋은 수업에 대한 질적 연구", 『한국과학교육학회지』, 23(2), pp.44 - 55.

성태제(1993). "입시위주의 교육과 과열과외", 『교육학 연구』, 31(2), pp.67 - 86.

신현석(2003). "공교육 위기현상의 분석과 정상화를 위한 전략적 구상", 『한국교육』, 30(1), pp.419 - 445.

심성보, 이미식, 이일권, 전창완, 공의정(2002).『교사의 인권의식 조사연구』. 국가인권위원회.

양정호(2003). "중학생의 과외참여 요인에 관한 연구: TIMSS - R의 위계적 일반화선형모형 분석", 『한국교육』, 30(2), pp.261 - 283.

엄나래, 정영숙(2002). "고등학교 남학생들의 일상 활동에서의 몰입경험에 관한 탐색적 연구", 『한국심리학회지: 발달』, 15(3), pp.55 - 69.

이영희, 윤정희(2002). "새로운 수학수업 모형을 통한 공교육과 사교육의 조화에 관한 연구", 『교육이론과 실천』, 12(2), pp.277 - 296.

이정환(2002). "가족환경, 과외, 성적", 『한국사회학』, 36(6), pp.195 - 215.

이종원(1998). "청소년 문화 활동의 실태와 자율참여의 과제", 『청소년문화의 현실진단과 대안모색』. 서울: 한국청소년학회, pp.25 - 75.

이주호(2001). "학교 대 과외: 한국 교육의 선택과 형평", 『경제학 연구』, 49(1), pp.37 - 57.

이해경(2002). "인터넷 상에서 청소년들의 폭력게임 중독을 예측하는 사회 심리적 변인들", 『한국 심리학회지: 발달』, 14(4), pp.55 - 79.

이혜숙(2002). "학생 생활지도와 기본권: 학생 소지품 검사를 중심으로", 『경희대학교 교육문제 연구소 논문집』, 18, pp.143 - 158.

장수명(2002). "김선웅, 이주호에 대한 토론", 『한국경제의 분석』, 8(2), pp.53 - 58.

정영숙(1996). "가계의 인적자본 투자율과 경제적 복지 - 사교육비를 중심으로", 『소비자학연구』, 7(1), pp.1 - 13.

정준교(2002). "인권지향적 고등학교의 문화적 특성과 학생 청소년들의 창의성 및 복장변형행동", 『청소년학연구』, 9(1), pp.141 - 165.

조아미(2002). "청소년의 학교중퇴의도 결정요인", 『청소년학 연구』,

9(2), pp.1 - 22.

천세영, 신병철, 이우경, 심임섭, 조금주(1999).『학교규율에 대한 교사와 학생의 인식에 기초한 대안 탐색 연구』. 한국청소년개발원.

천세영(2002). "학교규율의 딜렘머와 미래",『한국교육연구』, 8(1), pp.203 - 214.

최인수, 김기옥, 현은자, 유현정(2004). "학교와 학원의 비교를 통해 본 청소년의 플로우 및 내적경험",『대한가정학회지』, 42(4), pp.127 - 143.

한명희(2001). "청소년 문화교육의 기본방향",『청소년문화포럼』, 4, pp.8 - 13.

Erikson, E.(1968). *Identity: Youth and Crisis.* New York: Norton.

청소년의 학교·학원에서의 불만에 대한 질적 조사: 수업과 처우[1)

Ⅰ. 서 론

1. 문제제기

학교가 집중 성토의 대상이 되고 있다. 이제는 공교육에 경제논리를 적용하여, 학교에 대한 교육 수요자의 불만이 대체재인 학원 시장을 확대시키고 있다는 주장까지 빈번히 제기되고 있다(이주호, 2001; 김양분 외, 2003; 교육인적자원부, 2004). 이에 정부가 앞장서서 '공교육 정상화를 통한 사교육비 경감 종합 대책'(교육인적자원부, 2004)을 발표하기에 이르렀다. 이를 전후하여 공교육 개선 및 사교육 문제를 해소 관련 연구들이 다수 발표되었으며, 의미 있는 논

1) 이 논문은 앞의 논문과 이론적 배경은 동일하고 조사 방법만 달리 수집한 결과를 분석한 것이다. 따라서 서론과 이론적 배경부분은 사실상 동일한 내용이 반복되고 있으니 참고하기 바란다.

의들을 생산하였다. 그러나 다음과 같은 논의들이 좀 더 개진될 필요가 있다.

첫째, 불만의 주체가 불분명하다. 대개의 연구가 학생과 학부모를 교육수요자라고 제시하고 있지만, 실제로는 학부모 입장에 논의를 개진한 경우가 많았다(이주호, 2001; 김양분 외, 2003; 교육인적자원부, 2004). 그러나 학부모는 교육의 직접 대상도 아니며, 가족 이기주의의 영향을 받을 수 있다(성태제, 1993). 따라서 학교에 대한 교육 수요자의 불만을 문제제기 하려면, 이를 청소년들에게 직접 물어 그 구체적 사례를 조사할 필요가 있다.

둘째, 학교에 대한 불만 요인으로 학습 면에만 관심을 집중하였다. 이는 사교육비 경감방안(교육인적자원부, 2004)에 'EBS 수능방송'이나 심야 보충수업이 중요한 내용으로 포함되어 있다는 사실이 반증한다. 그러나 인천외고 등 부당한 교칙에 반발하는 청소년들의 사례는 학교에 대한 불만이 반드시 수업 품질에 대한 것만은 아님을 보여주고 있다.

셋째, 학원 유인동기(강인원·전성일, 2003; 정영숙, 1996; 양정호, 2003), 학원의 학습 효과(최인수 외, 2004; 이정환, 2002; 김종한, 2003), 그리고 부작용(성태제, 1993; 김시월, 1999; 김양분 외, 2002) 등 사교육 활동 전후변인에만 관심이 집중되는 경향이 많다. 따라서 청소년들이 학원에서 어떤 수업과 인격적 대우를 받고 있는지에 대한 구체적 사례가 부족하다. 학원에서 청소년이 받고 있는 수업이나 처우에 대한 구체적 사례를 모르고 이루어지는 논의는 탁상공론이 될 가능성이 크다.

이러한 한계를 극복하기 위해 청소년들이 학교 수업 및 처우에 대해 가지고 있는 구체적인 불만, 그리고 그들이 학원에서 받고 있는 사교육 활동의 구체적인 사례를 조사할 필요가 있다. 이 연구는 이를 위해 실시한 심층적 질적 조사 결과다.

2. 연구의 목적

이 연구는 앞서 제기한 문제에 의거 다음과 같은 주제를 설정하여 그 해답을 구하고자 한다. 첫째, 청소년이 학교 수업에 대해 가진 구체적 불만의 사례가 무엇인지 알아본다. 둘째, 청소년이 학교의 인격적 처우에 대해 가지고 있는 구체적 불만이 무엇인지 알아본다. 셋째, 청소년이 학원에서 경험하는 수업과 인격적 처우에 대한 구체적 사례를 알아본다.

3. 연구의 의의 및 한계

이 연구는 다음과 같은 의의를 가진다. ㄱ)청소년들이 학교에 대해 가지고 있는 불만의 구체적 사례를 제시할 수 있다. ㄴ) 학습 면을 넘어 인권침해·부당한 대우에 대한 청소년들의 구체적 불만 사례를 제시함으로써 학교에서의 청소년의 권리와 복지를 신장할 수 있는 구체적 방인을 모색할 수 있다. ㄷ) 청소년의 학원에서의 구체적 경험 및 불만의 사례를 제시함으로써 사교육 문제를 보는 시각에 인권과 복지라는 새로운 차원을 제공할 수 있다.

그러나 이 연구는 다음과 같은 한계를 가진다. ㄱ)구조화 면접과 심층면접을 병행한 질적 조사를 사용하였다. 따라서 조사 대상 인원이 적어 일반화 가능성에 제약이 따른다. ㄴ)청소년을 대상으로 면접조사만 실시하고 학교와 학원을 대상으로 관찰조사를 실시하지 못하였다. 따라서 제보자인 청소년의 편견이 자료에 포함될 수 있다. 그러나 사전에 이 연구의 의미와 익명성의 보장 등을 숙지시켰고, 연구자와 제보자 사이에 충분한 라포(rapport)를 형성한 후 면접을 실시하였다.

Ⅱ. 이론적 배경

1. 사회문제로서 학원

학원은 한국에서 가장 성행하는 사교육 기관이다(김양분 외, 2003). 그런데 교육인적자원부(2004)에서 학원 수강생의 비율을 떨어뜨리기 위한 정책까지 내놓고 있다는 것은 이것을 바람직한 교육의 형태가 아닌 사회문제로 간주하고 있음을 보여준다. 물론 모든 사교육이 사회문제는 아니다. 사교육은 교육 다양성을 보완하는 긍정적 역할을 할 수도 있다.

사교육의 필요성은 학교에 대한 불만과 비판과 관련된다. 비판 중하나는 공교육 기관인 학교가 개인의 다양한 교육 욕구와 개인차를 무시하는 비효율적이고 억압적인 기관이라는 것이다(Illich, 1971; 이주호, 1999). 이 경우 교육의 다양성을 위한 보완재로서의 사교육이 요구된다. 다른 하나는 학교가 지배계급의 가치를 사회화라는 이름으로 강요하는 불평등 재생산 도구라는 것이다(Bourdieu & Passeron. 1970: 240-242). 이 경우 불평등 재생산 기계인 학교를 거부한 완전한 대체재로서의 사교육이 요구된다.

이렇게 사교육 기관을 공교육과의 관계 설정에 따라 대체재와 보완재로 나눌 수 있다(장수명, 2002). 대체재로서 사교육에는 공교육을 대신하고자 하는 대안학교, 홈스쿨링이 해당된다. 보완재로서 사교육에는 공교육이 취급하기 어려운 특별한 교육적 욕구들을 충족시키는 각종 기능·예능 학원들이 포함된다.

그런데 사교육 기관으로서 학원의 위치는 모호하다. 학원이 다루는 교육 내용은 대학입시에 포함된 공식적 교육과정·지식 범위를 벗어나지 않고, 교육 방법도 일선 학교와 크게 다르지 않다. 따라서 학원을 공교육의 대체재라고 보기는 어렵다. 또 대부분의 학원은 국·영·수·사·과 5대 과목을 중심으로 운영되고 있으며, 학교에서 다루기 힘든 폭넓은 지식 교수 대신 선행학습, 문제풀이 연습, 각종 경시대회 준비에 치중하고 있다(김양분·김미숙, 2002; 김양분 외, 2002). 따라서 이를 보완재라고 보기도 어렵다. 결국 학원은 공교육의 대체재도 보완재도 아니다.

이렇게 학원은 학교교육을 대체하지도 보완하지도 않는다. 그럼에도 불구하고 청소년들이 여기에 밤늦게까지 붙들려 있고, 학부모들이 많은 지출을 하고 있다. 이런 점에서 학원의 팽창을 사회문제로 볼 수 있다. 그런데 이 문제는 학교가 자초한 면이 크다. 학부모들의 이기적 욕구는 시민성 함양보다 대입에서의 승리를 원했고, 학교가 스스로 입시 교육을 실시함으로써 공교육을 왜곡시켰던 것이다

(성태제, 1993). 즉 학원이 보완재라면 이는 공교육의 왜곡된 기능을 보완하고 있다는 의미에서다.

2. 입시학원의 유인 동기로서 학교에 대한 불만

학원이 왜곡된 공교육의 보완재이기 때문에 정상적 사교육이 아닌 사회문제임을 살펴보았다. 그럼 학교를 대체도 보완도 못하는 학원이 왜 성행하는가? 이 해답을 위해 청소년과 학부모의 학원 유인동기를 살펴볼 필요가 있다. 여기에는 학부모들의 학벌주의, 학원의 학습 효과, 그리고 학교에 대한 불만과 불신 등이 작용한다(교육인적자원부, 2004; 양정호, 2003). 그러나 이들을 차례로 살펴보면 근거가 희박한 경우가 많다.

먼저 학원의 성적향상 효과를 살펴보면 학원 교습이 성적향상에 긍정적 효과를 준다는 경험적 근거는 제출되지 않았다. 이정환(2002)에 따르면 학원 수강 여부는 영어를 제외한 나머지 교과목 성적향상에 유의한 영향을 주지 않았다. 긍정적 영향을 준 변인은 아버지의 교육 수준, 직업(전문 관리직 여·부), 그리고 가정의 소득수준이었다. 종단연구를 실시한 김양분 등(2002)에 따르면 학원 교습은 성적향상에 효과가 없었고, 장기적으로는 오히려 역효과를 보였다. 양정호(2003)에 따르면 교과 성적에 가장 큰 영향을 주는 변인은 학원교습이 아니라 학생의 해당과목 선호도였다. 따라서 성적향상 효과로 청소년들의 학원유인 동기를 설명하기 어렵다.

두 번째로 학벌주의를 살펴보자. 실제 학부모의 학벌주의·직업귀천의식이 높을수록 사교육 신뢰도와 지출이 커진다는 경험적 증거도 있다(강인원·정성일, 2003; 정영숙, 1996). 그러나 학벌주의는 학교에 대한 입시교육 강화 요구, 사설독서실의 증가 등 다른 결과도 가져온다. 그러나 최근 사교육의 일관된 동향은 학원 팽창이다. 따라서 학벌주의만으로 학원 유인동기를 설명하기는 부족하다.

세 번째로 학교에 대한 불만·불신을 살펴보자. 이는 학교의 교육 품질에 불만을 느낀 수요자가 경쟁업체인 학원으로 몰린다는 논리다(김선웅·이주호, 2002). 학부모들의 과외의도에 가장 큰 영향을 주는 변인이 학교에 대한 불만이라는 결과도 있어 설득력을 더한다(강인권·정성일, 2003). 또 '공교육 정상화를 통한 사교육 문제 해결'(교육인적자원부, 2004)이라는 최근 정책방향도 학원 문제의 원인을 학교에 대한 불만에서 찾고 있음을 보여주고 있다.

3. 학교수업과 청소년의 불만

청소년을 학원으로 유인하는 동기가 학교에 대한 불만이라면 먼저 생각할 수 있는 영역이 학교 활동의 대부분을 차지하고 있는 수업이다. 청소년이 학교 수업에 불만을 느낀다면 청소년은 더 좋은 수업을 위해 학원을 찾을 것이다. 실제 많은 청소년들이 학교 교사보다 학원 강사가 수업을 더 잘한다고 평가하고 있다. 그리고 학원 강사가 수업을 더 잘하는 이유로는, 단서 제공, 수업 설계 체계화, 동기유발, 피드백, 수업참여 등을 들고 있다(김종한, 2003).

이는 수업의 심리적 효과에서도 니다니고 있다. 청소년들은 학교 수업시간에는 몰입(Flow)을 거의 경험하지 않지만, 학원 수업시간에는 높은 몰입을 경험하는 것으로 응답하였다(엄나래·정영숙, 2002;

최인수 외, 2004). 이는 청소년들이 학교보다 학원 수업에 더 많은 흥미와 재미를 느낀다는 의미이다.

주목할 것은 청소년들이 수업의 내용, 성적향상 효과 때문에 학원 수업을 선호하는 것이 아니라는 것이다. 청소년들은 재미·흥미유발·교사와의 상호작용을 희망하고 있다. 실제 능숙한 흥미유발과, 학생과의 활발한 의사소통은 일선 학교에서 좋은 수업을 한다고 알려진 교사들의 공통된 특징이다(김주훈·곽영순, 2003).

4. 인권·복지에 대한 청소년의 불만

수업과 함께 청소년이 학교에 불만을 느낄 수 있는 다른 영역은 그들이 학교에서 받는 처우이다. 청소년은 시민으로 헌법이 보장하는 모든 기본권을 누릴 권리가 있다. 여기에는 당연히 '인간다운 삶을 누릴 권리', 즉 복지의 권리가 포함된다.

우리나라에서 청소년 인권은 1991년 국회가 UN의 '청소년과 아동 권리 협약'을 비준함으로써 공식화되었다. 이는 '청소년헌장'(1998)의 '청소년의 권리' 편으로 구체화되었다. 이는 헌법적 권리기 때문에 교육적 의도가 있더라도 침해할 수 없다(이혜숙, 2002). 또 학교가 권리를 침해하면 청소년은 저항하고(김동일·류지영, 2002), 학습에 나쁜 영향을 받으며(정준교, 2002), 교사들과 딜레마상황을 만든다(천세영, 2002).

그런데 일선학교의 규율·생활지도 규정은 제정·적용 절차가 비민주적이고, 통제를 위한 억압적 내용이 많고, 부당처벌 견제 장치가 없다(김동일·류지영, 2002). 더 큰 문제는 교사의 열악한 인권의식이다. 많은 교사가 자기 권리에는 민감하나, 학생 인권은 가볍게 여기는 이중 기준을 가졌다. 교사들은 교육적 목적이 있다면 학생의 사생활 침해와 체벌을 할 수 있다고 응답했고, 학생의 거부·변호권을 인정하지 않았다. 특히 학생의 이의제기에는 감정적 반응을 보였다(심성보 외, 2002: 98-105).

이런 상황에서 청소년이 학교규율·생활지도 영역에서 권리를 침해받고 부당한 처우를 받을 가능성은 높다. 이를 '청소년헌장(1998)'의 구체적 항목으로 표현하면 ㄱ)물리적·정신적 폭력에서 보호받을 권리, ㄴ)사적인 삶을 침해받지 않을 권리, ㄷ)자신의 생각과 느낌을 자유롭게 펼칠 권리, ㄹ)다양한 문화·예술 활동에 자유롭게 참여할 권리, ㅁ)자신의 삶과 관련된 정책결정 과정에 참여할 권리 등의 침해 가능성이 높다.

5. 연구 질문의 설정

지금까지 ㄱ)사교육으로서 학원은 공교육의 왜곡된 보완재로 그 효과는 검증되지 않았고, ㄴ)학부모와 청소년들을 학원으로 유인하는 주된 동기로 학교에 대한 불만이 작용하며, ㄷ)이는 수업과 처우의 측면에서 야기될 수 있음을 살펴보았다. 그러나 청소년들이 학교와 학원에 대해 가지고 있는 학습과 처우면의 구체적 불만사례를 살펴보기 전에는 학원과 학교의 관계, 청소년을 학원으로 유인하는 동기를 완전히 파악하기 어렵다. 이를 알아보기 위해 다음과 같이 연구 질문을 설정하였다.

연구 질문 1: 청소년이 학교의 수업과 처우에 대해 가진 불만의 구체적 사례는 무엇인가?

연구 질문 2: 청소년이 학원에서 경험하는 수업과 처우의 구체적 사례는 무엇인가?

연구 질문 3: 학교에 대한 청소년의 불만은 학원에서 해소된다고 볼 수 있는가?

Ⅲ. 연구 설계

이 연구는 청소년이 학교의 수업·처우 영역에서 어떤 불만을 느끼고 있는지, 그리고 학원에서 이러한 불만을 충분히 해소하고 있는지 알아보고자 하는 질적 조사다. 이를 위한 조사 설계와 절차는 다음과 같다.

1. 자료 제보자

이 연구의 제보자들은 서울 지역 중·고등학교 재학생 25명(남자 10명, 여자 15명; 중학생 12명, 고등학생 13명)이다. 학교와 학원의 비교를 위해 학원을 수강하고 있거나 수강했던 학생으로 그 범위를 제한하였다.

제보자의 특성을 살펴보면 13명이 학업 성적을 최상·중상으로, 8명이 중간으로 4명 이하로 자각하고 있었다. 가정형편은 12명이 중상으로 13명이 중하로 자각하고 있었다. 학업성취도가 높은 청소년을 중심으로 제보자를 선발한 이유는 학업성적 상층의 학생들이 학교·학원 모두 가장 높은 불만집단이라는 선행연구 결과를 반영한 것이다(권재원, 2004).

2. 자료 수집

이 연구의 자료는 개인 면접과 포트폴리오를 통하여 수집하였다. 면접은 2004년 6월 9일－21일 사이 제보자 일인당 2회 실시하였다. 1차 면접에는 구조화 면접, 2차 면접에는 심층면접과 '학교와 학원'이라는 주제의 포트폴리오 작성을 실시하였다. 구조화 면접은 평균 30분, 심층면접은 평균 25분, 포트폴리오 작성은 평균 45분의 시간을 소요하였다. 면접내용은 디지털 녹음기로 녹음한 뒤 전사하였고, 이를 이미 수합한 포트폴리오와 함께 분석 대상으로 삼았다.

면접은 구조화된 질문지를 바탕으로 하되 제보자의 상황에 따라 융통성 있게 진행하였고, 필요한 경우 추가 질문과 자유 대담을 병행하였다. 면접 주제는 크게 학교에 대한 부분과 학원에 대한 부분으로 나누었으며, 이를 다시 각 수업에 대한 부분과 처우에 대한 부분으로 나누었다.

3. 분석 절차

수집한 자료의 분석절차는 다음과 같다.

먼저 자료 분석을 위한 요목을 작성하였다. 수업 관련 부분은 좋은 수업에 대한 선행연구(김종한, 2003; 김주훈·곽영순, 2003; 엄나래·정영숙, 2002; 최인수 외, 2004)들을 종합하여 ㄱ)다양한 자료의 제시, ㄴ)활발한 상호작용, ㄷ)충실한 피드백, ㄹ)흥미 있는 수업, ㅁ)학생 활동의 제공의 다섯 가지로 정리하였다. 처우 관련 부분은 '청소년 헌장(1998)'의 '청소년의 권리'에 의거하여 ㄱ)물리적 폭력, ㄴ)언어·정신적 폭력, ㄷ)사생활 침해, ㄹ)생각의 표현 제약, ㅁ)의사결정 과정 배제, 의견 묵살 등의 다섯 항목으로 정리하였다.

수집한 자료는 이 요목에 의해 항목별로 코딩되었다. 요목에 해당되지 않는 부분은 '기타'로 처리했고, 이는 재검토하여 비슷하다고 판단되는 요소끼리 모아 분류하였다. 이렇게 분류된 자료의 내용을 다시 검토한 결과 모두 207개의 진술문을 선정하여 분석대상으로 삼았다. 타당도를 위해 세 채점자가 각기 자료를 읽고 나서 모두 동일하게 분류하지 않은 부분은 분석 대상에서 제외하였다.

Ⅳ. 분석 결과

자료를 분석한 결과 발견한 현상들을 학교와 학원 순서로 제시하면 다음과 같다. 분석 결과는 메타문화기술연구에 도움이 될 수 있도록 가능하면 많은 진술문과 함께 제시할 것이다.

1. 청소년의 학교에 대한 불만

수집한 면접 자료를 통해 나타난 청소년들의 학교에 대한 불만의
사례를 코딩한 결과는 <표 3-1>과 같다. 먼저 수업 면을 살펴보면
가장 많은 사례수를 보인 불만 항목은 피드백의 부재(20)이며, 그 외
흥미 없음(17), 상호작용의 부재(15) 등의 순서로 나타나고 있다. 이
는 학교에서 이루어지는 수업이 교사의 일방적인 진행으로 지루하게
진행되고 있다는 청소년들의 불만을 보여주고 있다. 처우 면을 보면
언어·정신적 폭력에 대한 불만이 가장 많은 사례 수(20)를 보이고
있다. 그 외 학생의 의견을 무시하는 일방적인 의사결정(14), 생각과
표현의 자유 제한(13) 등에 대한 불만의 사례가 많이 나타났다. 이제
이러한 결과를 구체적인 진술문을 통해 확인해 보자.

〈표 3-1〉 학교에 대한 불만의 분류 및 주 내용

불만사항		주 내용
수업 면	피드백의 부재(20)	질문에 대답을 안 함. 질문을 받아주지 않음. 수업 내용의 이해 여부를 확인하지 않음
	수업 내용이 흥미 없음(17)	교과서만 읽음. 지루하고 단순하고 반복적임.
	상호작용의 부재(13)	친근한 대화를 나누지 않음. 불친절
	기타(15)	수업내용의 부실, 수업에 지각함, 떠드는 아이들에게 대처 안 함
처우면	언어·정신적 폭력(20)	위협적인 말투, 인격을 무시하는 말이나 욕설
	결정과정 참여 제한(14)	이의제기 용납 안 함. 의견을 물어보지 않고 일방적 결정,
	생각과 표현의 제한(13)	납득하기 어려운 용의복장 단속, 소지품이나 장신구 압수
	기타(4)	차별대우, 선입견을 가지고 대함, 지나친 체벌

(   )안은 사례 수

1) 따분하고 일방적인 수업

제보 청소년이 학교 수업내용에 대해 전혀 불만이 없는 것은 아니었지만, 그들은 대체로 내용보다 학교 교사들의 불친절과, 친밀한 상호작용의 부족이 가장 큰 불만이라고 입을 모았다. 제보자들에 따르면 교사들은 피드백에 무성의하고 질문에 잘 대답하지 않거나 불친절하게 대답하였고, 심한 경우는 화를 내기도 하였다.

(1) 수학선생님은 수업을 거의 안 하신다. 학원에서 다 배웠을 거라 생각하는지 칠판에 문제를 적어놓고 나와서 풀라고 한다. 그럼 학원 다닌 애들은 풀고, 안 다닌 애들만 못 풀고 얻어맞는다. 잘 모르니 가르쳐 달라고 하면, 이렇게 쉬운 것도 모르냐면서 화를 낸다 (정교진, 고1, 남. 이하 모두 가명).
(2) 질문하면 무시하거나, 어떤 때는 왜 떠들면서 말대답이냐고 화를 내기도 한다. 제발 뭐 물어보면 선생님들이 무시 좀 하지 말고 대답 좀 잘 해 주셨으면 좋겠다(서민영, 중2, 여).

피드백이나 상호작용 부족 다음으로 청소년들이 많이 토로한 학교 수업 불만은 수업이 지루하고 단순하다는 것이다. 이들이 제보한 바에 따르면 많은 교사들이 아직도 교과서 읽고 줄치기, 단순한 판서, 일방적이고 지루한 설명에 의존하고 있었다. 또 상호작용도 신경 쓰지 않아, 학생들이 충분히 수업에 참여하고 이해했는지에 무관심한 모습이었다. 청소년들은 교사가 보다 적극적으로 자신들과 수업시간에 상호작용 할 것을 기대하지만, 교사들은 일방적으로 자기 할 말만 하고 시간만 차면 나가버렸던 것이다.

(3) 몇몇 아이들이 졸거나 떠들어서 수업 분위기가 엉망이 되었는데도, 그냥 앞에서 자기 할 말만 줄줄 하다가 종 치면 그냥 나가시는 선생님들이 있다. 솔직히 그럴 때는 내가 뭣 하러 이런 수업 들으면서 시간 낭비하고 있나 하는 생각이 든다(이나리, 중3, 여).

(4) 맨날 교과서에 나온 것만 읽고 줄치고 그런다…… 지루하고 상투적이다. 그냥 교과서 읽는 게 수업이라면, 나 혼자해도 되는데 왜 학교에 나오는가?(이두나, 고1, 여).

이러한 경험이 누적될 경우 청소년들은 교사가 무성의하며 자신들에게 관심이 없다고 느끼게 된다. 이때 청소년들이 활발한 상호작용이 있고, 가르치는 사람이 자신들에게 관심을 가져주는 수업을 찾아가는 것은 당연하다.

2) 체벌보다 인격적인 모멸감이 불만

제보자들은 학교에서 받은 인격적 처우에 대한 불만 사례로 체벌을 자주 언급하기는 하였으나, 체벌 자체에 대해서는 큰 문제제기를 하지 않았다. 오히려 체벌 자체보다 체벌을 가하는 이유, 수단, 그리고 그 과정에 많은 불만을 표시하였다.

(5) 매 맞는 아이들은 다 그럴 만한 일을 저질렀다고 생각한다. 하지만 때때로 그 아이들이 맞는 모습을 보면 선생님이 화풀이하는 게 아닌가 싶을 정도로 심할 때가 있다(이두나, 고1, 여).

(6) 체벌은 필요하다고 생각한다. 오히려 체벌을 전혀 하지 않는 것은 교사의 학생에 대한 무관심의 상징일 수도 있다. 학생에게 반

성의 계기를 마련하기 위한 목적이라면 어느 정도의 체벌은 필요하다(이두식, 고1, 남).

특히 제보 청소년들은 '매', '회초리' 등 관례적인 체벌도구를 사용하지 않고 손·발로 직접 가격하는 경우 강한 불쾌감을 표시하였다. 특히 가격부위가 얼굴과 그 언저리일 때 가장 큰 모욕을 느낀다고 진술하였다. 일부 제보자는 발바닥을 맞는다고 진술하기도 하였다.

(7) 손으로 머리 치면 기분이 진짜 나쁘다. 학생은 선생님들의 분풀이 대상이 아니라는 것을 알았으면 좋겠다(서민영, 중2, 여).
(8) 우리 반에 들어오는 선생님들은 손에 뭐든지 잡히는 대로 무기로 사용한다. 매가 있는 분은 매로, 매가 없는 분은 출석부나 손으로. 특히 따귀를 치는 것은 맞는 당사자는 아니었지만 보는 것만으로도 기분 나빴다(나미애, 중3, 여).

이렇게 제보 청소년들은 체벌의 방법과 과정에 대해 불만을 표시할 뿐, 체벌 자체에 대해서는 어느 정도 수긍하였다. 그러나 교사들의 거친 말과 언어폭력은 전혀 받아들이지 않았다. 이들은 체벌보다 이러한 언어폭력, 모욕적인 말 등이 더 견디기 어렵다고 진술하였다.

(9) 학교에서 선생님들이 야단칠 때 생각 없이 마구 하시는 말씀이 오히려 매보다 더 괴롭다. 예를 들면, 이 새끼야, 너 학교 뭐 하러 다녀?, 이년아 저년아, 자퇴해!, 넌 우리 학교의 쓰레기야! 등등, 심한 말을 많이 한다(최선아, 중2, 여).

제보자들이 학교에서 교사가 야단치거나 체벌할 때 자주 사용하는 거친 말의 예로 인격적인 모욕을 느꼈다고 제시한 사례들은 다음과 같다.

(10) ○○새끼야, 기지배야, 싸가지 없는 년, 너 또라이냐? 너 싸이코냐?(서민영, 중2, 여). / (11) 네가 무슨 잘못 때문에 야단맞는지 알지? 네가 사람이냐?(박철성, 고1, 남). / (12) 간이 배 밖으로 나왔냐? 계속 말 안 하면 부모님한테 전화한다!(안정환, 고1, 남)

이렇게 겉으로도 확연하게 드러나는 거칠고 심한 언어폭력 외에 "살살 비꼬면서 약 올리기.", "사는 동네나 가족 비하하기" 등이 가장 기분 나쁘다고 응답한 제보자들도 있었다. 그런데 이렇게 인격적인 모멸감을 주는 언어폭력이 차별대우와 결합하면 그 정도가 훨씬 심해진다. 학교에서 이른바 요선도 학생으로 취급받고 있는 서민영(중2, 여)은 이렇게 억울함을 표현하였다.

(11) 수업시간에 내가 선생님한테 "이거 어떻게 해요?" 하고 물어보면 짜증을 내면서 "몰라, 이 새끼야. 네 마음대로 해!" 하고 퉁명스럽게 대답하기 일쑤다. 그런데 다른 애가 물어보면 너무 친절하게 대답해 주고 공부 열심히 한다며 칭찬까지 하는 거다. 그럴 때는 내가 한 인격으로 대접받지 못하고 있다는 느낌을 받아서 매우 기분이 나쁘다(서민영, 중2, 여).

물론 이런 차별이 요선도 학생이나 공부 못하는 학생들에게만 가해지는 것은 아니다. 전교 1, 2등을 다투는 이부겸(고1, 남)도 자신이 학교에서 부당하게 차별받고 있는 억울함을 술회하였다.

(12) 공부도 잘하고 항상 웃으면서 "예."라는 대답만 하는 아이들은 뭘 해도 야단맞지 않는다. 그런데 똑같은 일을 해도 "아니오.", "왜요?"라는 말을 자주 하면서 공부도 잘하는 애들이 걸리면 마침 잘 걸렸다는 듯, 약 올리고 때린다. 그런 선생들한테 지기 싫어 나는 이를 악물고 공부했다. "예" 하는 아이들을 이기려고(이부겸, 고1, 남).

3) 의사결정과정에서의 배재

살펴본 바와 같이 제보 청소년들은 교사들이 구체적으로 잘못을 일러주고, 반성의 계기를 마련해 준다면 체벌도 감수할 태세가 되어 있었다. 문제는 학교에서 받는 체벌이나 질책 중에는 그들이 전혀 납득하기 어려운 이유로 체벌을 받거나 야단을 맞는 경우가 많다는 것이다.

실제 이들이 학교에서 매를 맞거나 심하게 꾸중 들은 이유의 사례 수를 살펴보면 용의복장(14), 예의범절(9), 청소소홀(6), 숙제미제출(4), 지각(2), 성적 저하(1) 순서로 나타났다. 학습 영역보다 이른바 생활지도 영역에서 체벌이나 질책을 받은 사례가 더 많은 것이다.

이런 생활지도 영역이나 예절의 영역은 문화충돌의 원인이 될 수도 있고, 그 사유도 구체적이기 어렵다. 이러한 영역에서는 세대 간의 문화 차이로 인해 설득과 소통과정이 필요하지만 충분한 소통이 있었던 것으로 보이지 않는다. 그 결과 청소년들은 자신이 벌을 받을 때 억울하다고 느끼거나 왜 벌을 받는지 모르는 경우가 있었다.

(13) 매 맞는 것 자체는 나쁘지 않다. 잘못했다면 맞을 수 있다. 그래서 정신 차릴 수 있다면 백 대라도 맞겠다. 하지만 도대체 왜

맞아야 하는지 그 이유를 도저히 이해할 수 없을 때는 정말 황당하다(안정환, 고1, 남).

특히 학교규칙이나 학생상벌 규정을 제정할 때 의견을 물어보거나, 설득하는 과정이 없었다는 점에 제보자들은 강한 불만을 표시하였다. 이렇게 되면 문화 차이로 인해 청소년들이 도저히 납득하기 어려운 항목들이 금지 항목, 벌점 항목에 포함될 수 있다. 이 경우 청소년들은 벌을 받으면서 그 이유를 알지 못하고, 인격이 침해당했다고 느끼기 쉽다.

(14) 솔직히 나도 어지럽게 염색한 머리, 번개머리 이런 것 보기 싫다. 아마 우리한테 교칙을 만들라고 했어도, 머리길이나 모양, 복장 등에 어느 정도는 제한을 두었을 것이다. 하지만 학교에서 일방적으로 물어보지도 않고 정하는 것은 3학년 사회책에 나오는 민주시민의 기본 권리를 침해하는 것이 아닌가?(나미애, 중3, 여)

제보자들은 청소년들의 눈에 불합리한 점이 많고, 변화한 청소년 문화를 전혀 반영하지 못한 교칙들을 엉터리라고 느끼고 있었다. 따라서 이를 위반하여 지도를 받으면 반성 대신 억울함만 느끼는 것이다.

(15) 우리학교 벌점 항목은 50개가 넘는다. 벌점 누계가 10점이면 하루 벌 청소다······ 아침에 교문에서 머리에 무스 걸리고(2점), 반지 걸리고(2점), 점심시간에 물장난하다 걸리면(2점), 마약 복용(5점)보다 더 높은 벌점을 받는다. 황당했지만 아무도 그 이유를 설명해 주지 않았다. 그리고 이런 벌점 항목들을 누가 어떤 과정을 거쳐서 만들었는지도 말해 주지 않았다. 우리 의견은 철저히 무시되었고, 이런 규칙이 있으니 무조건 지키란다(김보윤, 중2,여).

(16) 갑자기 발목양말을 금지했다. 교문에서 양말을 압수당해, 그 날 하루, 맨발로 학교에서 생활했다. 그런데 발목양말이 왜 나쁘며, 왜 압수해야 하는지 어떤 선생님도 설명해 주지 않았다. 아이들 소문에는 새로 부임한 여자 교감선생님이 발목양말이 보기 싫다고 했다고 하지만, 확실하지는 않다. 하여간 이유도 모르고 벌점 받고, 양말까지 빼앗기는 것은 정말 화나는 일이다(이나리, 중3, 여).

이렇게 청소년들은 신체와 표현의 자유를 제약할 수 있고, 벌점을 통해 성적에 불이익을 줄 수도 있는 상벌규정의 제정과정에서 사실상 배제되어 있음을 불만으로 느끼고 있었다. 더구나 이러한 규정들은 그 취지와 내용에 대한 안내와 설득 과정도 없이 일방적으로 집행되었다.

그렇다면 청소년들이 먼저 교사에게 이의제기를 하고, 의사결정에의 참여 혹은 납득할 만한 이유를 요구하면 변화가 가능하지 않을까? 그러나 제보 청소년들은 그 가능성에 대해 대단히 냉소적인 반응을 보였다. 오히려 그랬다가는 더 큰 화를 불러일으킨다는 것이다.

(17) 어느 날 담임선생님이 "너, 왜 그렇게 튀어? 앞으로 튀는 행동 하지 마." 했다. 그래서 "어떤 행동이 튀는 행동인데요?" 하고 물었는데, 반항한다며 따귀를 맞았다(이부겸, 고1, 남).

제보자들은 떳떳하게 이의를 밝힌다고 해서 교사가 그들의 의견을 진지하게 듣고 합의점을 모색할 것이라고 전혀 기대하지 않았다. 오히려 교사의 의견에 무조건 동의한다고 말하거나, 그런 척 하면서 그 순간만 넘어가는 쪽을 선택한다고 하였다.

(18) 선생님이 처음부터 심하게 야단치지는 않는다. 하지만 따지거나, 말대꾸하면 얼굴빛이 변한다. 선생님 입에서 "지금 반항하는 거야?", "그게 반성하는 태도야?" 이런 말 나오면 아주 복잡해진다. 야단맞을 때, 억울해도 고개 숙이고 있음, 잠깐이면 끝난다(한명식, 중3, 남).

이러한 사례들을 살펴보면 청소년들이 그들이 학교에서 받는 처우에 대해 매우 큰 불만을 가지고 있음을 알 수 있다. 내용상 불합리하고 제정절차상 비민주적인 학교규정이나 교사의 자의적 판단에 근거한 납득할 수 없는 이유로 매를 맞고, 욕을 듣는 것에 대해 반발하고 있는 것이다.

2. 청소년들의 학원에 대한 불만

지금까지 청소년들이 학교에 가지고 있는 불만의 구체적인 사례들을 살펴보았다. 이제 그들이 학원에 대해 가지고 있는 불만을 살펴보기로 하자. 만약 학원에 대해 청소년들이 가지고 있는 불만이 학교와 같은 영역의 동일한 사례를 반복하고 있다면, 이는 학원이 왜곡된 공교육의 옥상옥이라는 뜻이다. 그러나 학교에서의 불만사례가 반복되어 나타나지 않고, 다른 성격의 불만이 주로 나타난다면 이는 학원이 학교가 청소년에게 주지 못하는 것을 제공하고 있다는 의미다.

수집한 면접 자료를 통해 나타난 청수년들의 학원에 대한 불만 사례를 코딩한 결과는 <표 3-2>와 같다. 먼저 수업 면을 살펴보면 가장 많은 사례 수를 보인 불만 항목은 빠른 진도(16)이며, 그 외 너무 많은 내용(13), 너무 긴 수업(11) 순서로 나타나고 있다. 이는 학교에서와는 다른 양상으로, 교사의 피드백이나 상호작용과 관련한 불만의 사례는 찾아볼 수 없다. 처우 면을 보면 학교와 달리 체벌에 대한 불만이 가장 많았다. 그 외 다양한 활동 제약(17), 언어폭력(5) 등이 불만을 사고 있었다.

〈표3-2〉 학원에 대한 불만의 분류 및 주 내용

불만사항		주 내용
수 업 면	너무 빠른 진도(16)	진도가 학교보다 너무 빨라서 따라가기 힘듦
	너무 많은 내용(13)	학원 숙제가 너무 어렵고 많아 학교 수업에 지장
	너무 긴 수업(11)	너무 늦은 시간에 끝남.
	기타(3)	시험풀이만 해서 다양한 지식을 얻을 수 없다
처 우 면	물리적 폭력(20)	학교보다 더 자주, 더 강하게 매를 때림
	다양한 활동 제약(17)	지나치게 학업성적만 강조해서 스트레스 받음
	언어폭력(5)	공부 못한다고 너무 심한 야단을 치는 경우가 많음
	기타(2)	

( )안은 사례 수

이상의 결과들은 학원에 대한 청소년들이 가지고 있는 불만의 성격이 수업·처우 두 측면 모두 학교와 다른 영역에서 야기되고 있음을 보여준다. 이제 이 결과들을 구체적인 진술문을 통해 확인해 보자.

1) 심신이 고달픈 학원 수업

응답결과들을 살펴보면 청소년들은 학교와 마찬가지로 학원 수업에 대해서도 많은 불만을 토로하였다. 그런데 학교 수업에 대한 불만이 교사와의 상호작용 부족에 집중된 반면, 학원 수업에 대한 불만 중 가장 많은 빈도를 보인 것은 너무 빠른 선행학습 때문에 따라가기가 벅차다는 것이었다.

(19) 진도가 너무 빠르다. 학교보다 2~3과 정도 앞서 나가고, 미처 이해가 되기도 전에 바로 문제풀이 연습으로 들어간다(박철성, 고1, 남).

(20) 학원 진도가 워낙 빠르다 보니 안 그래도 지겨운 학교수업이 더 지루하게 느껴진다. 또 빠른 학원 진도에 따라가려면 예습을 많이 해야 하기 때문에 결국 학교 수업시간에 학원 공부를 하게 된다. 학교 선생님들은 떠들거나 자지만 않으면 뭐라고 안 하기 때문에 뒷자리에 앉으면 학원공부 하다가 지적받을 일은 거의 없다(서민영, 중2, 여).

또 학원에서 요구하는 학습 분량이 너무 많으며, 학원 끝나는 시간이 너무 늦다는 불만도 많았다. 거의 모든 응답자들이 학원 수업이 너무 늦은 밤까지 진행되며, 너무 많고 어려운 내용을 강제로 시킨다며 불만을 표시하였다.

(21) 정규 수업시간은 하루 세 시간이다. 그리고 정규 시간이 끝나면 1시간 동안 자습 시간이고, 학교 시험 2주일 전부터는 2시간씩 자습이다. 자습 1시간인 날은 끝나고 집에 오면 11시가 넘고, 2시간인 날은 12시가 넘는다. 그런 날은 우리끼리 1박2일 공부했다고 그런다(여서정, 고1, 여).

성인이라 하더라도 날마다 계속되는 이런 강행군을 견디기는 힘들 것이다. 당연히 제보 청소년들은 학교와 학원으로 이어지는 이런 학습 강행군 때문에 신체적·정신적 피로감을 호소하고 있었다.

(22) 학원 다니기 너무 힘들다. 학교 끝나고 집에 오면 네 시 반. 90분 동안 저녁식사, 학교숙제 다 해야 한다. 종례가 길거나 학교 7교시 든 날은 밥 먹을 시간도 없다. 6시에 학원가면 11시 넘어야 집에 오는데, 학교 수행평가라도 걸려 있으면, 그거 다 하기 전에는 잠도 못 잔다. 어른은 하루에 8시간 일하고, 주 5일제라고 해서 이틀 쉬는데, 우리는 쉬는 날도 없이 학교다 학원이다, 하루에 16시간을 공부해야 한다(최선아, 중2, 여).

2) 학원 수업은 내용보다 상호작용

이렇게 고달프게 학원을 다니지만 제보 청소년들은 학원에서 수강하는 수업의 내용이 학교에 비해 그다지 우수하다고 여기지는 않았다. 학원 수업 역시 학교와 마찬가지로 대부분 강의식으로 진행되고 있었고, 여기에 시험문제풀이 연습이 추가되는 정도였다. 또 학교 진도보다 앞서서 선행학습을 하지만 교과서 위주에, 자체 제작한 문제집이 추가되는 정도였다. 즉 수업 내용 면에서 학원은 학교에 비해 특별히 나을 것이 없다.

(23) 학원수업이라고 해서 별다른 거 없다. 그냥 강의식이고, 문제집 가지고 풀이 연습을 한다(이나리, 중3, 여).
(24) 학교 수업하고 내용은 같은데, 진도가 빠르다. 보통 2-3과 정도 앞서 나가고, 시험 기간이 되면 학교 시험범위에 맞춰 문제풀이 연습을 한다(김선영, 중2, 여).
그럼에도 불구하고 제보 청소년들은 학교수업보다 학원수업이 더 재미있다고 응답하였다. 그 이유로는 학교 교사에 비해 더 활발한 학원 강사의 피드백과 상호작용을 제시하였다. 학교 교사에 비해 학원 강사가 학생들의 질문에 더 친절히 답하고, 학생들과 더 친근하게 대화를 시도한다는 것이다. 또 학교 교사에 비해 학원 강사가 학생들의 학습 상태, 이해 여부를 더 꼼꼼히 챙겨준다는 응답도 있었다.

(25) 학원에서 숙제하다가 모르는 것이 있으면 질문하러 달려간다. 그러면 선생님은 웃으면서 친절하게 가르쳐 주신다. 그런 날은 기분이 무척 좋다(박철성, 고1, 남).

(26) 학원 선생님들은 하나하나 꼼꼼하게 가르쳐주신다. 질문을 하면 해결될 때까지 챙겨주신다. 또, 아이들이 지루해하는 것 같으면 재미있는 이야기도 해 주고 하면서 잘 이끌어 가신다(안정환, 고1, 남).

3) 성적을 위해 유보된 처우

이제 학원애서의 처우 불만을 살펴보자. 제보 청소년들은 자신들이 학원에서 받는 인격적 처우가 학교에 비해 그다지 나을 것이 없다고 진술하였다. 무엇보다도 지나치게 늦은 시간까지 공부를 강요한다는 것 자체가 이미 청소년 학대에 가깝다. 그리고 대부분의 제보자들이 학원에서 체벌이 너무 많이 행해진다며 불만을 표현하였다. 제보자 전원이 학원에서 체벌이 일상적으로 이루어지고 있다고 응답했으며, 그 빈도와 강도가 학교보다 더 강하다고 하였다.

(27) 학교보다 훨씬 매를 많이 맞는다. 몽둥이 사이즈는 학교보다 평균 두 배는 넘는다(진영성, 고1, 남).

(28) 우리 학교 선생님들의 몽둥이는 대체로 지름이 2센티미터 길이가 30센티 정도지만, 학원 선생님들은 각기 개성 있는(웃음) 몽둥이를 직접 마련해서 가지고 다닌다. 그리고 매 시간 문제풀이를 해서 틀린 만큼 맞는다. 숙제를 안 해도 맞고, 학교시험을 못 쳐도 맞는다(김소영, 중3, 여).

또 제보자들은 학원 강사들 역시 학교 교사와 마찬가지로 청소년들에게 언어폭력, 인격적 모욕적 발언 등을 던진다고 하였다.

(29) 학원 자체 시험이나, 학교 성적표가 나오면 학원 교실은 몽둥이 소리와 함께 온갖 상소리가 난무한다. "이걸 시험이라고 봤냐?" 정도면 얌전한 말이다. "네 앞길이 뻔하다.", "너 같이 공부 못하는 애는 필요 없으니까 우리학원 다니지 마!" 등 자존심 상하는 말을 마구 들어야 한다(이두나, 고1, 여).

그런데 제보자들의 진술을 살펴보면 학원 강사들이 행하는 체벌이나 언어폭력은 그 이유에 있어 학교 교사와 달랐다. 제보자들이 학원에서 체벌이나 언어폭력을 받은 이유로 가장 많이 제시한 사유는 숙제 미이행(17), 성적 저하(15), 형성평가 미달(13) 등이었다. 학교에서 체벌 사유로 많이 나타난 용의복장, 예의범절 등은 전혀 없었다. 학원에서의 체벌이나 언어폭력 사유는 학습·학업성적에 집중되어 있었다. 그런데 이 영역은 "숙제를 했다 / 안 했다", "성적이 ○○점 떨어졌다" 등 사유가 구체적이기 때문에 가치나 문화가 개입될 여지가 없다.

실제로 이런 이유 때문에 제보 청소년들은 학원에서의 체벌이나 언어폭력이 심하다고 느끼면서도, 납득하고 받아들이는 이중성을 보였다. 체벌 사유를 스스로 납득할 수 있고, 절차와 정도가 예측 가능하면, 설령 그 정도가 심하다 하더라도 견딜 수 있다는 것이다. 어차피 성적을 올리려고 학원에 다니는 이상 공부와 관련된 매는 맞을 수 있는 것이다.

(30) 물론 매 맞고 기분 좋은 사람은 없다. 학원에서 매를 맞으면 아프기도 하고, 기분도 나쁘다. 하지만 내가 할 걸 안 해서 맞은 것이고, 또 맞을 것이라는 것을 미리 알고 있었기 때문에 견딜 만하다(박철성, 남, 고1).

(31) 학원에서 매를 때리는 것은 어느 정도 효과가 있다. 그만큼 아이들이 공부를 더 열심히 하고, 수업분위기도 정돈된다(송현석, 중3, 남).

학원에 다니는 청소년들의 목적은 '성적향상'이다. 따라서 체벌이나 심한 질책도 이 목적을 위한 수단으로 받아들이고 있었다. 이는 성적을 올리기 위해서라면 자신의 인격이나 권리가 침해되어도 감수한다는 것이다. 그래서 장시간 학습으로 심신이 고달프고, 매를 맞고, 언어폭력을 당해도 학원을 그만둘 의사를 표현한 제보자는 20명 중 두 명에 불과했다. 나머지는 고달프지만 계속 학원에 다니겠다고 응답했다. 그 이유는 모두 성적향상이었다. 성적을 위해 인격적 처우를 유보하고 있는 것이다.

(32) 학원 수업이 효율적이기 때문인지, 공부를 더 열심히 해서인지는 모르지만, 학원에 다닌 이후 성적이 올랐다는 것이다. 이게 꼭 학원 효과라고는 말 못하겠다. 하지만 학원을 다니지 않으면 기껏 올라간 성적이 다시 떨어질 것 같은 불안감이 있다. 그래서 학원을 계속 다니게 된다(여서정, 고1, 여).

(33) 학원이 효과는 있다. 성적이 분명히 올라간다. 그래서 그렇게 매를 맞아도, 밤늦게까지 붙들려 있어도, 꾹 참는 것이다. 그래서 앞으로도 성적을 유지하기 위해 계속 학원을 다닐 것이다(진영성, 고1, 남).

3. 학교와 학원의 관계

청소년들은 낮과 밤의 공부를 담당하고 있는 학교와 학원의 관계를 어떻게 설정하고 있는가? "학교와 학원"이라는 제목으로 제보 청소년들이 작성한 포트폴리오를 살펴보면, 이들은 학교와 학원의 관계에 대해 명확하게 선을 긋고 있었다. 이들은 어디까지나 공부는 학교에서 하는 것이 원칙이며, 학원은 그것을 보충하기 위한 보조 역할을 해야 한다고 기술하였다.

(34) 학교가 진짜 공부하는 곳이고 학원은 학교에서 가르치지 못하는 것들을 보충하는 곳이라고 생각한다(송현석, 중3, 남).
그런데 실제 현황은 그렇지가 않다. 많은 청소년들이 공부는 학원에서 하고, 학교 수업시간에는 졸거나 학원 숙제를 하는 것으로 나타났다. 그리고 제보 청소년들은 이런 주객전도 현상이 잘못임을 알고 있었다.

(35) 학원은 학교 공부를 보충하는 곳으로 다니면 도움이 된다고 생각한다. 그런데 요즘 아이들은 너무 학원 위주로만 공부해서 정작 학교 공부를 대충하는 경우가 많은데, 이건 옳지 않다고 생각한다 (안정환, 고1, 남).

(36) 학교 수업시간에 자는 아이들이 많다. 그런데 수업시간에 자는 아이들은 "학원에서 배웠으니까 안 들어도 상관없다."고 한다(김소영, 중3, 여).

그러나 청소년들은 이런 전도 현상의 책임이 자신들의 것이라고 생각하지 않았다. 이들은 학교가 마땅히 해야 할 일, 지켜야 할 규범적 지위를 지키지 못했음을 지적하였다. 학교에서 주된 공부를 하는 것이 옳기는 하지만, 이미 학교가 제대로 공부할 수 있는 분위기나 상황이 아니라는 것이다.

청소년들은 공부를 제대로 가르치지도, 그들에게 인격적인 처우를 해 주지도 못하는 학교에 애착이 없었다. 그들의 마음은 비록 가혹하게 매를 때리고 비인격적 처우를 하고, 수업 내용도 특별한 것은 없지만, 그래도 학생들의 질문과 말을 들어줄 태세가 되어 있는 학원에 기울어져 있었다. 이것은 청소년 자신들에게도 딜레마로 받아들여지고 있었다.

(37) 요즘 학교는 완전히 아이들이 놀러 오는 곳 같다. 수업시간에 자거나 떠들기만 하고, 이런 애들 때문에 공부하고 싶어 하는 아이들까지 피해를 본다(나미애, 중3, 여).

(38) 학원에 공부를 의존하는 것이 문제라는 것은 안다. 하지만 학원을 안 다니면 도저히 공부를 안 할 것 같다. 학교에선 수업을 지루하게 하고, 교과서만 읽게 하고, 어떡해야 할지 모르겠다(이유리, 고1, 여).

V. 논의 및 결론

지금까지 청소년들이 학교와 학원에 대해 가지고 있는 수업·처우에 대한 불만 사례들을 진술문과 함께 살펴보았다. 이제 이 결과가 가진 의미를 논의하고 후속연구를 제언함으로써 결론을 대신하고자 한다.

먼저 청소년들이 학교에 대해 가지고 있는 수업·처우 면의 불만을 보자. 청소년들이 교사의 수업에 대해 가지고 있는 불만은 수업 내용이 아니라, 피드백이나 상호작용의 부족이었다(진술문 1, 2). 처우 면에서 불만은 체벌이나 질책 자체가 아니라 인격모독적 언어(진술문 9, 10), 납득하지 못하는 처벌 사유(진술문 13, 16), 그리고 의사결정 과정에서의 배제였다(진술문 14, 15). 심성보 등(2002)은 교사들이 학생의 이의제기에 감정적으로 대응할 소지가 보인다고 예측하였는데, 이 연구의 결과는 이러한 예측에 대한 경험적 사례다. 교사들은 청소년이 양방향 소통을 희망할 때 유연하게 대처하지 못하고 갈등 상황을 만들었던 것이다.

그런데 심성보 등(2002)의 주장처럼 이 원인을 교사의 열악한 인권의식에서만 찾는 것은 문제의 소지가 있다. 수업 내용이나 인격적 처우에서 학교와 그다지 다를 것이 없는 학원에 대해 청소년들이 학교보다 호의적인 반응을 보였기 때문이다.

제보자들은 학원 수업의 내용이 너무 많고, 빠르고 어렵다고 말하였지만(진술문 19, 20), 학원 강사들이 꼼꼼하고 재미있게 가르쳐 주려고 노력하는 점을 높이 사고 있었다(진술문 25, 26). 또 학원에서 매를 많이 맞고, 욕도 먹지만, 그 사유가 분명하고 자신들도 납득할 수 있기 때문에 감수할 수 있다고 하였다(진술문 30, 31). 이는 기너트(Ginott, 1995)가 누누이 강조한 '인격이나 성격에 대한 비난 대신, 구체적인 사항에 대한 사실적인 지적'의 원칙이 학원에서 거칠게나마 지켜지고 있었음을 보여준다.

물론 이러한 결과를 두고 학원 강사의 인권의식이 학교 교사보다 높다고 볼 수는 없다. 오히려 학원 강사들이 청소년들과 의사소통을 함에 있어 보다 유연하고 능숙하다고 보아야 할 것이다. 이는 학원은 의무적인 공교육기관이 아니고, 다른 학원과 경쟁해야 하기 때문에 고객인 청소년의 반응과 의견에 민감해야 하기 때문으로 보인다.

반면 학교의 교사들은 아직도 '스승'이다. 그들은 학생들의 예의범절을 강조할 뿐, 그들과 동등한 입장에서 협상하고 양방향 소통을 시도해야 한다는 사실을 인정하지 않으려 한다(심성보 등, 2002). 따라서 수평적 상호작용에 익숙한 N세대 청소년들과 충돌할 수밖에 없다(이미나 등, 2002). 사유가 구체적·현실적이지 않은 인격적·문화적 충돌, 여기에서 비롯되는 교사의 공격적인 비난은 학교에 대한 청소년의 신뢰를 무너뜨리는 중대한 원인이다(Ginott, 1995). 그리고 이러한 충돌이 일어나면 약자인 청소년들의 인격 침해 가능성이 크다.

물론 청소년들에게 불친절하고 비인격적 처우를 하는 교사는 소수에 불과하다는 반론도 가능하다. 그러나 교사들은 다른 교사의 청소년의 인권침해를 목격해도 적극 개입할 의사가 없다는 선행연구 결과는 이런 반론을 일축한다(심성보 등, 2002). 청소년에게 부당한 처우를 가하는 교사가 한두 명만 있어도, 그는 아무런 제약 없이 수백 명의 청소년에게 피해를 줄 것이다. 한두 명의 교사만 횡포를 부려도 학교는 청소년들에게 두렵고 재미없는 곳이 되고 마는 것이다.

이렇게 매력 없는 학교에서 마음이 뜬 청소년은, 만족스럽지는 않지만, 그나마 나은 학원으로 마음을 옮겼다. 바로 이것이 사교육 팽창의 한 원인인 것이다. 이 점에서 학교 수업을 보충학습이란 명목으로 심야까지 확장하고, TV과외 방송을 강화하는 '사교육비경감대책(교육인적자원부, 2004)'은 중요한 핵심을 놓치고 있다. 청소년이 원하는 것은 학교문화가 개방적이 되고, 인격적 처우를 개선하고, 교사들이 그들과 수평적 상호작용을 활발히 하는 것이다. 그들은 '많이 아는 선생님'이 아니라 '마음이 열리고 친절한 선생님'을 기다리고 있고, '공부 많이 시키는 학교'가 아니라 '독립된 인격체로서 합당한 대우를 해 주는 학교'에 다니길 희망하는 것이다.

지금까지 청소년들이 학교와 학원에서 수업·처우에 대해 가지고 있는 불만 사례에 대한 질적 조사의 결과를 논의하였다. 이제 이 연구가 가지고 있는 한계를 지적하고 후속연구를 제안하고자 한다.

첫째, 이 연구의 제보자들은 학업성취도가 높은 청소년들에 집중되어 있다. 물론 이들이 가장 높은 불만집단이라는 선행연구 결과를 반영한 것이지만, 학업 부진 청소년들의 불만에 대한 심층적인 자료도 앞으로 수집할 필요가 있을 것이다.

둘째, 교사들의 생각을 조사하지 못했다. 이 연구의 결과는 교사와 청소년의 의사소통에 문제가 있음을 보여주었다. 따라서 쌍방의 의견과 불만을 청취할 필요가 있는데, 이 연구 설계상 한계로 청소년의 의견만 분석하였다. 상호작용의 개선에 쌍방 간 이해가 필수적이라는 점에서 교사의 생각에 대한 심층적 조사연구가 필요하다.

셋째, 문제가 의사소통과 상호작용으로 밝혀졌지만 교사들이 청소년과의 문화충돌 및 갈등 상황에 어떻게 대처해야 하는지 방안에 대해서는 논의하지 못하였다. 따라서 교사를 대상으로 하는 청소년과의 갈등대처 교육이나 훈련 방안에 대한 연구가 필요하다. 이는 청소년이 학교에서 인격적 대우를 받을 당연한 권리 보장을 위한 선결 과제가 될 것이다.

참고문헌

강인원·전성일(2003). 학벌주의가 학부모들의 인식수준과 사교육 의도에 미치는 영향, **소비자학 연구. 14(1)**, 141－158.

교육인적자원부(2004). **공교육 정상화를 통한 사교육비 경감대책**.

권재원(2004). 청소년의 학교·학원에서의 수업·인권불만 차이 조사, **시민교육연구. 36(2)**, 인쇄 중.

김시월(1999). 가계의 사교육비 지출 부담감과 경제적 복지감과의 관련성 연구. **소비자학 연구. 10(3)**, 101－102.

김동일·류지영(2002). 학교규율에 대한 청소년들의 인식과 저항운동. **청소년학연구. 9(2)**, 233－254.

김선웅·이주호(2002). 학교 정책과 과외의 경제 분석. **한국경제의 분석. 8(2)**, 1－52.

김양분·김미숙(2002). **입시학원의 교육실태 분석**. 한국교육개발원, RR 2000－1.

김양분·이인호·윤초희·성기선·김미숙(2002). **선행학습 효과에 관한 연구.** 한국교육개발원, CR2002－5

김양분·류한구·김현진·이희숙·이진영(2003). **사교육 실태 및 사교육비 규모 분석 연구**. 한국교육개발원, CR2003－19.

김종한(2003). 학생의 수업평가방법에 의한 학교 교사와 학원 강사의 수업의 질 분석. **교육학 연구. 41(1)**, 385－405.

김주훈·곽영순(2003). 좋은 수업에 대한 질적 연구. **한국과학교육학회지. 23(2)**, 44−55.

백일우(1999). 과외행위에 대한 교육 경제학적 이해, **교육학 연구. 37(4)**, 291−305.

성태제(1993). 입시위주의 교육과 과열과외. **교육학 연구. 31(2)**, 67−86.

심성보·이미식·이일권·전창완·공의정(2002). **교사의 인권의식 조사 연구**. 국가인권위원회.

양정호(2003). 중학생의 과외참여 요인에 관한 연구: TIMSS−R의 위계적 일반화선형모형 분석. **한국교육. 30(2)**, 261−283.

엄나래·정영숙(2002). 고등학교 남학생들의 일상 활동에서의 몰입경험에 관한 탐색적 연구. **한국심리학회지 : 발달. 15(3)**, 55−69.

이미나·이건만·박부권·권숙인·김대일(2002). 정보사회 지체로 인한 학교붕괴 해소책 연구−IT 주도적 학습체제와 N문화 학교 풍토 개발을 중심으로. **시민교육 연구. 34(1)**, 251−294.

이영희·윤정희(2002). 새로운 수학수업 모형을 통한 공교육과 사교육의 조화에 관한 연구. **교육이론과 실천**. 12(2), 277−296.

이정환(2002). 가족환경, 과외, 성적. **한국 사회학. 36(6)**, 195−215.

이주호(2001). 학교 대 과외: 한국 교육의 선택과 형평. **경제학 연구. 49(1)**, 37−57.

이혜숙(2002). 학생 생활지도와 기본권: 학생 소지품 검사를 중심으로. **경희대학교 교육문제 연구소 논문집. 18**, 143−158.

장수명(2002). 김선웅·이주호에 대한 토론. **한국 경제의 분석. 8(2)**, 53 −58.

정영숙(1996). 가계의 인적자본 투자율과 경제적 복지−사교육비를 중심으로. **소비자학 연구. 7(1)**, 1−13.

정준교(2002). 인권지향적 고등학교의 문화적 특성과 학생 청소년들의 창의성 및 복장변형행동. **청소년학 연구. 9(1)**, 141−165.

천세영(2002). 학교규율의 딜레머와 미래. **한국교육연구. 8(1)**, 203−214.

최인수·김기옥·현은자·유현정(2004). 학교와 학원의 비교를 통해 본 청소년의 플로우 및 내적 경험. **대한가정학회지.** **42(4)**, 127 – 143.

Apple, M. W.(1979). *Ideology and Curriculum.* London: PKP. 박부권 ·
이혜영 역(1985). 『교육과 이데올로기』. 서울: 한길사.

Bourdieu, P. & Passeron, J. C.(1970). *La Reproduction.* Paris: Les
Edition de Minuit. 이상호 역(2000). 『재생산』. 서울: 동문선.

Ginott, H. G.(1995). *Teacher and Child.* 2nd. edition. New York:
Siimon & Schuster.

Illich, I.(1971). *Deschooling Society.* New York: Harper and Row. 황성
모 역. 『탈 학교 사회』. 서울: 삼성문화문고.

〈부록〉 구조화 면접 대본

인터뷰 번호:

면접 일시:

학교   학년   반   이름:

Ⅰ. 인적 사항

1. 성별: 남, 여
2. 평균성적(가장 잘 본 시험을 기준으로)
3. 가정환경(경제적 환경을 중심으로 구체적으로 서술하세요)

Ⅱ. 학교 수업에 대한 생각

1. 학교 수업의 모습을 구체적으로 묘사해 주십시오.
2. 학교에서는 학생과 선생님들 사이의 상호작용이 어떻게 이루어지고 있습니까?
3. 학교에서는 재미있고 참신한 수업이 있습니까? 경험담을 말씀해 주세요.
4. 학교 수업에 대한 불만, 학교 선생님들께 수업에서 바라는 점이 있으면 구체적으로 경험담을 중심으로 자유로이 서술해 주시기 바랍니다.

Ⅲ. 학교와 청소년 인권

1. 학교 체벌은 어떻게 행해지고 있습니까? 경험담을 말씀해 주세요. 목격담도 관계없습니다.

2. 학교 체벌은 주로 어떤 이유에서 이루어집니까?

3. 학교 체벌에 대한 학생의 견해를 구체적이고 자유롭게 말씀해 주세요.

4. 학교에서의 체벌에 대한 부모님의 견해는 어떠합니까?

5. 학교에서 부당한 대우를 당했다고 생각한 경우를 말씀해 주십시오.

6. 학교 선생님들이 야단을 치실 때 가장 많이 사용하는 단어나 이유 다섯 개 정도만 떠올려 보십시오.

7. "청소년 헌장"에 따르면 청소년에게는 ㄱ)물리적 정신적 폭력으로부터 보호받을 권리, ㄴ)사적인 삶의 영역을 침해받지 않을 권리, ㄷ)자신의 생각과 느낌을 자유롭게 펼칠 권리, ㄹ)건전하고 다양한 문화·예술 활동에 자유롭게 참여할 권리, ㅁ)자신의 삶과 관련된 정책결정 과정에 참여할 권리가 있습니다. 응답자께서는 학교가 청소년들의 이러한 권리를 잘 지켜준다고 생각하십니까? 아니라면 그 이유와 구체적인 사례를 자세히 말씀해 주시기 바랍니다.

IV. 학원수업에 대한 생각

1. 학원에서 실시하는 수업은 주로 어떤 형태로 진행됩니까?

2. 학생이 다니고 있는 학원에서 수업을 실시하는 과목에는 무엇이 있습니까?

3. 각 과목별 수업은 주로 어떤 내용을 다루고 있습니까? 학교 수업 진도와 맞춘 예습·복습, 그리고 시험 문제풀이 연습 등입니까? 구체적으로 묘사하여 주십시오.

4. 학원에서는 학생과 선생님들 사이의 질의·응답·토론 등이 잘

이루어지고 있습니까?

5. 학원 선생님은 새로운 교수법 등을 도입하여 참신한 수업을 실시하고 있습니까? 있다면 어떤 것들이 있으며, 없다면 학원 선생님의 수업 방식을 묘사하여 주십시오.

6. 학원에 다니는 것이 효과가 있다고 생각하십니까? 있다면 어떤 효과가 있는지 구체적으로 서술해 주시기 바랍니다.

7. 학원 선생님들의 수업에 대한 불만이 있으면 자유롭게 말씀해 보십시오.

V. 학원과 청소년 인권

1. 학원 체벌의 경험담이나 목격담을 말씀해 주십시오.

2. 학원에서 체벌은 주로 어떤 이유에서 이루어집니까?

3. 학원의 체벌에 대한 학생의 견해는 어떠합니까? 자유롭게 말씀해 보십시오.

4. 학원의 체벌에 대한 부모님의 견해는 어떠합니까?

5. 학원의 심야 수업은 몇 시까지 어떻게 행해지고 있습니까? 또 학원의 심야 수업에 참가하지 않을 수 있도록 충분히 자율적입니까?

6. 학생은 학원의 심야 수업에 대해 어떤 견해를 가지고 있습니까?

8. 부모님은 학원의 심야 수업에 대해 어떤 견해를 가지고 있습니까?

9. 학원에서 부당한 대우를 당했다고 생각한 적이 있습니까? 있다면 어떤 경우였는지 말씀해 주십시오.

10. 학원 선생님이 야단치실 때 가장 많이 사용하는 다섯 개 정도만 떠올려 보십시오.

11. "청소년 헌장"에 따르면 청소년에게는 ㄱ)물리적 정신적 폭력으로부터 보호받을 권리, ㄴ)사적인 삶의 영역을 침해받지 않

을 권리, ㄷ)자신의 생각과 느낌을 자유롭게 펼칠 권리, ㄹ)건전하고 다양한 문화·예술 활동에 자유롭게 참여할 권리, ㅁ)자신의 삶과 관련된 정책결정 과정에 참여할 권리가 있습니다. 응답자께서는 학원이 청소년들의 이러한 권리를 잘 지켜준다고 생각하십니까? 아니라면 그 이유와 구체적인 사례를 자세히 말씀해 주시기 바랍니다.

<포트폴리오>
학교와 학원이라는 주제로 자유로이 작문하여 주십시오.

학교 복장규정이 청소년의 정치문화와
비행 예방에 미치는 효과 연구

Ⅰ. 서 론

1. 문제제기

'공교육의 위기'라는 말이 이제 거의 일상화되다시피 하였다. 한때 공교육의 모범사례로 칭송받았던 한국 교육은 그 빛나는 실적을 바탕으로 다른 나라 학생들을 불러들이기는커녕 학생 엑소더스를 경험하고 있다. 심지어 유럽이나 미국뿐 아니라 경제적으로 우리나라보다 하위에 있는 말레이시아나 중국으로까지 조기 유학생이 빠져나가고 있는 치욕적인 상황에 직면해 있다. 이는 우리나라의 교육 경쟁력이 산업 부문의 경쟁력에 비해 지체되어 있음을 보여주는 지표이다.

그런데 PISA 2003의 결과를 보면 한국 청소년들의 학업성취도가 OECD 최상위권으로 나타나, 한국의 교육 경쟁력이 학습 영역에서는 결코 뒤지지 않음이 입증되었다. 문제는 학생들의 행복도 지수가 중하위권을 맴돌고 있다는 것이다. 즉 우리 청소년들은 공부는 잘하지만, 학교에서 행복하지 않은 아이들인 것이다(김종기, 2005).

그렇다면 공교육의 문제점을 진단함에 있어 학습의 문제보다 청소년의 권리, 복지 차원의 문제, 즉 무엇이 이들이 학교 다니는 것을 불행하다고 여기게 만들었는가 하는 문제에 보다 더 많은 관심을 기울일 필요가 있다. 실제로 한국 청소년들은 학교 수업보다 학교에서 가해지는 부당한 인권침해에 더 높은 불만을 가지고 있다는 실증적인 연구 결과도 있다(박선웅, 2002; 권재원, 2004a).

그런데 청소년들이 불만을 나타내는 학교 내 부장한 인권침해 중 가장 빈번하게 나타나는 것 중 하나가 바로 학교 복장규정을 둘러싼 갈등과 억압이다. 물론 청소년들은 체벌, 강제적인 학업 등에 대해서도 높은 불만을 가지고 있다. 선행연구들에 따르면 청소년들은 근태, 수업, 질서유지에 관한 규율과 처벌은 심지어 체벌의 형태라 할지라도 수용할 수 있다고 응답한 반면, 학교 복장규정과 이를 근거로 가해지는 간섭과 억압에 대해서는 수용할 수 없다는 태도를 보여주었다(권재원, 2004b; 김동일, 유지영, 2002; 정준교, 2002). 한국 학교의 위기 요인 중에서 학생다운 몸을 조형하기 위한 규율체계와 그것에 의한 청소년의 신체적 자유와 권리의 일상적 침해가 가장 근본적 갈등이라는 주장도 있다(박선웅, 2002).

문제는 학교 복장규정이 이렇게 많은 문제점을 노정하고 있음에도 불구하고, 일선 학교의 많은 학교장, 교사들이 복장규정을 규정이 아니라 일종의 교육적 처치로 간주한다는 것이다. 따라서 이는 학생과의 협상 대상이 아니라는 논리가 도출되며, 결과적으로 일선학교에서 이를 둘러싼 세대갈등이 끊임없이 나타나게 된다. 물론 그 갈등의 결과는 힘의 우위에 선 학교 측의 강제력으로 마감되며, 청소년들은 그러한 결과를 인권침해로 여기며 학교에 대한 불만을 누적하며, 우회적인 방법으로 저항한다(정준교, 2002; 심성보 외, 2002; 천세영 외, 1999).

그러나 학교와 그 입장을 지지하는 측이나, 반대로 학생과 그 입장을 지지하는 측이나 모두 정작 그 교육적 효과 혹은 폐해가 무엇인가에 대해서는 분명한 답을 내지 못하고 있다. 복장규정의 교육적 효과나 폐해에 대한 어떤 조작적 정의와 경험적 증거도 분명하게 제출된 바 없기 때문이다. 이는 학교 복장규정의 연원에서 비롯된다. 우리나라의 학교 복장규정은 어떤 교육적 목표를 가지고 의식적으로 설계된 것이 아니라 단지 식민지시대 때부터 관행적으로 계속되어 온 것에 불과하기 때문이다(천세영, 조금주, 2002; 최윤진, 1998).

따라서 그 교육적 효과를 믿으며 이 관행을 지속시키자고 주장하든, 아니면 학교에 대한 학생들의 불만을 지지하든, 먼저 선행되어야 할 것은 학교 복장규정의 교육적 효과나 역기능에 대한 경험적인 자료를 수집하고 분석하는 일이다. 이에 이 연구는 학교 복장규정 찬·반 양론의 입장을 정리하여, 그들이 주장하는 교육적 효과나 역기능이 실제 청소년들에게 나타나는지 경험적으로 조사하고자 실시되었다.

2. 연구의 의의와 한계

이 연구는 다음과 같은 의의를 가진다. 첫째, 학교 복장규정을 둘러싼 세대 간의 갈등을 추상적 가치논란이나 문화 충돌에서 구체적인 경험적 영역으로 전환할 수 있다. 이는 세대 간 대화와 합리적

타협의 조건을 찾을 수 있다는 의미를 가진다. 둘째, 학교 복장규정의 효과 혹은 역기능에 대한 통계적 검정을 시도함으로써 향후 이의 개정 혹은 폐지에 있어 사실적인 근거와 방향을 제시할 수 있다. 셋째, 학교와 청소년의 가장 심각한 갈등요인 중 하나를 객관화함으로써, 학교위기를 합리적으로 해결할 수 있는 한 방편을 제공할 수 있다.

그러나 이 연구는 다음과 같은 한계를 가진다. 첫째, 민주시민성을 정치문화로 협소하게 정의하였다. 민주주의는 철학적이고 역사적인 개념이기 때문에 참여형 정치문화를 민주시민성과 등치하는 것은 위험하다. 그러나 이 연구에서 문제 삼고 있는 학교 복장규정이 가치·태도의 영역이기 때문에 민주시민성 역시 정치문화로 한정하였다. 둘째, 청소년 비행에 대한 이론이 협소하다. 청소년 비행의 원인은 물론 그 정의와 범위에 대해서 많은 학설들이 존재한다. 그러나 이 연구는 비행의 범위에 대해서는 청소년 지위비행, 그리고 그 원인에 대해서는 사회통제이론에 의거하였다. 이는 이 연구의 목적이 청소년 비행에 대한 일반적인 이론을 수립하는 것이 아니라, 학교 복장규정의 비행예방 효과를 검정하는 것이기 때문에 여러 청소년 비행이론들 중 복장규정을 정당화할 수 있는 이론을 선택한 결과다.

Ⅱ. 이론적 배경

1. 학교 복장규정 찬·반론의 근거

학교 복장규정에 대한 반대 주장의 가장 강력한 논거는 이의 법적 근거가 희박하다는 것이다. 학교 복장규정은 학교 규칙 중 생활규정의 일부를 이루고 있다. 그렇다면 이는 일종의 법규적 지위를 가지게 된다. 그런데 학교의 규칙은 법규 서열의 최상위를 차지한 헌법을 위반할 수 없으며, 헌법은 모든 국민에게 신체의 자유, 표현의 자유를 기본권으로 보장하고 있다. 따라서 학교복장규정은 법적으로는 근거가 없다. 미국의 Tinker 판례에서도 "청소년이 미성숙했다는 이유로 자유를 제한하거나 유보할 수 없다."(Tinkervs Des Moines Independent School Case, U. S. 503, 1969. 최윤진, 1998: 20에서 재인용)라고 못 박은 바 있다. 그럼에도 불구하고 이를 규제하고자 한다면 그 제정과 집행과정에 이해 당사자인 청소년들의 동의절차가 반드시 있어야 할 것이며, 이들의 변경이나 폐지 요구에 열려 있어야 한다(이강혁, 1983; 홍정선, 1986; 최송화, 1996, 최윤진, 1998).

그러나 우리나라 일선 학교의 복장규정은 제정 및 집행 과정에서 학생들의 동의를 거의 거치지 않는 경우가 많다. 게다가 그 내용도 기본권인 신체의 자유를 침해하는 위헌적 요소가 많다. 따라서 우리나라 일선 학교의 복장규정은 법적으로 그 정당성을 찾기 어렵다고 보아야 할 것이다(이혜숙, 2002; 심성보 등, 2002).

이렇게 법적으로 정당화되기 어려운 각종 복장규정이지만 이미 학교에 오래된 관행으로 보편화되어 너무도 깊게 착종되어 있기 때문에 청소년의 높은 불만과 여기서 야기되는 많은 갈등에도 불구하고 쉽게 완화되지 않는 것이 현실이다. 그런데 이렇게 복장규정이 끈질기게 힘을 발휘하는 것은 이것이 오래된 관행이기 때문이기도 하려니와 많은 교사들과 기성세대들이 교육적 효과가 있다고 믿고 있기 때문이다(천세영, 조금주, 2000).

복장규정을 지지하는 학교장과 교사들은 이것의 법적 정당성이 아니라 교육적 정당성을 근거로 삼고 있는 것이다. 이들에 따르면 복장규정은 청소년의 집단 귀속감을 제고하고 행동통일을 용이하게 하며, 자제와 절도를 수반하도록 하기 때문에 청소년 비행을 예방할 수 있다고 한다(이인자, 1992; 천세영 외, 1999; 중앙일보, 1984, 9.29).

물론 복장규정을 교육적 입장에서 반대하는 주장들도 적지 않게 있다. 복장규정이 법적인 측면에서만 문제가 되는 것이 아니라 교육적으로도 도리어 역기능을 조장한다는 것이다. 이들은 엄격한 복장규정은 동조성만을 강화하여 21세기에 필요한 창의성, 심미감을 저해하며 획일적 문화를 조장하여 민주시민성 형성에 방해가 된다고 주장한다(최윤진, 1998: 97-98; 정준교, 이선경, 1999; 정준교, 2002; 김동일, 유지영, 2002).

그런데 이들 찬반 주장들을 검토해 보면 복장규정이 청소년 인권을 침해한다는 점, 따라서 법규로서는 정당화되기 어렵다는 점에는 찬반 입장을 가리지 않고 사실상 동의하고 있음을 확인할 수 있다. 쟁점은 법규상의 논리가 아니라 교육적 효과인 것이다. 찬성론은 비행·비행이라는 더 큰 위험을 통제하기 위해 그 정도의 인권침해는 감수해야 한다고 하며 일종의 필요악론을 펼치고, 반대론은 복장규정이 인권을 침해하는데다 국가적 교육목표인 창의적이고 민주적 시민 양성마저 저해한다고 주장하는 것이다.

그런데 찬성론이든 반대론이든 모두 경험적인 증거는 부족하다. 찬성론을 살펴보면 학교 복장 규정의 청소년 비행을 예방효과에 대한 연구는 찾기 어렵다. 교복 착용 여부와 따른 청소년 비행의 관계를 조사한 연구(이인자, 1992)가 있지만, 현재 갈등을 야기하는 복장규정을 단지 교복 착용 여부의 문제로 단순하게 생각할 수 없다. 또 반대론의 경우 복장규정이 야기하는 학교 내 갈등과 위기를 부각시키는 데 성공하였지만(정준교, 2002; 천세영, 1999; 김동일, 유지영, 2002), 교육적인 역기능에 대해서는 경험적 증거를 충분히 제시하지 못하였다. 특히 반대론의 핵심인 민주시민성에 복장규정이 역기능을 한다는 경험적 증거가 없다. 두 주장 모두 상식적인 막연한 직관에 의존해 복장규정을 지지 혹은 거부한 것이 아닌가 하는 의심이 발생하는 지점이다.

따라서 이러한 논란은 복장규정에 대한 유력한 찬·반 근거가 되는 민주시민성 저하와 청소년 비행 예방에 대한 경험적 증거가 축적된 다음에야 합리적인 마무리가 가능할 것이다. 이를 위해서는 먼저 민주시민성과 청소년 비행에 대한 정의를 보다 분명히 할 필요가 있다.

2. 민주 시민성과 정치문화의 두 차원: 참여적 정향과 묵종적 정향

7차 교육과정 총론에 따르면 모든 공교육을 총망라하는 국가 수준의 교육목표는 '합리적이고 비판적인 사고를 하는 민주적인 시민 양성'이다. 따라서 만약 복장규정 반대론의 주장대로 학교 복장규정이 민주시민성 형성을 저해한다면, 이는 국가 수준 교육목표를 저해하는 것으로 매우 심각한 결과라고 할 수 있다.

그런데 문제는 민주시민성이 대단히 정의내리기 어려운 추상적 개념이라는 점이다. 사전적으로는 민주주의에 적합한 시민의 자질이라고 쉽게 풀 수 있지만, '민주주의'와 '시민'은 모두 대단히 가치 함축적인 개념이다. 따라서 민주시민성 함양이 무엇인가에 대해 다양한 주장들이 제기될 수 있다(이해주, 1996).

그럼에도 불구하고 다양한 주장들의 공통분모를 추출하는 것이 가능한데, 민주시민성은 결국 1)일정수준 이상의 정치적 지식, 2)높은 정치 효능감(political efficacy), 그리고 3)민주적인 정치문화와 세 차원의 조화 속에서 찾을 수 있다(이해주, 1996; 김영인, 2002). 그런데 이 중 정치적 지식, 정치 효능감이 학교 복장규정의 영향을 받을 것으로 보이지는 않는다. 학교 복장규정은 일종의 태도·문화에 대한 규율이기 때문이다. 따라서 이것이 민주시민성에 어떤 효과나 역기능을 보인다면 그것은 태도의 영역인 정치문화와 관계할 가능성이 크다. 따라서 문제는 민주적 정치문화는 무엇인가 하는 것으로 좁혀진다.

정치문화와 관련하여 가장 널리 알려진 이론은 정치적 행위자가 정치체계의 투입·산출에 대해 가지는 정향(orientation)에 따라 분류한 지방형(parochial)·신민형(subjective)·참여형(participant)의 정치문화 이념형이다. 지방형은 투입·산출 모두에 무관심한 정치적 무기력 문화이다. 신민형 문화는 정치체계의 산출에 대한 묵종적(obedience) 정향은 발달한 반면, 투입에 대한 참여적 정향은 발달하지 않은 문화이다. 정치체계의 산출에 대한 정향과 투입에 대한 능동적 참여의 정향이 모두 발달한 정치문화가 바로 참여형인데, 이것이 민주적 정치문화에 가장 가깝다(Almond & Verba, 1963).

참여형 정치문화가 민주주의에 가장 가까움에는 이견이 없지만, 여기에 도달하기 위한 방법은 각 나라의 역사적·정치적·사회적 상황에 따라 다르다. 특히 우리나라처럼 군사독재를 경험하고, 민주화가 아직 공고화되지 않는 사회에서는 신민형과 함께 대체를 추종하는 수용형, 정치체계와 긍정적 일체감을 갖지 못하고 저항을 내면화한 길항형 같은 독특한 정치문화가 발달하였으며, 참여형 문화가 가장 희박하다(이수영, 한배호, 1996).

신민형 문화와 수용형 문화가 참여형이 되기 위해서는 참여적 정향이 증가하고 묵종적 정향은 감소할 필요가 있다. 길항형 문화의 경우는 그 반대가 적용될 것이다. 그리고 아직도 국민의 대다수가 수용형이나 신민형에 머물러 있는 한국 사회는 민주시민성 함양을 위해 묵종적 정향보다 참여적 정향을 보다 향상시킬 것을 요구한다(한배호, 2003). 따라서 현재 민주시민성 함양의 정치 문화적 의미는 참여적 정향의 증가와 묵종적 정향의 감소이다. 따라서 학교 복장규정이 민주시민성 함양을 저해함을 입증하고자 한다면, 그것이 이 부분에서 역효과를 야기함을 보여야 할 것이다.

3. 청소년 비행과 사회통제이론

다음은 복장규정 찬성론의 주요 근거가 되는 청소년 비행, 일탈 예방을 살펴보도록 하자. 청소년 비행이란 청소년에게 기대되는 규범에서 벗어난 일탈행위를 말한다. 청소년 비행의 범위에 대해서는 형법이나 기타 법규를 위반하는 행위를 포함할 것인가, 아니면 청소년이라는 특수한 지위에서만 일탈로 간주되는 행위, 즉 청소년 지위

비행에 한정할 것인가를 두고 서로 다른 견해들이 있다(김준호 외, 2003: 22－25). 전자의 입장을 취하게 된다면 청소년 비행의 범위는 사소한 일탈에서부터 중대한 범죄까지 모두 포괄하게 된다. 반면 후자의 입장을 취하게 되면 청소년에게만 금지되고 어른에게는 허용된 행위만을 청소년 비행으로 포괄하게 되어 그 범위가 축소된다.

이 중 범법행위를 포함한 넓은 청소년 비행 개념은 이 연구의 주제에서 벗어난다. 설사 복장규정이 청소년 일탈을 예방하는 효과가 있음을 인정한다 하더라도 절도·폭력 같은 범죄행위까지 예방할 수 있다고 주장한다면 이것은 비약일 것이기 때문이다. 그러나 음주·흡연·가출 같은 청소년이라는 지위에서만 일탈로 간주되는 이른바 청소년 지위비행은 복장규정이 청소년을 성인과 분명하게 구별해 주는 역할을 하기 때문에 어느 정도 예방효과를 기대할 수 있다. 따라서 이 연구에서 청소년 비행은 주로 청소년 지위비행을 의미한다.

청소년 비행의 원인에는 생물학적, 심리학적, 그리고 사회학적 원인이 있다(김준호 외, 2003). 생물학적 비행은 주로 선천적 혹은 후천적 원인으로 인한 뇌기능 장애, 신경전달 물질의 이상에서 비롯되는 비행이다(Moffit, 1993). 심리학적 비행은 유아기 때의 잘못된 보상체계나 인성 혹은 중요한 발달단계에서 정보처리 시스템의 오류·미성숙 등에서 비롯되는 일종의 심리 장애의 현상으로서 비행이다(Siegel & Senna, 2000). 그런데 생물학적 비행과 심리학적 비행은 이 연구의 범위를 벗어난다. 이러한 비행들은 학교에서 교육적 처치를 하기 어려운 영역이며, 하물며 복장규정이 정신병이나 심리장애를 치료할 수 있거나 예방할 수 있다고 믿는 것은 난센스일 것이다. 따라서 이 연구에서는 청소년 비행에 대한 사회학적 원인을 중심으로 논의를 진행하고자 한다.

청소년 비행에 대한 사회적 원인에 대해서도 아노미 이론, 하위문화 이론, 사회적 통제 이론, 그리고 낙인 이론 등 다양한 이론들이 있다. 이중 아노미론과 하위문화론은 가치와 제도적 수단의 괴리, 사회 불평등, 계층·계급체계 등 사회 구조적 요인에서 청소년 비행의 원인을 찾는다(Merton, 1968). 이 경우 청소년 비행은 사회 구조적 문제의 반영일 뿐이다. 따라서 청소년 비행을 경감하거나 예방하려면 사회구조를 바꾸어야 한다.

반면 사회적 통제 이론과 낙인이론은 청소년 비행에 있어서 규제와 처벌의 역할을 강조한다(Hirschi, 1969; Becker, 1963). 그런데 사회적 통제이론과 낙인이론은 규제의 기능을 정반대로 보고 있다. 사회적 통제이론은 일종의 성악설을 지지한다. 여기에 따르면 모든 청소년들은 비행의 동기를 가지고 있다. 즉 비행을 저지르고자 하는 충동은 청소년기의 당연한 특징으로 전제된다. 다만 사회의 인습적 규범과 이에 따르는 처벌이 있어서 이것이 억제되고 있을 뿐이다. 따라서 적절한 사회적 통제가 주어지지 않으면 청소년 비행은 늘어날 수밖에 없다(Hirschi, 1969).

반면 낙인이론은 학교나 사법기관이 사소한 일탈에 대해 내린 규제와 처벌이 오히려 청소년 비행의 원인이라고 주장한다. 사소한 일탈에 대해 수용하지 않고 처벌할 경우 아동이나 청소년은 자신이 범법자라는 낙인을 찍게 되고, 이것이 원인이 되어 부정적 자아를 형성한다. 따라서 이들은 자신의 자아에 따라 기대되는 행동, 즉 비행을 계속 저지르게 된다. 흔히 "기껏해야 남보다 몇 년 먼저 담배나 피웠을 아이를 악당으로 낙인찍어 미래의 흉악범으로 길러내는 것"이 각종 규제와 처벌이라는 것이다(Becker, 1963).

그런데 이렇게 청소년 비행에 대한 여러 이론들을 고찰해 보면,

학교 복장규정의 비행 예방 효과를 이론적으로 정당화할 여지가 매우 좁음을 확인할 수 있다. 굳이 정당화의 근거를 찾는다면 사회통제 이론에서 그 근거를 찾을 수 있지만, 사소한 복장위반에 대한 처벌과 규제가 오히려 장래 범죄자를 만들어 낼 수 있다는 낙인이론의 경고도 무시하기 어렵다.

여기에 더하여 사회통제이론에 대한 비판이 많음을 유념할 필요가 있다. 특히 규제와 처벌이 가해졌을 때 비행은 횡단적으로는 감소하나 종단적으로는 오히려 증가한다는 비판은 치명적이다. 이를 쉽게 풀어서 말하면 규제의 효과는 그 순간뿐이라는 것이기 때문이다 (Paternoster, 1989). 사실상 사회 통제이론 그 자체도 규제와 처벌의 효과를 과장하지는 않으며, 소속 집단에의 애착, 헌신, 인정 같은 사회·심리적 변인의 효과를 인정하고 있는 것도 사실이다(Williams & Hawkins, 1989).

이제 초점을 한국 사회로 돌려보자. 한국에서 가장 유력한 청소년 비행의 원인은 가정의 SES일 것이라는 예상을 할 수 있다. 그러나 실제 자료는 빈곤층 청소년보다 부유층 청소년의 비행이 가장 높은 것으로 나타났다. 즉 가정이 부유하면서 학업성취도가 낮은 학생들이 가장 높은 비행집단으로 나타난 것이다. 이는 한국의 경우 학업 스트레스가 청소년 비행의 가장 중요한 원인임을 보여주는 자료다 (김준호 외, 2003).

그렇다면 복장규정은 이런 청소년 비행에 대해 적어도 사회통제이론 측면에서나마 기여를 했을까? 그것이 입증되려면 두발·교복 자율 시대였던 1980년대 중반에 청소년 비행 발생률이 가장 높았다는 경험적 증거가 있어야 한다. 그러나 1980년대 중반 청소년 비행이 90년대 혹은 2000년대보다 높았다는 어떠한 증거도 찾을 수 없다.

이러한 사실들은 막연하게 받아들여진 복장규제의 비행예방 효과를 의심스럽게 만든다.

그러나 비록 사회통제이론의 청소년 비행 설명력이 삭감되었다 하더라도, 이론 자체는 여전히 유의한 시사점을 줄 수 있다. 또, 복장규정의 효과 역시 미약하다 할지라도 청소년 비행을 조금이라도 예방할 수 있다면, 그 긍정적인 측면을 보다 정교하게 살려야 할 것이다. 따라서 막연한 이론적 유추에 그칠 것이 아니라 복장규정과 청소년 비행의 관계에 대한 객관적인 자료의 수집이 필요할 것이다.

4. 연구문제 설정

지금까지 학교 복장규정 찬·반론의 근거가 되고 있는 민주시민성과 청소년비행의 관련이론들을 고찰하여 보았다. 그리고 학교 복장규정의 폐지·완화를 주장하거나 존치를 주장하기 위해서는 다음과 같은 질문들에 대한 객관적인 답이 필요함을 확인하였다.

<연구문제 1>. 학교 복장규정은 청소년의 정치문화에서 참여적 정향과 묵종적 정향 중 어느 것을 증가 혹은 감소시킬 것인가?

<연구문제 2>. 학교 복장규정은 청소년의 비행 가능성을 실제로 줄여주는가?

Ⅲ. 연구 설계

앞에서 제기한 연구문제에 대한 해답을 얻기 위하여 다음과 같이 연구를 설계하여 통계적 검정을 시도하였다.

1. 연구 대상

이 연구의 대상은 서울 지역 중학생을 모집단으로 다단계 집락 표집된 290명의 청소년들이다. 지역을 서울로 한정한 것은 학교 복장 규율의 종류나 성격이 전국에 걸쳐 대동소이하기 때문이다. 또 중학생을 모집단으로 한 것은 복장 규정이 고등학교에 비해 중학교가 더 엄하고, 실제로 더 많은 제제를 가하고 있기 때문이다. 표집 절차는 먼저 서울 지역 중학교 명부를 표집 틀로 삼아 무작위로 3 개교를 추출하였고, 각 학교마다 매 학년당 1개 학급씩을 무작위 추출하였다. 표본의 인구학적 특성은 <표 4-1>과 같다.

〈표 4-1〉 표본의 인구 통계학적 특성

	성		사회경제적 지위				계
	여자	남자	하층	중하층	중상층	상층	
1학년	54	43	10	54	28	5	97
2학년	37	59	10	56	27	3	96
3학년	49	48	5	54	32	6	97
계	140	150	25	164	87	14	290

2. 연구 변인 및 측정도구

이 연구의 변인들을 종속변인과 독립변인의 순서로 제시하면 다음과 같다.

1) 종속변인

이 연구는 참여적 정향, 묵종적 정향, 그리고 비행 가능성 등 세 개의 종속변인들을 가지고 있다. 여기에서 참여적 정향, 묵종적 정향이란 Almond & Verba(1963)를 근거로 이수영과 한배호(1996)가 사용한 정치문화 척도를 연구자가 청소년 수준에 맞게 발췌·개조한 척도상의 점수를 말한다. 참여적 정향의 점수가 높다는 것은 정치체계의 투입에 관심이 갖고 참여할 가능성이 높다는 의미이다. 이러한 참여적 정향은 민주화 역사가 짧은 한국사회에서는 민주시민 양성을 위해 적극적으로 함양해야 할 정향이다. 묵종적 정향의 점수가 높다는 것은 정치체계에 투입에의 참여보다 산출 결과에만 관심을 가지며, 결과적으로 복종적인 문화를 내면화할 가능성이 큼을 의미한다. 이들은 각각 8개씩의 4점 척들로 이루어져 있다. 이 척도의 발췌·개조 과정에는 정치교육 전공자가 액면 타당도 검사를 했으며, 크론바하 알파는 각 .6551과 .7022로 신뢰도에 문제가 없는 것으로 나타났다.

비행 가능성은 한국가이던스의 '청소년 특수인성검사' 중 해당 문항을 발췌한 10개의 4점 척을 합산한 뒤 그 평균을 구한 것이다. 이 점수가 높다는 것은 비행 가능성이 높음을 의미한다. 이 척도의 발췌과정에는 다년간의 경험을 가진 임상 심리학자가 입회하여 액면타당도 검사를 실시하였으며, 크론바하 알파는 .7974로 신뢰도에 우려할 만한 문제는 없는 것으로 나타났다.

2) 독립변인

이 연구의 독립변인은 복장규정 준수도이다. 이는 응답대상자가 학교 복장규정을 얼마나 잘 준수하고 있는지를 측정한 것이다. 이를 측정하기 위해 무작위로 선정된 40개 중학교의 복장 규정들을 종합하여 이 중 가장 빈번하게 나타나는 공통된 조항들 17개를 선정하였다. 이들은 각각 의복규정, 두발규정, 기타 장식규정의 세 차원으로 이루어져 있으며, 이들에 대한 청소년들의 준수 정도를 물어 그 평균을 변인의 값으로 삼았다. 이 척도의 타당도와 신뢰도를 높이기 위해 청소년과 일선 교사들을 대상으로 액면 타당도 검사를 실시하였으며, 파일럿 스터디를 통해 내적 일관도를 측정하였다. 그 결과 이 척도의 크론바하 알파는 .8699로 신뢰도에 문제가 없는 것으로 나타났다.

⟨표 4-2⟩ 설문지의 변인과 지표의 측정수준

변인	지표	문항	측정수준
참여적 정향	신뢰도 / 효능감 / 참여도 / 관용성	8	1. 전혀 아님. 2. 아닌 편이다.
묵종적 정향	묵종 / 차등의식 / 의인주의 / 형식주의	8	3. 그런 편이다. 4. 매우 그렇다
비행 가능성	반가정 행위 / 반학교 행위 / 반규범 행위	10	1. 전혀 아님. 2. 아닌 편이다. 3. 그런 편이다. 4. 매우 그렇다
복장규정 준수도	두발 / 교복 및 복장 / 화장 등 각종 장식	17	1. 전혀 지키지 않는다. 2. 지키지 않는 편이다. 3. 지키는 편이다. 4. 매우 잘 지킨다.
배경변인	학업 성적	1	1. 60 이하, 2. 60-70 3. 70-80 4. 80-90 5. 90 이상
	학업스트레스	5	1(전혀)-2-3-4-5(매우)
	학년	1	1. 1학년, 2. 2학년, 3. 3학년
	성	1	1. 여자, 2. 남자.
	가정의 소득수준	1	1. 가난, 2. 가난한 편, 3. 부유한 편, 4. 부유.
	부모 학력	1	1. 고졸 이하, 2. 고졸 또는 대학 중퇴 3. 대졸, 4. 대학원 졸

통제를 목적으로 함께 투입한 변인은 성, 가정의 경제적 배경, 부모의 학력, 학년, 학업성적, 학업스트레스이다. 가정의 사회적 지위와 관련한 변인들인 경제적 배경과 부모의 학력은 청소년 비행에 미치는 사회구조적 변인의 영향을 통제하기 위하여 투입하였다. 학업 성적과 학업스트레스는 특히 이 두 변인이 한국 청소년의 비행 가능성에 미치는 영향이 크다는 선행연구(김준호 외, 2003)를 감안하여 그 영향을 통제하기 위하여 투입하였다. 학업 성적은 학교 정기고사 평균 점수이며, 학업 스트레스는 '한국 가이던스'가 개발하고 판매하는 '청소년 특수인성검사' 중 학업 스트레스 부분 5문항의 평균을 의미한다. 학업스트레스 척도의 크론바하 알파는 .7032로 신뢰할 만한 것으로 나타났다.

3. 자료의 수집과 분석

이 연구의 자료 수집 방법으로는 자기기입식 질문지법을 사용하였다. 앞에서 설정한 변인들을 측정하기 위하여 <표 4−2>와 같이 변인과 지표를 설정하여 모두 57문항으로 구성된 설문지가 제작되었다. 자료 수집을 위해 배포된 설문지는 총 332부이며, 이 중 정선과정을 거쳐 290부가 최종적으로 분석에 사용되었다.

수집된 자료의 분석 방법으로는 여러 배경변인을 통제한 상태에서 학교 복장규정 준수 정도가 종속변인에 주는 영향을 살펴보기 위해 중다선형 회귀분석을 사용하였다. 이를 위해 [그림 4−1]과 같은 회귀모형을 수립하여 일괄 투입법(ENTER) 분석을 실시하였다. 통계처리를 위한 패키지 프로그램으로는 SPSS Windows 12.0 영문판을 사용하였다.

$$Yi_{(1,\ 2,\ 3)} = a + b_1X_1 + b_2X_2 + b_3X3 + b_4X_4 + b_5X_5 + b_6X_6 + b_7X_7$$

a = 상수, Y1 = 참여적 정향, Y2 = 묵종적 정향, Y3 = 비행 가능성, X1(성), X2 (가정의 경제수준), X3(부모의 학력), X4(학년), X5(복장규정 준수도), X6(학업 성취도), X7(학업스트레스)

[그림 4-16] 정치문화와 비행 가능성의 회귀모형

Ⅳ. 연구 결과 분석

1. 기술적 통계

주요 변인들의 기술적 통계치는 <표 4-3>과 같다. 먼저 종속변인들을 살펴보자. 참여적 정향의 평균은 3.3497, 묵종적 정향의 평균은 2.2134로 나타나 있다. 이는 조사대상 청소년들의 정치문화가 신민형보다 참여형에 가까움을 보여주는 결과다. 이는 한국 청소년들이 수동적일 것이라는 일반적인 통념과는 다른 결과라서 주의를 끈다. 비행 가능성을 살펴보면 1.672로 중간 값(mode)보다 조금 아래에서 형성되고 있어, 조사대상 청소년들의 비행 가능성이 그리 높지 않음을 확인할 수 있다. 독립변인들 중 주요 설명변인인 복장규정 준수도를 살펴보면 평균이 1.345로 중간 값보다 크게 낮음을 확인할 수 있다. 이는 청소년들이 학교 복장규정에 대해 불만이 높으며, 이를 자발적으로 준수하지 않음을 보여주는 결과다.

<표 4-3> 변인들의 기술적 통계

변인	N	최솟값	최댓값	Mean	SD
복장규정준수도	284	1	4	1.345	.822
참여적 정향	290	2.72	3.41	3. 3497	1.258
묵종적 정향	290	2.13	3.92	2.2134	1.139
비행 가능성	290	1	3.11	1.672	.465
SES	290	1	4	2.31	.70
부모학력	288	1	5	2.50	.80
학업성적	290	1	5	3.42	1.36
학업스트레스	290	1	5	3.39	1.44

2. 추리 통계

연구문제들에 대한 해답이 어떻게 나오는지 시도한 통계적 검정의 결과는 다음과 같다.

1) 연구 문제 1: 복장규정과 정치문화의 관계

먼저 청소년의 복장규정 준수도가 정치문화에 미치는 영향을 알아보기 위해 실시한 중다선형 회귀분석의 결과는 <표 4-4>와 같다. 학교규칙 준수도가 참여적·묵종적 정향에 미치는 영향을 비교하기 위해 수립한 두 개의 회귀모형 모두 통계적으로 유의하였으며, VIF 값을 구해 다중공선성 여부를 진단한 결과 우려할 만한 문제는 없는 것으로 나타났다.

〈표 4-4〉 정치문화의 회귀모형

예측변인	종속변인						
	참여적 정향			묵종적 정향			
	B	Beta	VIF	B	Beta		VIF
(상수)	58.743**			45.111**			
성	−.742	−.063	1.734	13.480**	.370		1.810
2학년 여부	2.106*	.159	2.112	−9.557**	−.246		1.763
3학년 여부	.928	.074	3.243	−6.285*	−.164		2.537
가정의 경제	1.068*	.126	2.454	.912	.035		1.758
부모학력	−2.189E	−.003	2.123	.206	.009		1.562
학업성적	.979*	.224	1.543	−.160	−.012		2.756
학업스트레스	.693	.167	2.984	−.768	−.060		1.864
복장규정준수도	−1.280*	−.039	2.234	.775**	.200		.817
〈모델 검정〉				〈모델 검정〉			

제곱합	평균제곱	F	R제곱	수정R제곱	제곱합	평균제곱	F	R제곱	수정R제곱
2019.763	252.470	8.733**	.204	.180	21621.758	2702.720	10.283**	.232	.209

*: p<.05, **: p<.01

먼저 참여적 정향의 회귀모형을 살펴보면 모형은 p<.01수준에서 유의하고, 청소년들의 참여적 정향을 20.4%만큼 설명하고 있다. 유의한 영향을 주는 것으로 검정된 독립변인들은 학년(2학년 여부), 가정의 경제, 학업성적이며, 복장규정 준수도는 유의한 영향을 주지 않는 것으로 나타났다. 따라서 다른 조건이 동일하다면 청소년들은 중학교 2학년일 경우, 가정의 경제수준이 높을수록, 그리고 학업성적이 높을수록 참여적 정향이 증가할 것이라고 예측할 수 있다.

다음 묵종적 정향의 회귀모형을 살펴보면 모형은 p<.01수준에서 유의하고, 종속변인을 23.2%만큼 예측하고 있다. 유의한 독립변인들은 성, 학년, 그리고 복장규정 준수도이다. 따라서 다른 조건이 동일하다면 여자일수록, 1학년일수록(2학년이나 3학년이 아닐수록), 학교

복장규정을 잘 지킬수록 묵종적 정향이 증가할 것이라고 예측할 수 있다. 이로써 <연구 문제1>과 관련하여 학교복장규정은 청소년의 정치문화 형성에 있어 묵종적 정향에는 정적인 영향을 주지만, 참여적 정향에는 유의한 영향을 주지 않는다고 답할 수 있다. 이는 학교 복장규정이 참여형 정치문화보다는 오히려 신민형 정치문화를 형성하는 데 더 기여할 것임을 보여주는 결과다.

2) 연구질문 2: 복장규정과 비행 가능성의 관계

학교 복장규정이 청소년의 비행 예방에 미치는 효과를 살펴보기 위해 실시한 회귀분석의 결과는 <표 4-5>와 같다. 이 모형은 $p < .01$ 수준에서 통계적으로 유의하며 청소년의 비행 가능성을 14.9%만큼 예측할 수 있다. 독립 변인들의 회귀계수들을 살펴보면 학업성적, 학업 스트레스가 청소년의 비행 가능성에 유의한 영향을 주는 변인으로 나타났다. 이 연구의 주요 예측 변인인 복장규정 준수도의 경우 청소년의 비행 가능성에 유의한 영향을 주지 않는 것으로 나타났다. 따라서 다른 조건이 동일하다면 학업성취도가 낮을수록, 학업 스트레스가 높을수록 청소년의 비행 가능성은 높아진다고 결론내릴 수 있다. 또 <연구 질문 2>와 관련하여서는 학교 복장규정과 청소년 비행 가능성과는 통계적으로 유의한 관계가 없다고 답할 수 있다.

〈표 4-5〉 비행 가능성의 회귀모형

	B	S.E	Beta	p	VIF
(상수)	20.759**	6.054		.000	
성	−.530	2.049	−.057	.455	1.855
2학년	−.564	2.432	−.056	.094	1.253
3학년	.662	2.478	.067	.116	2.177
SES	−.213	1.594	−.032	.568	1.464
부모학력	7.306E−02	1.401	.013	.883	1.141
학업성적	−1.310**	1.168	−.379	.001	1.636
학업스트레스	.833**	1.118	.254	.000	2.299
복장규정준수도	−5.705E	.218	−.221	.059	3.331

〈모델 검정〉

제곱합	평균제곱	F	R제곱	수정R제곱
923.200	115.400	5.963**	.149	.123

*: $p < .05$, **: $p < .01$

V. 논의 및 결론

지금까지 학교 복장규정이 청소년의 정치문화와 비행 가능성에 미치는 영향에 대해 통계적 조사를 실시하고 그 결과를 살펴보았다. 이제 이 결과들이 가지고 있는 의미에 대해 논의해 보도록 하자.

먼저 학교복장 규정이 청소년의 정치문화에 미치는 영향을 알아보고자 한 <연구 문제 1>의 결과를 살펴보자(<표 4-4> 참조). 물론 정치문화만 가지고 전체를 아우를 수는 없겠지만 7차 교육과정의 목표가 민주적인 시민양성이라고 할 때, 여기서 말하는 민주적 시민은 신민형 정치문화보다는 참여형 정치문화를 보유하고 있는 시민임을 부정하기는 어려울 것이다. 그리고 이러한 참여형 정치문화는 정치 체계의 투입·산출에 대한 균형 잡힌 시각, 즉 참여적 정향과 묵종적 정향의 균형에서 비롯될 것이다. 그런데 이 연구 결과에 따르면 청소년들이 복장규정을 잘 지킬수록 묵종적 정향만을 증가시키는 것으로 나타났다. 즉 학교 복장규정은 묵종적 정향에 치우친 신민형 정치문화를 만들어 내는 것이다. 이는 학교 복장규정 비판론의 주요 논거인 '학교 복장규정의 민주시민성 저하'(최윤진, 1998; 천세영, 1999; 정준교, 2002; 이해주, 2004)가 실제 경험적 증거로 뒷받침될 수 있음을 보여준 결과다.

다음 학교 복장규정이 청소년의 비행 가능성에 미치는 영향을 알아보고자 한 <연구 문제 2>의 결과를 살펴보자(<표 4-5> 참조). 만약 복장규정이 비행 가능성을 낮춰준다면 민주시민성의 희생은 일종의 기회비용으로 간주할 수도 있을 것이다. 그러나 연구 결과에 따르면 비행 가능성에 정적 영향을 주는 변인은 학업 스트레스, 부적 영향을 주는 변인은 학업 성적으로 나타났으며, 복장규정 준수도는 비행을 예방하지도 야기하지도 않는 것으로 나타났다. 이는 학교 복장규정의 청소년 비행 예방과 관련한 일부 학교장과 교사들의 믿음이 오래된 관행에서 비롯된 막연한 것에 불과함을 보여주는 결과다. 오히려 SES관련 변인들마저 유의하지 않은 상태에서 학업과 관련한 두 변인들이 청소년 비행 가능성에 유의한 영향을 주고 있음에 주목할 필요가 있다. 이는 한국에서 청소년 비행을 설명하는 가장 강력한 변인은 학업이라는 김준호 등(2003)의 주장을 통계적으로 뒷받침하는 결과다.

이상과 같은 결과는 학교 내 청소년 문화, 복지와 관련하여 다음과 같은 시사점을 준다.

첫째, 이 연구의 결과는 대부분의 학교에서 강압적으로 집행되는 학교 복장규정이 법적인 근거도 없고, 교육적인 효과도 입증되지 않은 오래된 관행에 불과함을 보여주었다. 교육적인 효과가 의심스럽고 법적 근거도 없는 이런 관행적 규정의 집행과 강제를 위해, 교사와 학생들은 소모적인 문화충돌을 벌이면서 학교의 위기를 키워 왔던 것이다(박선웅, 2003). 따라서 지나치게 엄격하고 학생들의 불만이 높은 학교 복장규정에 대한 전면적인 재고가 필요할 것이다.

그러나 이 결과가 학교에 어떤 복장 규정도 있어서는 안 된다는 비약으로 해석되어서는 안 된다. 어느 학교에나 어느 정도의 규율과 규제는 필요하다. 또 조사 대상 청소년들의 참여적 정향은 성인들을 대상으로 한 한국 정치문화 관련 선행연구(이수영, 한배호, 1996)에 비해 높은 반면, 묵종적 정향은 낮은 것으로 나타났다(<표 4-3> 참조). 우리나라 청소년의 정치문화가 참여적 정향만 일방적으로 향상시켜야 하는 상황은 아닌 것이다. 따라서 규율과 규제도 현 시점에서는 분명 필요하다. 그러나 필요성이 권리의 본질적 측면을 침해하는 규율을 정당화하지는 않는다. 오히려 교육적 효과를 고려하여 세심하게 구성되고, 또 그 집행과 제정과정에 이해당사자인 청소년의 참여와 피드백이 보장되는 새로운 학교 규율의 필요성이 더욱 제기된다고 할 수 있다.

따라서 현실적으로 필요한 것은 학교 복장규정의 전면 폐지가 아니라 이러한 규율과 규제의 제정·집행·되먹임 과정에 학생회를 중심으로 청소년들이 직접 참여할 수 있는 기회의 보장, 그리고 이를 가능하게 하는 법적·제도적 장치이다. 만약 학생들이 자신들이 스스로 제정한 복장규정과 그에 따른 규제를 받아들이고, 이를 내면화한다면 이는 오히려 민주시민성 함양에 긍정적인 기능을 할 것이기 때문이다. 이는 또한 학교 공동체에 대한 청소년들의 소속감과 헌신성도 증가시킬 수 있다. 소속감, 애착, 헌신은 사회통제 이론에서도 비행 예방을 위해 매우 중요시한 변인들이다(Hirschi, 1969; Williams & Hawkins, 1989).

둘째, 이 연구의 결과는 한국 사회에서 청소년 비행 예방을 근거로 가해지는 각종 규제나 제한의 설득력이 낮음을 보여주었다. 청소년 비행의 예방하기 위해서는 이런저런 규제와 규율을 강제하는 것보다, 학업 스트레스 저감을 위한 방안을 개발하는 것이 보다 합리적이고 현실적임을 이와 같은 결과는 분명하게 보여주고 있다.

지금까지 이 연구의 결과를 논의하고 그 의의를 살펴보았다. 이제 이 연구가 가지고 있는 한계를 지적하고 후속연구를 제안함으로써 결론을 대신하고자 한다.

첫째, 이 연구의 목적은 학교 복장규정의 효과와 역기능에 대한 통계적 검정이기 때문에 효과와 역기능 모두 통계적으로 조작화가 가능한 영역만을 조사하였다. 따라서 이 연구의 종속변인들이 학교 복장규정이 야기하는 결과를 모두 대표하지는 않는다. 특히 이와 같은 가치·문화 영역에서는 통계적인 조사뿐 아니라 현상학적 조사 역시 함께 필요할 것이다.

둘째, 이 연구에서 종속변인으로 취급한 정치문화와 비행 가능성이 실제 민주시민성과 청소년 비행을 대표하는 것은 아니다. 이 연구에서는 학교 복장규정을 반박 혹은 정당화할 수 있는 정치이론, 청소년 비행이론의 입장에서 조사를 실시하였다. 따라서 경우에 따라서는 정반대의 조사도 가능하다. 예컨대 낙인이론의 입장을 취하면 학교 복장규정의 청소년 비행 예방효과가 아니라 유발효과를 중심으로 조사를 실시할 수도 있을 것이다.

셋째, 이 연구는 청소년들의 가장 큰 불만의 대상인 복장규정만을 대상으로 하고 있다. 따라서 이 연구의 결과가 교칙 전반에 대한 현상을 대표하는 것으로 확대 해석되어서는 안 된다. 따라서 교칙을 구성하는 나머지 부분들인 선도규정, 근태규정, 학업규정 등을 포괄한 교칙의 교육적 효과에 대한 후속 연구가 필요하다.

참고문헌

권재원(2004a). 청소년의 학교·학원에서의 불만에 대한 질적 조사: 수업과 처우. **한국교육연구**, 10(1), 1-27.

(2004b). 청소년 문화 활동 저해요인으로서의 학원문제와 그 원인에 대한 연구: 학교 내 불만을 중심으로. **시민교육연구**, 36(2), 1-22.

김동일, 유지영(2002). 학교규율에 대한 청소년의 인식과 저항운동. **청소년학연구**, 9(2), 233-254.

김신일(1996). 학교교육에서의 학습권의 위상. **제3회 관악교육정책포럼자료집**.

(2003). **교육사회학**. 서울: 교육과학사.

김영인(2002). **정치참여의 시민교육효과에 대한 연구**. 서울대학교 박사논문.

김종기(2005). PISA를 통해 본 교육 현실과 논란, 그리고 한국. **교육개**

발, 32(1), 85 – 108.

김준호, 노성호, 이성식, 이동원, 박철현(2003). **청소년 비행론**. 서울: 청 목출판사.

박선웅(2002). 학생다운 몸의 규율과 학교의 위기. **교육사회학연구**, 12(3), 75 – 99.

백일우(1999). 과외행위에 대한 교육 경제학적 이해. **교육학 연구**, 37(4), 291 – 305.

성태제(1993). 입시위주의 교육과 과열과외. **교육학 연구**, 31(2), 67 – 86.

심성보, 이미식, 이일권, 전창완, 공의정(2002). **교사의 인권의식 조사연 구**. 국가인권위원회.

이강혁(1983). **교복제도와 헌법문제**. 서울: 고시계사

이수영, 한배호(1996). 한국 정치문화의 변화와 지속성에 대한 연구. **한 국정치학회보**, 30(3), 81 – 104.

이인자(1992). 교복 착용 여부와 청소년 비행 행동 간의 관계성 연구. **한국의류학회지**, 16(1), 85 – 97.

이해주(1996). **사회교육 참여와 민주시민성의 관계에 관한 연구**. 서울대 학교 박사논문.

(2004). 학교와 청소년 인권. 한국청소년개발원 편(2004). **청소년 인권론**. 서울: 교육과학사, 137 – 199.

이혜숙(2002). 학생 생활지도와 기본권: 학생 소지품 검사를 중심으로. **경희대학교 교육문제 연구소 논문집**, 18, 143 – 158.

정준교(2002). 인권지향적 고등학교의 문화적 특성과 학생 청소년들의 창의성 및 복장변형행동. **청소년학연구**, 9(1), 141 – 165.

정준교, 이선경(1999). 교복 자율화가 성격특성에 미치는 영향. **한국의류 학회지**, 23(3), 471 – 484.

조석훈(1996). **학생징계의 특성 분석**. 서울대학교 박사학위 논문.

천세영(2002). 학교 청소년: 학교규율의 딜레머와 미래. **한국교육연구**, 8(1), 203 – 213.

천세영, 신병철, 이우경, 심임섭, 조금주(1999). **학교규율에 대한 교사와**

학생의 인식에 기초한 대안 탐색 연구. 서울: 한국청소년개발원.

천세영, 조금주(2000). 학교규율 자율제정에 관한 연구. 서울: 한국청소년개발원.

최송화(1996). 학칙의 법적 성격. 서울대학교법학, 37(1), 43–84.

최윤진(1998). 청소년의 권리. 서울: 양서원.

한배호(2003). 한국 정치문화와 민주정치. 서울: 법문사

홍정선(1986). 학생의 법적 지위에 관한 소고. 한국교육법학회 편(1986). 교육의 자유와 대학의 자치. 서울: 대학출판사.

Almond, G. A., Verba, S.(1963). *Civic culture*. Boston: Little Brown and company.

Becker, H. S.(1963). *Outsiders: Studies in the Sociology of Deviance*. New York: Free Press.

Hart, R. A.(1997). *Children's participation: The theory of involving young citizens in community development and environment care*. London: Earthscan Publication.

Hirschi, T,(1969). *Cause of Delinquency*. Berkeley: Univ. of California Press.

Merton, R. K.(1968). *Social Theory and Social Structure*. New York: Free Press.

Moffit, T.(1993). Adolescence−Limited and Life−Course perstient Antisocial Behavior. *Psychological Review*, 100, 674−701.

Paternoster, R.(1989). Decision to Participate in and Desist from four Types of common Delinquency. *Law and Society Review*, 23, 7−40.

Reckless, W.(1961). A New Theory of Delinguency and Crime. *Federal Probation*, 25, 42−48.

Siegel, L. J., Senna, J. J.(2000). *Juvenile Delinquency: Theory, Practice and Law*. Belmont: Wadsworth / Thomson Learning.

Williams, K. R., Hawkins, R.(1989). Perceptual Research on General Deterrence: A Critical Review. *Law and Society Review*, 20, pp.545−572.

\<부록\> 설문지

"청소년들의 학교 규율에 대한 태도조사"

안녕하십니까?

학업으로 바쁜 중에 시간을 내어 설문에 응해 주신 청소년 여러분께 감사드립니다.

본 설문지는 여러분이 학교 복장규정에 대해 가지고 있는 불만을 조사하고자 하는 것입니다. 여러분의 솔직하고 성실한 응답은 장차 여러분과 여러분 후배들에게 보다 민주적이고 자율적인 복장 규정과 학교환경을 제공하는 소중한 밑거름이 될 것입니다. 여러분의 성실한 응답이 청소년들의 인권과 처우에 도움을 준다는 자긍심을 가지면 감사하겠습니다.

각 질문에는 맞거나 틀리는 답이 없으니 생각하는 그대로 솔직하게 답변해 주시면 됩니다. 이 설문지는 모두 익명으로 처리되어 여러분의 신상자료는 절대 공개되지 않으며, 조사 결과는 학술적인 목적 외에는 절대 사용하지 않음을 약속드립니다.

여러분의 의견이 학교 규정의 민주화와 학교 내 청소년 처우 개선에 소중한 밑거름임을 유념하시어 한 문항도 빠짐없이 성실히 답해 주시면 감사하겠습니다. 이 설문지는 모두 4쪽으로 구성되어 있습니다.

2004년 9월
신암 중학교 교사, 사단법인 한국교육연구소 연구위원, 서울대학교 사회교육과 강사

권재원 올림

Ⅰ. 다음의 문항들은 일선 중·고등학교에서 가장 많이 찾아볼 수 있는 복장규정들입니다. 귀하는 각각의 규정에 대해 얼마나 찬성하십니까?

		절대반대			↔		적극찬성
1	교복의 폭이나 길이를 늘이거나 줄이는 등의 변형행위를 해서는 안 된다.	0	1	2	3	4	5
2	속옷을 반드시 착용하여야 한다.	0	1	2	3	4	5
3	외투는 학생용만 허용하며 색상이 화려한 외투는 착용을 금한다.	0	1	2	3	4	5
4	화려한 색상의 셔츠를 속옷으로 대용할 수 없다.	0	1	2	3	4	5
5	두발은 정해진 길이를 지켜야 한다.	0	1	2	3	4	5
6	두발의 형태는 남학생은 스포츠형 여학생은 단발 및 커트머리를 해야 한다.	0	1	2	3	4	5
7	염색이나 파마를 해서는 안 된다.	0	1	2	3	4	5
8	무스, 스프레이 등을 사용해서는 안 된다.	0	1	2	3	4	5
9	학생의 화장은 일절 금한다.	0	1	2	3	4	5
10	학생은 손·발톱에 매니큐어를 칠해서는 안 된다.	0	1	2	3	4	5
11	여학생은 검은색의 머리핀이나 머리끈만을 착용해야 한다.	0	1	2	3	4	5
12	양말은 검은색과 흰색만 허용하며, 성인용 스타킹이나 발목양말은 금한다.	0	1	2	3	4	5
13	학생은 반지, 목걸이 등의 장신구를 착용할 수 없다.	0	1	2	3	4	5
14	여학생은 검은색의 머리끈이나 머리핀만을 착용해야 한다.	0	1	2	3	4	5
15	양말은 검은색과 흰색만 허용하며, 성인용 스타킹이나 발목양말은 금한다.	0	1	2	3	4	5
16	교내에서는 흰색 실내화나, 군청색 슬리퍼만 착용할 수 있다.	0	1	2	3	4	5
17	가방은 학생용 가방만 허용하며, 외래어 표기, 그림이 있는 가방 등은 금한다.	0	1	2	3	4	5

(다음 쪽으로)

Ⅱ. 다음의 각 문장들에 대해 귀하가 어떻게 생각하시는지 해당되는 곳에 표시해 주십시오.

		전혀 아니다	아닌 편이다	그런 편이다	매우 그렇다
1	인간의 가치는 어떤 경우에도 가장 중요하다.				
2	국가의 이익을 위해 개인의 희생을 강요할 수 없다.				
3	개인의 자유만은 어떤 일이 있어도 보장되어야 한다.				
4	사람은 능력에 관계없이 동등한 대접을 받아야 한다.				
5	나라의 주인은 국민이므로 정부는 국민의 의견을 따라야 한다.				
6	중요한 문제를 결정할 때 여러 사람이 토론하는 것이 유능한 한두 사람이 처리하는 것보다 좋다.				
7	결과만 좋으면 과정이나 절차는 아무래도 상관없다.				
8	서로 경쟁하는 것은 마찰을 일으키기 쉬우므로 가급적 피해야 한다.				
9	남과 다른 의견을 내세우는 것은 싸움의 원인이 되니 참는 것이 좋다.				
10	상대방에게 양보하고 타협하는 것보다는 자신의 소신을 밀고 나가야 한다.				
11	대다수 의견에 반대되는 견해를 말하는 것은 옳지 못하다.				
12	내 생각과 다르더라도 다수가 결정했으면 반드시 따라야 한다.				
13	나라 문제나 사회문제에 대해 사람들의 의견이 서로 다른 것은 당연하다.				
14	나는 국회나 정부에서 일어나는 일이나 선거나 정치 등에 관심이 많다.				
15	나는 정치관련 신문기사나 뉴스를 자주 본다.				
16	선거와 관련된 TV토론회나 후보자 공청회를 시청한 적 있다.				
17	정부가 결정한 사항일지라도 시민들이 반대하면 바뀔 수 있다.				
18	나 같은 사람은 정부가 하는 일에 대해 말할 자격이 없다.				
19	좋은 지도자가 있다면 모든 것을 그에게 맡기는 것이 좋다.				
20	나는 다른 사람들과 우리나라의 여러 가지 사회문제에 대해 자주 토론한다.				
21	나는 내가 소속한 학급이나 단체에 일이 생기면 적극적으로 앞장서는 편이다.				
22	정부나 학교에 불만이 있을 때 관청에 문의하거나 진정서, 항의 메일 등을 작성한 적이 있다.				

(다음 쪽으로)

Ⅲ. 다음의 질문들에 대한 귀하의 솔직한 느낌에 표시해 주십시오.

		전혀 아니다	아닌 편이다	그런 편이다	매우 그렇다
1	나는 부모님이 미워서 반항할 것이다.				
2	나쁜 일을 하자고 유혹하는 친구나 선배가 있다.				
3	나는 집을 나가고 싶을 때가 있다.				
4	내가 착한 일을 해도 선생님은 칭찬해 주지 않는다.				
5	친구들을 골탕 먹이고 혼내주면 재미있을 것이다.				
6	나는 학교 수업을 빼먹고 놀러 간 적이 있다.				
7	나는 학교에 가기 싫어 몰래 안 간 적이 있다.				
8	선생님은 나를 미워해서 혼내기만 한다.				
9	남의 물건을 훔치거나 빼앗으면 재미있다.				
10	나는 어차피 나쁜 아이기 때문에 어떻게 행동해도 남들이 신경 쓰지 않는다.				

Ⅳ. 다음의 문항들은 귀하의 신상에 대한 질문입니다. 이 응답결과는 절대 공개되지 않으므로 솔직하게 답변해 주시기 바랍니다.

1. 귀하의 성은 무엇입니까? ①여자 ②남자
2. 귀하는 몇 학년입니까? ①1학년 ②2학년 ③3학년
3. 다음에 표시된 가정들 중 귀하의 가정과 가장 생활수준이 가장 비슷하다고 생각되는 가정을 찾아 표시해 주십시오.
   ① 부모님이 특별한 직업이 없고, 학비지원이나 중식지원을 받는 갑돌이네
   ② 부모님이 작은 가게를 운영하시고 넉넉하지는 않으나 단란하게 살고 있는 을돌이네

③ 부모님이 국민은행에서 지점장으로 근무하시며 30평대 아파트에 살고 있는 병돌이네

④ 부모님이 의사나 변호사 같은 전문직에 종사하고 늘 넉넉하게 살고 있는 병을이네

4. 귀하의 부모님이 가장 마지막에 졸업한 학교는 어디입니까? 두 분 중 학력이 더 높은 분을 기준으로 표시해 주십시오.

① 고졸 이하(고교 중퇴 이하 포함) ② 고졸(대학 중퇴 포함)

③ 대졸 ④ 대학원

5. 귀하의 학업 성적은 어느 정도입니까? 가장 잘한 시험을 기준으로 응답해 주십시오.

① 60점 이하 ② 60－70점 ③70－80점 ④ 80－90점 ⑤ 90점 이상

6. 귀하의 사회 성적은 어느 정도입니까? 가장 잘한 시험을 기준으로 응답해 주십시오.

① 60점 이하 ② 60－70점 ③ 70－80점 ④ 80－90점 ⑤ 90점 이상

청소년의 학교수업 몰입에 영향을 주는 교사 특성에 대한 연구 – 교사는 어떻게 학생들의 수업시간을 즐겁게 혹은 지루하게 만드나?

I. 서 론

1. 문제제기

지난 몇 년간 공교육에 대한 비판은 너무도 빈번하여 이제 학교는 백년지대계의 후광을 잃어버리고 이제는 가장 흔한 공격의 대상으로 전락하였다. 이런 내용은 앞의 네 논문에서 계속 반복된 내용이라 지루한 감까지 있다. 물론 학교 교육을 비판받을 수 없는 성역이라고 간주해서는 안 된다. 교육은 백년지대계이고 인간의 본질적인 행위제도겠지만 학교는 기껏해야 200여 년의 역사만 가지고 있는 근대의 제도에 불과하다. 따라서 언제든지 비판받을 수 있고, 경우에 따라 폐지될 수도 있어야 한다.

다만 학교 교육의 무엇이 비판받을 점인지, 그리고 학교 교실 현상의 무엇이 불만의 대상인지에 대한 세밀한 논의가 부족한 것이 문제다. 그 결과 아동·청소년과 관련한 모든 문제는 학교의 책임으로 전가되고, 이는 다시 교사의 책임으로 전가되는 악순환이 계속되고 있는 것이다. 학부모단체나 비전문가들로 구성된 시민단체들은 한국 교육의 질이 세계수준에 미달된다는 막연한 전제에 사로잡혀 있는 것처럼 보인다. 교육당국조차 공교육의 질에 대해 자신 없어 하며 '학력신장방안' 등으로 여기에 추종하고 있다. 이는 곧 교사들에 대한 불신으로 이어져, '교원평가제' 등의 배경이 되었다.

물론 교사들의 능력과 전문성은 검증될 필요가 있다. 하지만 한국 교사들에 대한 청소년들의 불만이 과연 학력신장의 문제인가 하는 것은 신중히 고려되어야 한다. 특히 '학력 신장'이 강조되면서 억압적이고 권위적인 학교문화, 부정적이고 일방적인 의사소통 등 인권·문화 측면의 문제점이 상대적으로 가볍게 취급되었음이 큰 문제다(권재원, 2004). 학력이라는 기능적 목표 앞에, 헌법상의 권리인 청소년의 '행복'이 오히려 뒷전으로 밀려나는 목적 전치 현상이 발생한 것이다.

청소년들은 교실에서 많은 것을 '배울' 필요도 있지만, 그 배움의 과정이 '즐겁고' '행복할' 권리도 있다. 만약 한국 교사들에게 문제가 있다면, 수업시간에 청소년들에게 지식을 '효율적'으로 가르치지 못한 부분뿐 아니라 그들을 '즐겁고' '행복하게' 만들지 못했음에 대해서도 질타가 가해질 필요가 있는 것이다.

실제로 어른들이 학창시절을 회고할 때 가장 기억에 남는 교사가 '재미있는 선생님'임은 상식에 가깝다. 그럼에도 불구하고 교실수업 개선이라는 이름으로 행해진 많은 조치들은 가르치는 '내용'과 효율적인 '방법'에 치중하고, '재미'에 대해 큰 관심을 기울이지 않았다.

사실 청소년 인권에 관심을 가진 많은 연구들은 '재미있는 수업'

이 청소년의 기본적인 권리임을 인식하지 못한 경향이 많다. 복장규정도 체벌도 중요하다. 하지만 복장 규제도 없고 처벌도 없으면 과연 청소년의 권리는 지켜지는 것일까? 흥미도 목적도 없는 지루한 수업을 8시간씩 억지로 들어야 한다면 이것이야말로 인권침해가 아닐까? '재미있는 수업'은 수업에 첨가되는 보너스가 아니라 청소년들의 당연한 권리다. 청소년들은 성적을 높이는 수업뿐 아니라 그 시간 동안 즐겁고 행복하게 수업받을 권리도 있는 것이다.

따라서 수업을 재미있게 만드는 교사의 특성이 무엇인지 발견하여 이를 교사의 양성과 재교육에 활용하는 것은 청소년 인권을 위해서도 중요한 일이다. 이 연구는 이러한 문제의식하에 청소년이 하루의 대부분을 보내는 학교 교실 수업시간을 '재미있게' 만드는 교사의 특성이 무엇인지 발견하고자 수행되었다.

2. 연구의 목적, 의의 및 한계

이 연구는 이른바 '재미있는 선생님'이 되기 위한 조건을 발견하고자 한다. 이를 위해 다음과 같은 구체적인 목표를 수립하였다.

첫째, 청소년들의 실제 수업 경험을 표집하여 그들이 수업시간 중에 어느 정도 몰입을 경험하는지 측정한다. 둘째, 청소년들이 수업시간에 몰입을 경험함에 있어 학생 개인적 특성들, 수업시간의 특성, 그리고 교사의 특성들 중 유의한 영향을 주는 변인을 탐색한다.

이 연구는 다음과 같은 의의를 가진다. 첫째, 청소년들의 행복한 학교생활을 위해 가장 필수적인 수업시간을 재미있게 만드는 변인을 탐색함으로써, 그들의 교실상황을 개선할 수 있는 구체적인 방안을 마련

할 수 있다. 둘째, 수업시간 중에 학습 효율만을 강조하는 것이 아니라 청소년의 재미와 행복감에 관심을 기울임으로써 수업시간을 청소년 복지 차원에서도 접근할 수 있도록 시야를 넓힌다. 셋째, 수업을 재미있게 개선하고자 하는 교사들에게 구체적인 실천 지침을 보여줄 수 있다.

이와 같은 의의에도 불구하고 이 연구는 다음과 같은 한계를 가진다. 첫째, 모집단을 서울 지역 중학생으로 한정하였다. 물론 서울 지역은 청소년의 1/4이 밀집해 있고, 중학교는 비교적 교사의 영향을 많이 받는 시기이다. 그러나 농어촌 지역 나름의 특수성이 존재할 가능성을 배재할 수는 없다. 둘째, 경험추출법을 불완전하게 사용하였다. 경험추출법은 무작위 신호를 주고, 그 즉시 설문지를 작성하도록 해야 하나, 조사대상자들이 자신들이 수업받은 교사에 대해 평가하기 때문에 이런 방법을 사용하기 어려웠다. 물론 가능하면 수업이 종료된 직후에 설문지를 작성하도록 하였으나, 수업 순간의 느낌이 아니라 1시간 전의 기억에 의존한 응답이라는 한계는 남는다.

Ⅱ. 이론적 배경

1. 공교육 문제와 교실 수업 현상

한국 청소년이 직면한 가장 큰 문제는 학업성취도에 있지 않다. 한국 청소년의 학업성취도는 세계적으로 매우 높은 편이며, 또 그 분포의 평등성도 양호하다. 오히려 문제는 그럼에도 불구하고 그들은 자신들의 성취과정에서 전혀 행복하지 않다고 느끼고 있다는 데 있다(OECD, 2004). 또 청소년들의 학교 수업에 대한 불만보다 오히려 인격적 처우에 대한 불만이 사교육 수강의도를 높인다는 연구결과도 있다(권재원, 2004). 이러한 결과들은 오늘날 한국이 직면한 공교육 문제를 거시적인 제도 측면뿐 아니라, 미시적인 교실 수업 현상에서도 바라보아야 함을 시사하고 있다.

교실 수업 현상을 바라봄에 있어 두 가지 관점이 가능하다. 하나는 학력신장의 관점으로 이는 교실 수업이 얼마나 '효율적'으로 작동하는지 중점적으로 바라보는 것이다. 또 하나의 관점은 청소년 복지의 관점으로 이는 교실 수업에서 청소년들이 얼마나 '행복'한가 중점적으로 바라보는 것이다. OECD(2004)에서 지적한 바와 같이, 한국 교육의 시급한 과제는 청소년들의 학력이 아니라 학습 과정에서의 행복이다.

Fredriksson(2004) 역시 양질의 수업(Quality Teaching)을 위해서는 교수자와 학습자가 그 과정에서 행복감을 느낄 수 있어야 한다고 했다. 즉 교육 제도를 개혁할 때 가장 우선시되어야 하는 것은 실제 교실 현장에서 교수자와 학습자가 재미와 즐거움을 느낄 수 있는 여건을 마련하는 것이다. 이를 무시하고 제도적이고 거시적으로만 접근한 교육개혁은 모두 실패하고 말았다(Combs, 1992). 바로 여기에 청소년이 교실 수업시간에 어떻게 재미와 행복감을 느끼는지 관련 변인을 탐색할 필요성이 있다.

2. 능동적으로 추구하는 재미: 몰입과 그 효과

청소년은 하루의 대부분을 교실에서 수업을 받으며 보낸다. 따라서 교실에서의 행복은 청소년의 삶의 질과 직결된다. 물론 청소년은 인격적인 대우를 받아야 하며, 필요한 기능과 지식을 충실하게 교육받아야 한다.

그러나 이러한 교육이 이루어지는 과정 역시 즐겁고 행복해야 한다. 즉 수업은 내용상의 충실함과 동시에 재미있어야 한다. 이는 좋은 수업을 한다고 평판이 높은 교사들을 추적한 결과 그들은 교과서를 재미있게 재구성하여 가르치며, 유머감각이 뛰어난 특성을 가졌다는 연구결과에서도 드러난다(김주훈과 곽영순, 2003). 따라서 재미있는 수업을 구성할 수 있는 교사의 능력은 청소년의 학습권이나 행복추구권에 비추어 매우 중요하다.

문제는 그 재미가 어떤 재미인가 하는 것이다. 수업시간에 학습내용은 없이 조크로만 일관하는 수업을 긍정적 의미에서 재미있는 수업이라 부를 수 없기 때문이다. Huizinga(1955)의 이론은 이를 타개할 열쇠를 제공한다. 그는 몰두하여 획득하는 고급 재미와 수동적인 오락인 저급 재미를 구별하였다. 교사가 추구해야 할 재미가 전자임은 당연하다. 그렇다면 능동적으로 추구하는 고급의 재미는 어떤 활동을 통해 가능하며, 또 어떻게 측정할 수 있는가?

이 질문에 대한 해답은 Csikszentmihalyi(1975; 1990)에 의해 대부분 제공되었다. 그는 고급 재미를 자기 목적적 활동의 결과로서 재미이며 몰입(flow)이라는 효과를 수반한다고 하였다. 몰입은 대상에 집중하여 대상 외의 사물과 시간의 흐름을 잊어버리는 상태다. 이는 쉽지 않지만 버겁지도 않은 과제 극복을 위해 실력을 쏟아 부을 때

나타난다. 목표가 명확하고 결과가 바로 나타나며 과제와 실력이 균형을 이루면 사람은 정신을 체계적으로 집중할 수 있다. 몰입은 지각된 도전과 지각된 기술(skill)이 균형을 이룬 상태다(Csikszentmihalyi, 1997: 41－50). 이를 재미라는 용어로 표현하면 능동적으로 도전하여 획득하는 재미라고 할 수 있다.

몰입의 결과 나타나는 행복감이 최적경험이다. 이는 집중력·즐거움·행복감·힘·의욕 등은 고조되며 반대로 불안·혼란·걱정 등 심리적 엔트로피(Psychic Entropy)는 감소된 상태다. 몰입과 최적경험의 밀접한 관계는 경험적으로 증명되어 있으며, 이때 몰입이 최적경험에 유의미한 독립변인으로 작용한다. 따라서 긍정적인 의미의 재미있는 활동은 몰입의 대상이며 그 결과는 최적경험이라고 정리할 수 있다(Csikszentmihalyi, 1975; 1990; 1997).

여기에서 주의해야 할 것은 FLOW를 몰입이라 번역하여 사용하고 있기는 하지만 이는 Immersion 등의 의미와 다르다는 것이다. 즉 해당 활동에 몰두하고 있는 것만을 의미하는 것이 아니라 능동적으로 몰두하고 있음을 의미하는 것이다. 이를 능동적으로 참여하여 쟁취하는 재미라고 풀어서 사용하기도 한다(Csikszentmihalyi, 1975).

3. 한국 청소년의 교실수업과 몰입경험

몰입이 적극적으로 쟁취하는 재미이며, 최적경험에 중요한 영향을 주어 행복감의 큰 근원이 됨을 확인하였다. 그렇다면 한국 청소년들은 교실 수업에서 어느 정도의 몰입을 경험하는가? 여기에 대해 조사한 몇 안 되는 연구 결과들은 낙관적이지 않다.

한국 청소년들의 몰입 경험을 측정한 몇몇 선진적 연구들의 결과를 보면 그들은 학교 수업시간에는 거의 몰입을 경험하지 않는다. 그런데 흥미 있는 사실은 이 연구결과들에 따르면 청소년들이 똑같은 수업시간임에도 불구하고 학원 수업시간에는 몰입을 경험한다는 것이다(엄나래, 정영숙, 2002; 최인수 등, 2004). 몰입이 청소년의 학습 동기 및 인지 전략에 영향을 준다는 점을 감안한다면(이은주, 2001), 이는 사소한 문제가 아니다.

실제로 청소년들에게 학교 교사와 학원 강사를 상호 비교하도록 한 연구에 따르면 많은 청소년들이 학원보다 학교 수업이 더 재미없고 따분하다고 여기고, 학교 교사가 학원 강사보다 수업에서 무능하다고 판단하고 있었다. 그렇게 판단한 이유로 청소년들은 학원 강사가 단서 제공, 수업 설계의 체계화, 동기유발, 피드백, 수업참여 등의 모든 영역에서 교사보다 우월하다고 응답하였다. 흥미로운 결과는 청소년들은 학교 교사나 학원 강사나 가르치는 내용의 수준에 있어서는 큰 차이가 없거나 오히려 학교 교사를 높이 평가했다는 것이다(김종한, 2003; 권재원, 2004).

이러한 결과들을 종합하면, 청소년들은 학교 수업시간에 배우는 것이 적거나 혹은 수준이 낮아서 불만을 느끼는 것이 아님을 알 수 있다. 그들의 가장 큰 불만은 학교 수업이 '재미가 없다'는 것이며, 이를 심리학적으로 표현하면 몰입경험을 제공하지 못한다는 것이다.

반면 학원 수업은 재미있으며 몰입과 최적경험을 제공한다. 그런데 학교 수업은 지루하고 따분하고, 심지어는 권리를 침해하기도 한다(권재원, 2004). 즉 재미와 활발한 상호작용을 추구하는 N세대 청소년들에게 적응하지 못한 학교 수업(이미나 등, 2002)은 이들에게 어쩔 수 없이 견뎌야 하는 지루한 고역이 되고 있는 것이다.

4. 수업 몰입과 교사의 의사소통

학교 교실 수업에서 청소년들이 몰입을 경험하지 못하고, 이를 학원 수업으로 대체하고 있다면, 학교 혁신과 개혁에서 무엇이 중요한지 분명해진다. 그것은 학교 교실에서 청소년들이 재미있고 행복한 수업을 받도록 하는 것이다. 문제는 무엇이 청소년들의 수업 경험을 재미있게 만드는지 확인한 실증적 연구 결과 없다는 것이다.

물론 학생들이 재미있고 효과적인 학습을 하기 위해 적절하게 흥미 있는 동기유발이 되어야 하며, 그 흥미를 잃지 않도록 지속적이고 적절한 자극이 연속되고, 최종적으로 만족할 만한 결과가 제시되어야 한다는 처방이 제시될 수 있다. 또한 교실의 여러 물리적, 문화적 상황, 조건 등도 큰 영향을 줄 것이다(허운나, 유영만, 1995). 반면 구성주의자들은 학생들이 가지고 있는 선지식이나 스키마가 큰 영향을 줄 것이라고 주장할 것이다. 즉 학생들은 자신들이 가진 기존 스키마에 적절히 조절과 동화될 수 있는 학습에 흥미를 느끼는 반면, 전혀 차이가 없거나, 조절 범위를 넘어선 학습에는 동기화조차 되지 않는다는 것이다.

여기에 몰입이론 그 자체가 제시하고 있는 조건들도 고려하여야 한다. Csikszentmihalyi(1990: 45-68)는 몰입을 제공하는 활동들을 자기목적적 활동이라 지칭하였다. 학교 수업이 청소년들에게 재미있고 행복한 경험을 제공하기 위해서는 그들에게 자기목적적 활동이 될 필요가 있다. 이는 다음과 같은 특징들을 가진 활동이다. ㄱ) 자기 목적적 활동은 기술(skill)을 요구하는 도전적 활동으로 진입 장벽을 가진다. ㄴ) 자기 목적적 활동은 깨달음과 행함의 통합이 가능해 어려우면서 불가능하게 여겨지지는 않는다. ㄷ) 자기 목적적 활동은 피드백을 분명하고 확인 가능하게 준다. ㄹ) 자기 목적적 활동은 집중 가능한 구체적인 과업을 준다. ㅁ) 자기 목적적 활동은 행위자가 통제력에 대한 믿음을 잃지 않게 한다.

결국 이러한 주장들을 정리하면 다음과 같이 재미있는 수업 경험의 조건들을 추출할 수 있다. 첫째, 학습 내용 그 자체이다. 여기에서는 학생들이 해당 과목에 대해 가지고 있는 기존의 관심과 흥미가 중요한 변인이 될 것이다. 둘째, 수업 방법이다. 수업이 자기 목적적 활동이 되기 위해서는 계속해서 새로운 과업에 제시되며, 그 결과에 대한 즉각적인 피드백이 주어져야 하고, 그 활동을 학습자가 통제하고 있어야 한다. 이러한 조건을 기존의 일방적 주입식 교육에서 담보하기는 어려울 것이다. 따라서 강의식, 설명식 수업보다는 학생의 활동이 중심이 되는 발견학습, 탐구학습, 논쟁학습 등이 더 많은 몰입 경험을 제공할 가능성이 있다. 실제로 이는 발견학습, 탐구학습, 논쟁학습, 역할극 학습 등이 설명식, 강의식 수업에 비해 더 효과적인 동기화를 가능케 한다는 결과에 의해 지지되고 있다(허운나, 유영만, 1995).

그러나 청소년이 교실수업에서의 경험의 질을 결정하는 가장 결정적인 변인은 교사의 특성들일 것이다. 여기에는 교사의 연령, 성, 담당과목 등이 포함될 것이다. 그러나 무엇보다도 수업이 언어로 이루어진다는 것을 감안한다면 교사의 의사소통 유형이 가장 중요한 변인이 될 것이라 예상할 수 있다. 자기 목적적 활동의 중요한 특성이 활발한 피드백에 있음은 이미 확인한 바 있다(Csikszentmihalyi, 1990). 따라서 교사와 학생 간의 의사소통이 폐쇄적이라면 그 수업은 자기 목적적이 되기 어려울 것이다. 반면에 교사와 학생 간의 의사소통이 개방적이라면 수업시간은 자기 목적적 활동을 제공할 수 있는 중요한 조건을 갖추게 된다.

여기에서 개방적인 의사소통이란 단지 소통의 양방향성만 의미하는 것이 아니라 긍정적인 대화를 포함하는 개념이다. 마찬가지로 폐쇄적인 의사소통이란 소통이 일방적이거나 부정적인 내용이 주를 이루는 경우를 말한다(권혜진, 윤종희, 1992; Barnes & Olsen, 1982).

부모 및 교사 등 어른과의 의사소통유형이 청소년의 학업 및 기타 여러 정서적인 효과에 미치는 영향에 대해서는 적지 않은 연구결과들이 있다(권혜진. 윤종희, 1992; 권혜진 등, 2005; 임철성, 2003; 백경숙, 권용신, 2004). 이러한 연구결과들은 일관되게 개방적 의사소통의 중요성을 입증하고 있다. 개방적 의사소통은 학생의 학교 적응도, 몰입, 수업 효과 등에 긍정적인 영향을 준다.

5. 연구문제의 설정

지금까지 논의한 바를 정리하면 한국 청소년은 학교 교실수업에서 몰입을 경험하지 못하고, 이는 학교생활을 재미없고 지루하게 만들고 있다. 교실수업에서 몰입을 경험하게 하기 위해서는 청소년이 해당 교과에 대해 이미 흥미를 가지고 있어야 하며, 학생의 활동기회를 많이 제공하는 교수－학습 방법이 동원되어야 하며, 교사와 학생의 의사소통이 개방적이라야 한다. 결국 이는 학습자 자신이 해당 교과 및 교사에 대해 가지고 있는 동기의 수준, 교사와 학생의 의사소통의 유형, 그리고 수업시간에 사용되는 교수－학습 방법의 문제이다. 따라서 이를 정리하면 다음과 같은 연구문제들로 압축된다.

1. 청소년의 교실수업 몰입에 교수−학습 방법은 어떤 영향을 주는가?
2. 청소년의 교실수업 몰입에 교사의 인구학적 특성은 어떤 영향을 주는가?
3. 청소년의 교실수업 몰입에 교사의 의사소통 유형은 어떤 영향을 주는가?

Ⅲ. 연구 설계

1. 연구대상

이 연구의 모집단은 서울 지역 소재 중학교 재학생들과 그들이 받는 수업들이다. 자료를 수집하기 위해 먼저 학생들을 표집하였고, 다음으로 그들이 받는 수업 경험을 표집하였다. 학생들의 표집에는 다단계 층화집락표집을 사용하였다. 그 결과 모두 378명의 학생이 표집되었다. 학생 표본의 특성은 <표 5−1>과 같다. 남학생과 여학생이 동수로 표집되었으며, 학년별로는 3학년이 가장 많다. 학업성적으로 보면 70∼80점대와 80∼90점대가 대부분을 차지하고 있으며 대체로 정규분포를 보이고 있다.

〈표 5-1〉 조사대상 청소년들의 인구학적 특성

		빈도	백분율
성별	여자	189	50.0
	남자	189	50.0
학년별	1학년	120	31.7
	2학년	108	28.6
	3학년	150	39.7
학업성적별	60점 이하	60	15.9
	60-70점	45	11.9
	70-80점	123	32.5
	80-90점	96	25.4
	90점 이상	54	14.3

수업 표집 방법으로는 체계적 경험 추출법(Systematic Experience Sampling)을 사용하였다. 경험 추출법은 표본에게 무작위의 호출신호를 주어 그 당시의 경험에 대해 응답하도록 하는 방법이다. 그러나 이 연구에서는 수집하고자 하는 경험이 규칙적인 시간표에 따라 운영되는 수업이고, 또 수업 중에 학생이 교사를 직접 평가하기 어려운 사정으로 인해 이 방법을 그대로 사용하지 못하였다. 그 대신 응답자에게 동일한 설문지 2부를 나누어 주고, 하나는 3교시 수업 직후에, 다른 하나는 5교시 수업 직후에 작성하도록 하였다. 그 결과 756개의 수업경험이 표집되었다. 수집한 수업들과 해당 수업을 담당한 교사들의 속성은 <표 5-2>와 같다.

<표 5-2> 표집된 수업과 담당 교사들의 속성

			빈도	백분율
교사	성별	여자	514	68.0
		남자	242	32.0
	연령별	20대	66	8.7
		30대 초반	96	12.7
		30대 후반	174	23.0
		40대 초반	330	43.7
		40대 후반	66	8.7
		50대 이상	24	3.2
		Total	556	100.0
수업시간		오전수업	378	50.0
		오후수업	378	50.0
과목		도덕	42	5.6
		국어	100	13.2
		수학	78	10.3
		사회	84	11.1
		과학	116	15.3
		기술가정	60	7.9
		한문	18	2.4
		영어	68	9.0
		체육	56	7.4
		음악	52	6.9
		미술	10	1.3
		국사	42	5.6
		창재	30	4.0
수업방법		강의식	372	49.2
		발견학습 / 발문학습	76	10.1
		탐구학습 / 자기주도학습	64	8.2
		시청각학습	132	17.5
		문제풀이	36	4.8
		자습	6	.8
		실험, 실기, 실습	72	9.5
Total			756	100.0

먼저 교사 특성을 보면 여자 교사가 남자 교사보다 두 배 이상 더 많으며, 연령별로 살펴보면 30대 후반에서 40대 초반까지가 대부분을 차지하고 있다. 교과별로 살펴보면 국어, 영어, 수학, 사회, 과학 등 주요과목이 많은 빈도수로 표집되었고, 음악, 미술, 창의적 재량활동 등의 시간이 소수 표집되어 대체로 일선 학교 시간표를 잘 반영한 것으로 나타났다. 수업 방법으로 살펴보면 강의식이 전체의 절반으로 가장 많으며 다음으로는 시청각 기자재를 이용하는 수업이 많이 표집되었으며, 발견학습, 탐구학습, 실험·실습 등이 비슷하게 표집되었다.

2. 연구변인 및 측정도구

이 연구에서 설정한 변인들을 종속변인과 독립변인의 순서로 제시하면 다음과 같다.

1) 종속변인 및 측정도구

이 연구의 종속변인은 청소년의 수업 몰입 점수다. 이는 청소년이 해당 수업을 마친 직후 측정한다. 이는 청소년이 해당 수업시간에 얼마나 몰입했는지 측정하는 것이다. 이 점수가 높으면 청소년은 해당 수업시간에 몰입하였다는 의미이며, 이 점수가 낮으면 흥미를 잃었다는 의미가 된다. 이를 측정하기 위한 측정도구는 Csikszentmihalyi 와 Schneider(2000)가 개발한 최적경험 척도를 번역하여 사용하였다.

이는 모두 16개의 의미 분화형 척도로 구성되어 있다. 이 척도의 크론바하 알파 값은 .8644로 나타나서 신뢰도의 큰 문제가 없는 것으로 확인되었다.

2) 독립변인 및 측정도구

이 연구의 독립변인은 연구문제에서 설정한 주 설명변인들과 공변량으로 투입한 여러 통제변인들로 구성되어 있다. 주 설명변인은 청소년의 교사선호도와 교과선호도, 교사의 개방형 의사소통 점수와 폐쇄형 의사소통 점수, 그리고 수업방법이다.

교사선호도와 교과선호도는 학생들이 해당 교과와 교사에 대해 가지고 있는 주관적인 선호도다. 이들은 해당 교과와 교사에 대한 주관적인 느낌을 묻는 리커트 척도로 측정하였다.

교사의 의사소통 관련 변인들은 해당 교사가 수업시간에 행하는 의사소통의 개방성과 폐쇄성을 측정하는 것이다. 여기에서 개방형 점수가 높다는 의미는 교사가 학생화 상호작용을 활발히 하며, 긍정적인 반응을 준다는 의미이며, 폐쇄형 점수가 높다는 의미는 교사가 학생과의 의사소통을 거부하거나 억압적이라는 의미다. 이들을 측정하기 위한 도구로는 Barnes & Olesn(1982)가 개발하고 백경숙과 권용신(2004)이 번역하여 사용한 '청소년용 부모−자녀 의사소통 유형 측정도구'를 교사용으로 개조하여 사용하였다. 이들은 각각 10개씩의 리커트 척도로 구성되어 있다. 원래 부모−자녀 간의 의사소통 측정도구를 교사−학생용으로 개조하였기 때문에 전문가들에게 내용타당도 검사를 받았으며, 신뢰도 검사 결과 폐쇄형 척도는 크론바하 알파가 .8644, 개방형 척도는 .7837로 나타나 큰 문제가 없는 것으로 나타났다.

교수-학습 유형은 일선 학교에서 동원 가능한 교수-학습 모델을 모두 보기에 포함시켜(강의식, 발견학습, 탐구학습, 논쟁학습, 시청각 학습, 실험·실습, 자기주도형 학습, 자습, 문제풀이) 자신이 받은 수업이 이 중 어디에 해당하였는가 직접 응답하게 하였다. 이후 이는 가장 빈도수가 많은 유형을 준거집단으로 하여 이를 몇 개의 가변인 (dummy)으로 분해하여 회귀분석에 투입하였다.

공변량으로 투입할 통제변인들은 크게 학생의 속성, 교사의 속성, 그리고 수업 환경으로 나뉜다. 학생의 속성은 학년, 학생의 사회경제적 배경 변인들과 학업성취도, 성별이며, 교사의 속성은 교사의 연령, 성별, 수업 환경 변인으로는 오전·오후수업 여부, 수업 장소 등이 있다.

3. 자료수집 및 분석방법

이 연구의 자료수집 방법으로는 자기기입식 설문지법을 사용하였다. 이를 위해 총 600부의 구조화 설문지가 제작되어 배부되었으며 이 중 정선과정을 거쳐 556부가 분석에 사용되었다. 자료는 2005년 10월 1일 ~ 31일까지 1개월에 걸쳐 수집되었다.

이 연구의 분석 방법에는 통제된 실험이 불가능한 상태에서 독립변인의 효과를 검증하기 위해 가능한 공변량을 모두 투입한(Enter) 다중선형 회귀분석을 사용하였다. 이를 위해 [그림 5-2]와 같은 회귀모형을 수립하여 그 계수를 검정하여 유의한 계수 값을 보인 변인이 청소년의 수업 몰입에 영향을 주는 것으로 판정하였다. 통계 분석을 위한 소프트웨어로는 SPSS영문판 13.0을 사용하였다.

$$Y = a + b_1X_1 + b_2X_2 + b_3X3 + b_4X_4 + b_5X_5 + b_6X_6 + b_7X_7 + b_8X_8 + b_9X_9 + b_{10}X_{10} + b_{11}X_{11} + b_{12}X_{12} + b_{13}X_{13}$$

a = 상수, Y = 수업몰입, X_1(학생의 성), X_2(학생의 경제수준), X_3(학생부모의 학력), X_4(학생의 교과선호도), X_5(학생의 교사선호도), X_6(학생의 학업성취도), X_7(교과), X_8(수업교시), X_9(수업방법), X_{10}(교사 성별), X_{11}(교사연령), X_{12}(교사 의사소통 개방), X_{13}(교사 의사소통 폐쇄)

[그림 5-19] 청소년의 수업몰입 회귀모형

Ⅳ. 결과 분석

1. 기술적 통계

주요 변인들의 기술적 통계치는 <표 5-3>과 같다. 먼저 이 연구의 종속변인인 수업몰입의 경우 2.39로 중앙치보다 아래쪽에서 평균이 형성되었다. 이는 청소년들이 학교 수업시간에 경험하는 몰입이 그리 크지 않음을 보여준다. 주요 독립변인인 교사의 의사소통 개방점수와 폐쇄점수는 각 2.10과 2.14로 중앙치에 가까운 값을 나타냈다. 학생들의 과목선호도와 교사선호도는 그 평균이 각 2.63과 2.68로 중앙치보다 위에 형성되었다. 그 외 배경변인들인 가정수준, 부모학력, 학업성적 등의 변인들은 모두 중앙치보다 조금 높은 쪽에서 평균이 형성되었다.

〈표 5-3〉 주요 변인들의 기술 통계치

	N	Minimum	Maximum	Mean	Std. Deviation
과목선호도	556	1	4	2.63	.833
교사선호도	556	1	4	2.68	.794
수업몰입	556	.00	4.88	2.39	1.087
가정수준	556	1	4	2.54	.753
부모학력	556	1	4	2.51	.754
학업성적	556	1	5	3.10	1.254
교사소통개방	556	1.00	3.75	2.10	.568
교사소통폐쇄	556	1.00	4.00	2.14	.554

두 집단 사이의 주요변인들의 평균 차이를 T검정한 결과는 <표 5
-4>와 같다. 대부분의 변인들은 표본을 이루는 하위 남녀학생 간의
차이가 없었지만, 교사의 의사소통 폐쇄점수의 경우 여학생이 남학
생보다 유의하게 더 높게 나타났다. 이는 여학생이 남학생보다 교사
들의 의사소통이 더 폐쇄적이라고 느끼고 있음을 보여준다. 또 오전
수업에 응답한 집단이 오후수업에 응답한 집단보다 교사 소통개방
점수와 교사선호도 점수가 일관되게 높게 나타났다. 이는 오전 수업
이 학생에게나 교사에게나 보다 효율적인 시간임을 보여주는 결과다.
남녀 교사 간에는 모든 변인에서 유의한 차이가 관측되지 않았다.

〈표 5-4〉 두 집단 간의 평균치 비교에서 유의한 차이가 나타난 변인

	집단	N	Mean	Std. Deviation	T
교사소통폐쇄	여학생	372	2.21	.5355	-3.318*
	남학생	372	2.07	.5639	*
교사선호도	오전수업	378	2.78	.746	2.345*
	오후수업	378	2.59	.831	
교사소통개방	오진수업	366	2.17	.6067	2.235*
	오후수업	366	2.03	.5191	

*: p < .05, **: p < .01

표 <5−5>는 교과별, 그리고 교사 연령별에 따른 주요변인들의 평균 차를 비교하여 요약한 결과다. 교과별로 보면 사회, 미술, 영어, 창의적 재량활동, 한문 시간이 대체로 학생들에게 좋은 반응을 얻고 있음을 확인할 수 있고, 수학, 국사 과목이 나쁜 반응을 얻고 있음을 확인할 수 있다. 교사 소통이 개방적인 과목은 한문, 사회, 창의적 재량활동 시간이며 폐쇄적인 과목은 수학, 국사, 기술가정으로 나타났다. 교사연령별로는 학생들이 20대와 30대 초반 교사의 수업을 가장 좋아하며 30대 후반과 50대 이상 교사의 수업을 가장 싫어하는 것으로 나타났다. 소통 개방은 20대와 30대 초반 교사가 가장 높고, 50대 이상이 가장 낮았으며, 소통 폐쇄는 30대 후반과 40대 후반 교사가 가장 높았다. 이러한 결과는 흥미 있는 추론을 가능하게 하지만 이것이 교사의 특성인지 교과 자체의 특성인지를 구별하기가 어렵다. 그 외의 수업방법 간, 학년 간에는 주요 변인들 간의 유의한 차이가 발견되지 않았다.

〈표 5−5〉 교과, 교사 연령에 따른 주요 변인들의 평균 차

	과목	과목선호도	교사선호도	수업몰입	교사소통개방	교사소통폐쇄
	(1)도덕	2.57	2.71	2.50	2.05	2.17
	(2)국어	2.88	3.10	2.80	2.32	2.05
	(3)수학	1.69	1.77	1.88	1.78	2.27
	(4)사회	3.10	3.24	3.13	2.40	2.11
	(5)과학	2.38	2.59	2.16	2.01	2.23
교과	(6)기술가정	2.50	2.50	1.90	1.87	2.25
	(7)한문	3.00	3.00	3.22	2.52	1.91
	(8)영어	3.12	2.88	2.52	2.07	2.02
	(9)체육	2.61	2.61	2.70	2.38	2.10
	(10)음악	2.88	2.88	2.04	2.05	1.85
	(11)미술	3.60	3.00	2.81	1.93	2.10
	(12)국사	1.86	1.71	1.27	1.55	2.87
	(13)창재	3.40	3.20	2.70	2.40	1.55
F값		15.386***	16.437***	8.304***	7.156***	7.048***

	과목	과목선호도	교사선호도	수업몰입	교사소통개방	교사소통폐쇄
교사 연령	(1)20대	3.36	3.55	3.49	2.94	1.70
	(2)30대 초반	2.81	2.81	2.56	2.29	2.04
	(3)30대 후반	2.03	2.21	2.03	1.93	2.37
	(4)40대 초반	2.78	2.73	2.38	2.04	2.10
	(5)40대 후반	2.55	2.64	2.23	1.92	2.46
	(6)50대 이상	2.50	2.75	1.96	1.56	1.71
F값		10.571***	19.553***	17.604***	24.926***	13.121***

*: p < .05, **: p < .01, ***: p < .001

2. 추리 통계

제기된 연구문제들에 대한 해답을 얻기 위해 실시한 다중선형회귀 분석 결과는 <표 5-6>과 같다. 교과, 교사 연령, 학생 학년, 수업방법 등의 변인은 모두 여러 개의 가변인으로 재구성하여 투입하였다.

〈표 5-6〉 수업 몰입을 설명하는 회귀모형

	B	Std. Error	Beta	t
(Constant)	-.150	.606		-.247
과목선호도	.386***	.091	.300	4.240
교사선호도	.353**	.102	.265	3.454
학생성별	.261**	.095	.123	2.730
교사소통개방	.315*	.126	.169	2.505
학업성적	.089*	.041	.106	2.177
학년	-.118	.063	-.093	-1.874
발견학습	.344	.186	.096	1.851
영어 여부	-.340	.251	-.092	-1.354
예체능	-.270	.214	-.111	-1.266

	B	Std. Error	Beta	t
과학 여부	−.239	.227	−.083	−1.055
교사나이	−.046	.046	−.051	−1.007
교사소통폐쇄	.080	.109	.042	.737
오전수업 여부	.073	.102	.035	.718
강의 여부	−.082	.116	−.039	−.702
군소과목 여부	−.128	.265	−.036	−.484
수학 여부	.099	.250	.029	.396
부모학력	−.025	.067	−.017	−.368
가정수준	−.018	.065	−.013	−.274
국어 여부	−.062	.243	−.020	−.255
자기주도학습	.039	.185	.010	.211
사회 여부	−.038	.272	−.011	−.139
교사성별	.013	.105	.006	.121

〈모형 요약〉

R	R제곱	수정 R 제곱	표준오차추정	제곱합	자유도	평균제곱	F	p
.660(a)	.435	.398	.823	177.456	22	8.066	11.900	.000
				230.457	340	.678		
				407.913	362			

*: p<.05, **: p<.01, ***: p<.001

먼저 모형을 살펴보면 이 회귀모형은 p<.001 수준에서 유의하며 청소년의 수업몰입을 39.8%를 설명할 수 있다. 모수추정치가 0.1에 미달하는 변인은 나타나지 않아 다중공선성도 우려할 정도가 아니었다. 회귀계수가 유의하게 나타난 변인들을 살펴보면 과목선호도, 교사선호도, 학생성별, 교사의 의사소통개방, 학업성적이다. 이들 변인들의 표준화 회귀계수를 살펴보면 가장 영향력이 큰 변인은 과목선

호도이며, 다음은 교사선호도이며, 나머지 변인들은 큰 차이를 보이지 않았다. 이에 따라 학생이 해당 교과를 좋아할수록, 또 해당 교사를 좋아할수록, 남학생일수록, 교사가 개방적인 의사소통을 할수록, 학업성적이 높을수록 청소년의 수업시간 몰입 점수가 높아진다고 말할 수 있다.

이를 바탕으로 앞에서 제기한 세 연구문제에 대한 해답을 정리하면 다음과 같다.

1. 교수-학습 방법은 청소년의 수업 몰입에 유의한 영향을 주지 않았다.

2. 교사의 인구학적 특성은 청소년의 수업 몰입에 유의한 영향을 주지 않았다.

3. 교사의 의사소통이 개방적일수록 청소년의 수업 몰입은 높아진다.

<표 5-7>은 청소년의 수업몰입에 가장 높은 영향력을 보여준 변인들인 학생의 과목선호도와 교사선호도를 설명하기 위해 실시한 회귀분석 결과다. 먼저 교사선호도를 보면 과목선호도, 교사의 의사소통개방 점수, 수학 여부, 교사성별, 부모학력, 학생성별, 교사의 의사소통 폐쇄 점수, 학생 가정의 사회경제적 지위가 유의한 것으로 나타났다.

표준화회귀계수를 살펴보면 과목선호도가 압도적으로 높으며, 다음으로 교사소통개방이 정적인 계수를 보여주었다. 반면 나머지 변인들은 모두 음수의 계수 값을 보여주었다. 따라서 학생이 해당과목을 좋아할수록, 교사의 의사소통이 개방적일수록, 수학이 아닐수록, 교사가 여자일수록, 부모의 학력이 낮을수록, 학생이 여자일수록, 학

생가정의 사회경제적 지위가 낮을수록 교사에 대한 선호도가 높아짐을 확인할 수 있다.

〈표 5-7〉 교사선호도와 과목선호도의 회귀모형

	B	Beta		B	Beta
(Constant)	1.621***		(Constant)	.179	
과목선호도	.525***	.543	교사선호도	.658***	.636
교사소통개방	.267***	.191	영어	.463**	.161
수학	-.415**	-.161	가정수준	.116**	.105
교사성별	-.153**	-.089	학업성적	.059*	.091
부모학력	-.091**	-.086	교사소통폐쇄	-.147*	-.100
학생성별	-.130*	-.081	교사소통개방	.150*	.104
교사소통폐쇄	-.120*	-.084			
가정수준	-.071*	-.066			
종속변인: 교사선호도			종속변인: 교과선호도		

R	R제곱	수정R제곱	F	p	R	R제곱	수정R 제곱	F	p
.847	.718	.700	41.253	.000	.828	.686	.665	33.736	.000

*: $p < .05$, **: $p < .01$, ***: $p < .001$

다음은 오른쪽에 표시한 과목 선호도를 결정하는 변인들의 영향력을 살펴보자. 여기에는 교사선호도, 영어과 여부, 가정의 경제수준, 학생의 학업성적, 교사소통 폐쇄 정도, 교사소통 개방 정도가 유의한 것으로 나타났다. 표준화 회귀계수를 살펴보면 교사선호도가 가장 높은 설명력을 가지며, 영어과 여부, 가정의 경제수준, 교사소통 개방 정도, 교사소통 폐쇄 정도, 그리고 학업 성적의 순서로 설명력이 높다. 따라서 해당 교사를 좋아할수록, 영어 과목일수록, 가정경제수준이 높을수록, 학업성적이 높을수록, 교사의 소통이 개방적일수록 학생은 해당 과목을 좋아한다고 정리할 수 있다.

V. 논의 및 결론

지금까지 재미있는 수업을 만드는 조건을 발견하기 위해 청소년의 학교 수업 몰입에 영향을 주는 여러 가지 학생 및 교사관련 특성들을 조사한 결과를 살펴보았다. 이제 이러한 조사결과가 주는 의미에 대해 논의해 보고, 후속 연구를 제언함으로써 결론을 대신하고자 한다.

먼저 연구문제와 관련한 결과부터 살펴보자(<표 5-6> 참조). 수업 몰입에 영향을 미치는 교사들의 특성들 중 유의한 것은 교사의 의사소통 개방 및 폐쇄 정도였다. 그리고 교사들의 연령, 성별 등은 유의한 영향을 주지 않았다. 이는 몰입이론과 관련하여 중요한 의미를 가진다. 수업이 청소년에게 몰입을 제공하기 위해서는 과제와 수행 간의 활발한 상호작용과 피드백이 보장되어야 한다(Csikszentmihalyi, 1990). 그리고 사람과 사람의 관계인 수업에서 이는 교사와 학생이 활발하게 의사소통을 함으로써 비로소 가능한 것이다. 결국 교사와 학생 간의 관계가 수업의 재미를 결정한 것이다.

그런데 청소년의 수업몰입에 교사 연령이 유의한 영향을 주지 않는 것으로 나온 결과는 의외로 심각한 현상을 반영한다. 이는 노련한 교사나 신규교사나 재미있는 수업을 이끌어 내는 능력에서 차이가 없다는 의미기 때문이다. 이러한 결과는 교사 전문성 개발 혹은 교직 발달이 심각한 정체현상에 처해 있음을 보여준다.

교수-학습 방법이 청소년의 수업 몰입에 유의한 결과를 주지 못한 결과도 흥미 있다. 사실 교육개혁, 공교육 개선 방안은 항상 교사들에게 교수-학습 방법의 개선을 요구해 왔다. 교사들은 끊임없이 최선의 교수-학습 방법을 익힐 것을 요구받았고, 강의식 수업은 마치 원죄처럼 취급받았다. 그러나 이 연구의 결과는 중요한 것은 그러한 교육공학적 기술이 아니라 교사와 학생의 관계에 있음을 보여주었다. 이는 교사의 화법, 교사와 학생의 개방적인 대화가 교실수업 개선의 핵심이라는 선행연구들을 지지하는 결과다(Combs, 1992; Osbourne, 1999).

청소년들이 해당 교과와 교사에 대해 가지고 있는 선호도가 가장 결정적인 변인이라는 결과는 여기에 더해 다시 한번 중대한 시사점을 던진다. 사실 기존의 교육개혁이나 교육과정과 교육개혁 정책들은 청소년들을 일종의 조작(manipulation)의 대상으로 간주했다. 그런데 이 연구의 결과는 그러한 조작보다 '사람과 사람 간의 관계'가 오히려 결정적임을 시사한다. 이는 Combs(1992)가 미국 교육개혁 실패의 원인으로 '조작의 신화'라고 지적했던 바를 상기시켜준다.

이러한 결과들을 정리하면 재미있는 수업을 하기 위해 교사가 무엇을 해야 하는지 구체화된다. 교사는 먼저 자신이 담당한 교과의 매력을 학생들에게 보여주어야 한다. 교사 자신이 해당 교과를 즐겁게 여기는 모습을 보여야 하는 것이다. 또 교사는 학생들이 자신을 좋아하게 만들어야 한다. 즉 자신의 인품과 매력을 증대시켜야 한다. 그러나 무엇보다도 교사는 학생들과 개방적으로 의사소통해야 한다. 이는 단지 활발히 대화한다는 의미가 아니라 긍정적인 자극을 지속적으로 제공하면서 양방향 소통을 해야 한다는 의미다(Barnes, & Olsen, 1982).

다음으로 수업 몰입에 가장 큰 영향력을 행사한 변인들인 학생의 교사선호도와 과목선호도를 종속변인으로 한 회귀분석 결과의 의미를 살펴보자(<표 5-7> 참조). 이 두 변인은 서로 간에 강한 상관관계를 보이고 있기 때문에, 이들을 제외한다면 가장 큰 영향을 주는 변인은 교사의 의사소통 개방 정도임을 알 수 있다. 즉 청소년들이 교사들에게 희망하는 것은 거창한 것이 아니라 단지 보다 개방적이고 원활한 의사소통임을 다시 한번 확인한 것이다. 이는 청소년의 이러한 개방적인 의사소통에의 갈망이 학원수강을 결정하게 하는 중요한 변인이라는 선행연구 결과(권재원, 2004)와도 일치한다.

마지막으로 기술 통계를 통해 발견한 사실들에 대해 논의해 보자 (<표 5-4>, <표 5-5> 참조). 청소년들이 오전 시간에 오후 시간보다 더 몰입을 잘한다는 결과는 효율적인 학습을 위해 2 : 1의 비율로 오전 : 오후 수업이 편성된 현행 시간표가 개선될 필요가 있음을 보여준다. 또 30대 후반 교사들이 청소년들의 비호감의 대상이 되고 또 폐쇄적인 의사소통을 하고 있는 결과도 심각하게 지적되어야 한다. 우선 30대 후반이라는 연령은 직업 발달과정에서 황금기라고 볼 수 있는 시기이고, 게다가 한국의 30대 후반 교사들은 교육민주화 운동과 참교육 운동의 주도세력이었다. 그런데 이들이 사실상 50대 후반 교사들만큼 폐쇄적인 소통을 하고 있다는 것은 거대한 역설이 아닐 수 없다. 이는 경력이 10여 년 된 중견 교사들의 동기를 유발할 수 있는 장치가 학교에 없으며, 그 결과 이들이 타성에 빠지고 지쳐있음을 보여주는 심각한 결과다.

이러한 결과들은 현재 논의되고 있는 교육개혁, 청소년 복지와 관련하여 다음과 같은 시사점들을 준다. 첫째, 교육개혁의 핵심은 제도나 교육과정의 복잡한 개정보다 교사의 태도 변화에서 발견해야 한다. 둘째, 교사의 변화는 수업 내용이나, 교수-학습 방법보다는 학생과의 의사소통 유형을 개방적으로 바꾸는 데서 출발해야 한다. 셋째, 주로 교수-학습 방법에 지중되어 있는 현행 교사 양성 및 연수 프로그램에서 의사소통 방법에 대한 교사역할 훈련(TET)을 대폭 강화하여야 한다. 넷째, 교사들이 교직 발달 과정에 따라 학생들과 즐겁게 의사소통할 수 있는 긍정적인 동기유발 장치가 마련되어야 한다. 마지막으로 교원양성기관의 입학전형에서 개방적 의사소통 능력을 중요한 평가지표로 설정할 필요가 있다. 현재 교원양성기관인 사범대학이나 교육대학에 진학하기 위해서는 높은 학업성취도가 필요하다. 물론 좋은 교사는 공부도 잘해야 하겠지만 이 연구에서 나타난 바와 같이 의사소통능력도 중요하다.

지금까지 논의한 의의와 시사점에도 불구하고 이 연구는 다음과 같은 한계가 있기 때문에 후속연구에 의해 보완되어야 한다. 첫째, 이 연구의 모집합이 서울 지역의 중학생이기 때문에 이를 전국의 중·고등학생으로 확대할 필요가 있다. 둘째, 이 연구는 변인들의 발견을 목적으로 실시되었기 때문에, 특정 변인에 대한 심층 분석은 실시하지 못하였다. 특히 교사의 의사소통 유형이 청소년의 심리적 건강과 학습효과에 미치는 영향에 대해서는 보다 장기간에 걸쳐 설계된 질적 연구가 계속되어야 할 것이다.

참고문헌

권재원(2004). 청소년 문화 활동 저해요인으로서의 학원문제와 그 원인에 대한 연구: 학교 내 불만을 중심으로. **시민교육연구. 36(2)**, 1−22.
권혜진, 윤종희(1992). 모−자녀 간의 의사소통 유형과 청소년의 자아정체감에 관한 연구. **아동학회지, 14(1)**, 167−177.
권혜진, 김경희, 염순교, 조주연, 함미영(2005). 남자청소년이 인지하는 부모의 양육태도, 의사소통 양상과 성역할 정체성 관계. **청소년학연구, 12(4)**, 19−38.

김종두(2000). **교육과 의사소통**. 서울: 양서원.

김종한(2003). 학생의 수업평가방법에 의한 학교 교사와 학원 강사의 수업의 질 분석. **교육학 연구, 41(1)**, 385-405.

김주훈, 곽영순(2003). 좋은 수업에 대한 질적 연구, **한국과학교육학회지, 23(2)**, 44-55.

임철성(2003). 수업 대화. **화법연구, 5**, 49-106.

정준교(2002). 인권지향적 고등학교의 문화적 특성과 학생 청소년들의 창의성 및 복장변형행동. **청소년학연구, 9(1)**, 141-165.

천세영, 신병철, 이우경, 심임섭, 조금주(1999). **학교규율에 대한 교사와 학생의 인식에 기초한 대안 탐색 연구**. 한국청소년개발원.

천세영(2002). 학교규율의 딜렘머와 **미래, 한국교육연구, 8(1)**, 203-214.

최인수, 김기옥, 현은자, 유현정(2004). 학교와 학원의 비교를 통해 본 청소년의 플로우 및 내적 경험. **대한가정학회지, 42(4)**, 127-143.

백경숙, 권용신(2004). 부모-자녀 간 의사소통 유형이 청소년자녀의 학교생활적응에 미치는 영향. **청소년복지연구. 6(2)**, 87-99.

엄나래, 정영숙(2002). 고등학교 남학생들의 일상 활동에서의 몰입경험에 관한 탐색적 연구. **한국심리학회지: 발달, 15(3)**, 55-69.

이미나, 이건만, 박부권, 권숙인, 김대일(2002). 정보사회 지체로 인한 학교붕괴 해소책 연구. **시민교육연구, 34(1)**, 251-294.

이은주(2001). 몰입에 대한 학습동기와 인지전략의 관계. **교육심리연구, 15(3)**, 199-216.

허운나, 유영만(1995). **교육공학 개론**. 서울: 한양대학교 출판원.

ACDE(2001). *New Learning: A Charter for Australian Education*. Canberra: Australia Council of Deans of Education.

Barnes, H. L., Olsen, D., H.(1982). Parent-adolescent communication scale: *Family inventories-Inventories used in a national survey of families across the family life cycle.* 33-48.

Combs, A., W.(1992). *The Schools We Nees: New Assumptions for Educational Reform*. Lanham: University Press of America.

Csikszentmihalyi, M.(1975). *Beyond Boredom and Anxiety*. San Francisco: Jossey－Bass.

　　　　　　　　　(1990), *Flow*. New York: Harper & Row.

　　　　　　　　　(1997). *Finding Flow*. New York: Brockman Inc.

Csikszentmihalyi, M. & Schneider, B.(2000). *Becoming Adult*. New York: Basic Books.

Fredriksson, U.(2004). Quality Education: The Teacher's Key Role. *Education International Working Paper, No.14*.

Galvin, M. K. & Brommel, V.(1986). *Family Communication.* / 노영주, 서동인, 원효종 역(2001). **가족관계와 의사소통**. 서울: 하우

OECD(2004). *Learning for Tomorrow's World －First Results from PISA 2003*. OECD.

Osbourne, Ken(1999). *Education: A Guide to the Canadian School Debate － Or, Who Wants What and Why?* Toronto: Penguin Books.

<부록> 설문지

"청소년들의 수업 몰입 측정"

안녕하십니까?

학업으로 바쁜 중에 시간을 내어 설문에 응해 주신 학생 여러분 감사합니다.
본 설문지는 여러분이 학교 수업시간에 얼마나 즐거운 시간을 보내고 있는지 혹은 그렇지 않은지를 조사하기 위한 것입니다. 이를 바탕으로 여러분이 즐거운 수업시간을 보내기 위해 선생님들이 무엇을 해야 하는지 발견하고자 합니다.

여러분의 솔직하고 성실한 응답은 장차 여러분과 여러분의 후배들에게 보다 즐겁고 행복한 수업시간을 제공하는 소중한 밑거름이 될 것입니다.

여러분의 성실한 응답이 우리나라 청소년들이 보다 질 높고, 즐거운 수업을 받을 수 있는 데 도움을 준다는 자긍심을 가져 주시면 대단히 감사하겠습니다.

각 질문에는 맞거나 틀리는 답이 없으니 생각하는 그대로 솔직하게 답변해 주시면 됩니다. 이 설문지는 모두 익명으로 처리되어 여러분의 신상자료는 절대 공개되지 않으며, 조사 결과는 학술적인 목적 외에는 절대 사용하지 않음을 약속드립니다.

여러분의 의견이 즐거운 학교, 행복한 수업을 만들기 위한 소중한 밑거름임을 유념하시어 한 문항도 빠짐없이 성실히 답해 주시면 감사하겠습니다.

신암중학교 교사, 서울대학교 사회교육과 강사
권재원 올림

이 설문지는 오늘 3교시 수업에 대한 것입니다.

1. 3교시 수업시간은 무슨 과목이었습니까?
   ① 도덕 ② 국어 ③ 수학 ④ 사회 ⑤ 과학 ⑥ 기술가정
   ⑦ 한문 ⑧ 영어 ⑨ 체육 ⑩ 일본어 ⑪ 기타 _____

2. 3교시 수업시간의 과목을 귀하는 얼마나 좋아합니까?
   ① 아주 싫다 ② 싫은 편이다 ③ 좋은 편이다 ④ 아주 좋다

3. 3교시 수업은 어떤 방식으로 진행되었습니까?
   ① 강의식 수업(주로 선생님이 교과서를 보며 설명하시는 수업. /
      선생님이 칠판에 쓰고, 우리는 그것을 받아 적는 수업).
   ② 발견 학습(선생님이 우리에게 무엇인가 질문을 하시거나, 문
      제를 주면 우리가 대답하거나 답을 찾아가는 수업)
   ③ 자기주도적 탐구학습(우리들끼리 무엇인가를 쓰거나 만들거
      나 발표하고, 선생님이 그것을 도와주는 수업).
   ④ 시청각 학습(비디오, 오디오, CD-ROM 등을 이용한 수업)
   ⑤ 문제풀이(시험문제나 연습문제를 풀고 설명하는 수업)
   ⑥ 자습
   ⑦ 실험·실습·실기활동(해당되는 활동을 직접 하는 수업. 실
      험이나 운동, 그리기, 노래하기 등등).
   ⑧ 평가(형성평가, 수행평가 등).
   ⑨ 기타: (직접 써 주세요) _____

3. 이 선생님의 성별은 어떻게 되십니까?
　① 여자. ② 남자.

4. 이 선생님의 나이는 대략 어느 정도입니까?
　① 20대. ② 30대 초반. ③ 30대 후반 ④ 40대 ⑤ 50대 이상이다.
　⑥ 잘 모르겠다.

5. 귀하는 이 선생님을 어떻게 생각하십니까?
　① 아주 싫어한다. ② 싫어하는 편이다. ③ 좋아하는 편이다.
　④ 아주 좋아한다.

6. 이 선생님에 대해 여러분은 어떻게 느끼십니까? 해당되는 칸에
　표시해 주십시오.

		전혀 아니다	아닌 편이다	그런 편이다	매우 그렇다
1	나는 이 선생님에게 내가 하는 생각을 언제든지 말할 수 있다.				
2	나는 때때로 이 선생님이 하시는 말씀을 믿기 어려울 때가 있다.				
3	이 선생님은 내가 하는 이야기를 주의 깊게 잘 들어주신다.				
4	나는 이 선생님께 무언가 부탁하는 것이 어렵게 느껴진다.				
5	이 선생님은 굳이 하지 않아도 될 것을 자꾸 말씀하시곤 한다.				
6	이 선생님은 내 기분이 어떤지 잘 아실 것 같다.				
7	나는 이 선생님과 대화하면 만족스럽다.				

		전혀 아니다	아닌 편이다	그런 편이다	매우 그렇다
8	나는 문제나 걱정거리가 생기면 이 선생님께 상의드릴 것이다.				
9	나는 이 선생님께 어떤 이야기든 다 말씀드릴 수 있다.				
10	이 선생님께 무엇을 말씀드리려면 조심스럽고 어렵다.				
11	나는 마음놓고 이 선생님께 응석을 부리거나 어리광을 부릴 때가 있다.				
12	이 선생님과 대화를 나눌 때는 차라리 아무 말을 하지 않는 것이 속 편하다.				
13	이 선생님은 항상 내 질문에 솔직하게 대답해 주신다.				
14	나는 이 선생님과 의논할 수 없는 비밀이 많다.				
15	이 선생님은 나의 의견을 이해해 주시려고 애를 쓰신다.				
16	나는 이 선생님의 잔소리 때문에 무척 귀찮다.				
17	나는 이 선생님과 여러 가지 문제에 대해 대화하는 편이다.				
18	이 선생님은 화가 나면 창피를 주거나 모욕적인 말을 한다.				
19	나는 나의 의견이나 느낌을 이 선생님에게 솔직하게 털어놓는다.				
20	나는 무슨 이이 있어도 나의 진심을 이 선생님께 있는 그대로 말씀드릴 수 있다.				

7. 3교시 수업시간이 끝난 뒤 귀하의 느낌을 표시해 주십시오.

		전혀					매우
1	당신은 다른 친구보다 공부를 더 잘한다고 느꼈습니까?	0	1	2	3	4	5
2	당신의 실력이 향상되어 즐겁습니까?	0	1	2	3	4	5
3	수업시간에 목표로 했던 내용을 성공적으로 학습했다고 생각합니까?	0	1	2	3	4	5
4	수업시간에 공부 아닌 다른 일에 대해 별로 생각하지 않았습니까?	0	1	2	3	4	5
5	수업시간에 하는 활동이 흥미로웠습니까?	0	1	2	3	4	5

6	수업을 하는 동안 당신이 능동적이라고 느꼈습니까?	전혀 0	1	2	3	4	매우 5
7	수업을 하는 동안 행복하다고 느꼈습니까?	전혀 0	1	2	3	4	매우 5
8	수업을 하면서 당신의 능력에 자부심을 느꼈습니까?	전혀 0	1	2	3	4	매우 5
9	수업을 하는 동안 당신은 집중하고 있었습니까?	전혀 0	1	2	3	4	매우 5
10	당신은 수업 결과에 대해 만족합니까?	전혀 0	1	2	3	4	매우 5
11	수업을 하고 나서 당신 자신에게 좋은 감정을 느꼈습니까?	전혀 0	1	2	3	4	매우 5
12	당신이 수업을 하기 전에 목표로 했던 것들이 충족되었습니까?	전혀 0	1	2	3	4	매우 5
13	수업은 당신이 원하는 대로 진행되었습니까?	전혀 0	1	2	3	4	매우 5
14	당신이 받은 수업은 즐거웠습니까?	전혀 0	1	2	3	4	매우 5
15	당신은 자신이 기대한 만큼 이루었습니까?	전혀 0	1	2	3	4	매우 5
16	당신은 자신에 대한 자신감이 향상되었습니까?	전혀 0	1	2	3	4	매우 5

(수고하셨습니다. 잠시 쉬고, 5교시 수업이 끝난 직후 다음 쪽을 작성해 주십시오)

이 설문지는 5교시 수업에 대한 것입니다.

1. 5교시 수업시간은 무슨 과목이었습니까?
   ① 도덕   ② 국어   ③ 수학   ④ 사회   ⑤ 과학   ⑥ 기술가정
   ⑦ 한문   ⑧ 영어   ⑨ 체육   ⑩ 일본어   ⑪ 기타 _____

2. 5교시 수업시간의 과목을 귀하는 얼마나 좋아합니까?
   ① 아주 싫다   ② 싫은 편이다   ③ 좋은 편이다   ④ 아주 좋다

3. 5교시 수업은 어떤 방식으로 진행되었습니까?
   ① 강의식 수업(주로 선생님이 교과서를 보며 설명하시는 수업. /
     선생님이 칠판에 쓰고, 우리는 그것을 받아 적는 수업).
   ② 발견 학습(선생님이 우리에게 무엇인가 질문을 하시거나, 문
     제를 주면 우리가 대답하거나 답을 찾아가는 수업)
   ③ 자기주도적 탐구학습(우리들끼리 무엇인가를 쓰거나 만들거
     나 발표하고, 선생님이 그것을 도와주는 수업).
   ④ 시청각 학습(비디오, 오디오, CD-ROM 등을 이용한 수업)
   ⑤ 문제풀이(시험문제나 연습문제를 풀고 설명하는 수업)
   ⑥ 자습
   ⑦ 실험·실습·실기활동(해당되는 활동을 직접 하는 수업. 실
     험이나 운동, 그리기, 노래하기 등등).
   ⑧ 평가(형성평가, 수행평가 등).
   ⑨ 기타: (직접 써 주세요) _____

※ 5교시 수업시간의 선생님에 대해 말씀해 주십시오.

3. 이 선생님의 성별은 어떻게 되십니까?
   ① 여자.   ② 남자.

4. 이 선생님의 나이는 대략 어느 정도입니까?
   ① 20대.   ② 30대 초반.   ③ 30대 후반   ④ 40대
   ⑤ 50대 이상이다.   ⑥ 잘 모르겠다.

5. 귀하는 이 선생님을 어떻게 생각하십니까?
   ① 아주 싫어한다.   ② 싫어하는 편이다.   ③ 좋아하는 편이다.
   ④ 아주 좋아한다.

6. 이 선생님에 대해 여러분은 어떻게 느끼십니까? 해당되는 칸에
표시해 주십시오.

		전혀 아니다	아닌 편이다	그런 편이다	매우 그렇다
1	나는 이 선생님에게 내가 하는 생각을 언제든지 말할 수 있다.				
2	나는 때때로 이 선생님이 하시는 말씀을 믿기 어려울 때가 있다.				
3	이 선생님은 내가 하는 이야기를 주의 깊게 잘 들어주신다.				
4	나는 이 선생님께 무언가 부탁하는 것이 어렵게 느껴진다.				
5	이 선생님은 굳이 하지 않아도 될 것을 자꾸 말씀하시곤 힌디.				
6	이 선생님은 내 기분이 어떤지 잘 아실 것 같다.				
7	나는 이 선생님과 대화하면 만족스럽다.				

		전혀 아니다	아닌 편이다	그런 편이다	매우 그렇다
8	나는 문제나 걱정거리가 생기면 이 선생님께 상의드릴 것이다.				
9	나는 이 선생님께 어떤 이야기든 다 말씀드릴 수 있다.				
10	이 선생님께 무엇을 말씀드리려면 조심스럽고 어렵다.				
11	나는 마음놓고 이 선생님께 응석을 부리거나 어리광을 부릴 때가 있다.				
12	이 선생님과 대화를 나눌 때는 차라리 아무 말을 하지 않는 것이 속 편하다.				
13	이 선생님은 항상 내 질문에 솔직하게 대답해 주신다.				
14	나는 이 선생님과 의논할 수 없는 비밀이 많다.				
15	이 선생님은 나의 의견을 이해해 주시려고 애를 쓰신다.				
16	나는 이 선생님의 잔소리 때문에 무척 귀찮다.				
17	나는 이 선생님과 여러 가지 문제에 대해 대화하는 편이다.				
18	이 선생님은 화가 나면 창피를 주거나 모욕적인 말을 한다.				
19	나는 나의 의견이나 느낌을 이 선생님에게 솔직하게 털어놓는다.				
20	나는 무슨 이이 있어도 나의 진심을 이 선생님께 있는 그대로 말씀드릴 수 있다.				

7. 5교시 수업시간이 끝난 직후 귀하의 느낌을 표시해 주십시오.

1	당신은 다른 친구보다 공부를 더 잘한다고 느꼈습니까?	전혀 0	1	2	3	매우 4	5
2	당신의 실력이 향상되어 즐겁습니까?	전혀 0	1	2	3	매우 4	5
3	수업시간에 목표로 했던 내용을 성공적으로 학습했다고 생각합니까?	전혀 0	1	2	3	매우 4	5
4	수업시간에 공부 아닌 다른 일에 대해 별로 생각하지 않았습니까?	전혀 0	1	2	3	매우 4	5

5	수업시간에 하는 활동이 흥미로웠습니까?	전혀 0	1	2	3	4	매우 5
6	수업을 하는 동안 당신이 능동적이라고 느꼈습니까?	전혀 0	1	2	3	4	매우 5
7	수업을 하는 동안 행복하다고 느꼈습니까?	전혀 0	1	2	3	4	매우 5
8	수업을 하면서 당신의 능력에 자부심을 느꼈습니까?	전혀 0	1	2	3	4	매우 5
9	수업을 하는 동안 당신은 집중하고 있었습니까?	전혀 0	1	2	3	4	매우 5
10	당신은 수업 결과에 대해 만족합니까?	전혀 0	1	2	3	4	매우 5
11	수업을 하고 나서 당신 자신에게 좋은 감정을 느꼈습니까?	전혀 0	1	2	3	4	매우 5
12	당신이 수업을 하기 전에 목표로 했던 것들이 충족되었습니까?	전혀 0	1	2	3	4	매우 5
13	수업은 당신이 원하는 대로 진행되었습니까?	전혀 0	1	2	3	4	매우 5
14	당신이 받은 수업은 즐거웠습니까?	전혀 0	1	2	3	4	매우 5
15	당신은 자신이 기대한 만큼 이루었습니까?	전혀 0	1	2	3	4	매우 5
16	당신은 자신에 대한 자신감이 향상되었습니까?	전혀 0	1	2	3	4	매우 5

(수고하셨습니다. 설문지를 이제 제출하기 전에 다음 쪽을 작성하여 주십시오)

※다음은 귀하의 신상에 관한 질문입니다. 절대로 공개되지 않기 때문에 안심하시고, 솔직하게 답변해 주시기 바랍니다.

1. 귀하의 성은 무엇입니까?   ① 여자   ② 남자

2. 귀하는 몇 학년입니까?   ① 1학년   ② 2학년   ③ 3학년

3. 다음에 보기에 표시된 가정과 귀하의 가정을 비교해 보면 어떻다고 생각하십니까?

> 갑돌이의 부모님은 은행에서 근무하신다. 아버지는 차장님이고, 어머니는 과장님이다. 갑돌이네는 33평짜리 아파트에 살고 있으며, 쏘나타 승용차가 한 대 있다.

① 우리 집이 훨씬 더 어렵게 사는 것 같다. ② 우리 집이 조금 더 어렵게 사는 것 같다. ③ 우리 집이 갑돌이네 하고 비슷한 것 같다. ④ 우리 집이 갑돌이네보다 더 잘 산다.

4. 귀하의 부모님이 가장 마지막에 졸업한 학교는 어디입니까? 두 분 중 학력이 더 높은 분을 기준으로 표시해 주십시오.
   ① 고졸 이하(고교 중퇴 이하 포함) ② 고졸 또는 대학 중퇴
   ③ 대졸 ④ 대학원 재학 혹은 졸업

5. 귀하의 학업 성적은 어느 정도입니까? 최근 1년간 가장 잘한 시험의 평균점수를 기준으로 응답해 주십시오.
   ① 60점 이하 ② 60−70점 ③ 70−80점 ④ 80−90점 ⑤ 90점 이상

중 · 고등학교 청소년 인권의
실태에 대한 조사1)

I. 서 론

1. 문제제기

1987년에서 20년이 지난 지금 자율과 개성이 강조되는 시대가 열렸다. 그러나 여전히 대부분의 중·고등학교에서 학생 두발에 대한 제한과 단속이 행해지면서 학생 두발 자유와 관련한 문제가 쟁점화되었다. 교육인적자원부가 2005년 6월 14일 발표한 자료에 의하면, 2005년 5월 현재 전체 중학교의 92.56%에 해당하는 2,761개교와 고등학교의 91.10%에 해당하는 1,924개교가 학생의 두발을 제한하고 있으며, 2005년에 32개의 중학교와 44개의 고등학교에서 기계나 가

---

1) 이 논문은 국가 청소년 위원회의 연구용역 보고서에서 필자가 집필한 부분만 발췌하여 재구성한 것이다. 이 연구용역 보고서의 전문은 을 참고하기 바란다.

위로 학생의 두발을 자른 사례가 발생하였다.

이에 2005년 6월 27일 국가인권위원회는 학생 두발 제한 관련 제도개선 권고 결정을 내린 바 있다. 그럼에도 불구하고 중·고등학교 교육현장에서 학교생활규칙의 인권침해성은 많이 개선되지 않고 있어, 여전히 학생 인권이 심각하게 침해되고 있다는 지적이 일어나고 있다. '학생의 날'이 '학생독립운동기념일'로 바뀐 2006년 11월 3일, 두발 제한과 체벌 등 학교 공간의 인권침해를 그쳐달라는 각종 행사가 이어졌지만 일부 학교에서는 '두발단속'이 여전히 강행되었다.

학생의 두발 자유는 개성의 자유로운 발현권이나, 자기결정권, 사생활의 자유 등 헌법에서 보장하고 있는 기본적 권리로서 인정되어야 하며, 학생의 의견이 반영되지 않은 두발제한 규정을 근거로 학생들의 두발을 일률적이고 획일적으로 규제하는 것은 헌법 및 아동의 권리에 대한 협약에 부합하지 않는다. 부득이 규제하고자 한다면 이는 교육현장의 질서유지를 위해 제한할 필요성이 인정되는 극히 한정적인 경우에 한하여 교육의 실현을 직접적으로 방해하는 상태나 행위만을 대상으로 해야 하며, 그 제한의 내용과 절차는 학생들의 자기결정권이 충분히 보장된 합리적 과정과 시스템에 의해서 이루어져야 한다.

그런데 학교에서의 학생들의 인권침해 현상은 두발 제한 및 복장, 용의 부분에서만 드러나는 것이 아니다. 강제보충수업, 소지품 검사, 이를 지키지 않을 때의 체벌 등 그 형태도 다양하게 나타나고 있다. 2004년 6월 대법원은 학생 체벌에 대한 가이드라인을 제시하였고, 2005년 9월, 교육부는 상습 폭력 교사 퇴출 등 부적격 교원대책을 발표했으며, 2006년 3월, 민주노동당 최순영 의원은 학생 체벌 금지 등 학생인권보장을 위한 초중등교육법 개정안을 발의하는 등 체벌에 대한 제도적 규제는 계속 강화되어 왔지만 이를 제대로 지키는 학교는 거의 없는 실정이다.

도대체 이런 현상이 왜 일어나는 것일까? 학교는 교사는 귀가 멀고 눈이 멀었을까? 그들은 특별히 새디스트들이고 반인권적인 존재들일까? 그래서 아무리 두발, 복장규제나 체벌에 대한 문제제기를 해도 듣지 않을 것일까? 그러나 이렇게 가정하는 것은 지나치게 극단적이며 비상식적이다. 우리가 주목해야 하는 것은 200대를 때린 특별한 교사가 아니라 교사사회 전반에 걸쳐 합리화되고 있는 규제와 체벌의 문화다. 이는 특별한 이상 성격이나 잔혹함으로 설명하기 어려운 현상이다. 오히려 교육이라는 특수한 영역에서 종사하는 교육자들의 '학생 인권'에 대한 의식과 개념이 학교 밖의 일반인들, 그리고 피교육자인 학생들과 다를 가능성을 제시할 수 있다. 그래서 교사들은 전혀 문제가 없다고 생각하는데 학생들은 인권을 침해받았다고 아우성을 치는 그런 현상이 일어나는 것이다.

이는 이미 19세기 때부터 예견되던 현상이다. 이른바 합리화 과정을 거치면서 일체의 사회규범들은 규범 외부로부터 길어 올 권위의 원천과 후광을 잃어버렸다(Weber,). 하버마스(Habermas,)가 누차 강조했듯이 그럼에도 불구하고 규범들이 작동하는 것은 규범의 행위 당사자들이 공통으로 보유하고 따라서 합의의 근거가 될 수 있는 배경지식이 있기 때문이다. 만약 행위 당사자들의 배경지식이 서로 어긋난다면 합의는 이루어지기 어렵고, 따라서 규범은 물리적인 강제력이 동원되지 않는 한 자발적 복종을 기대하기 어려울 것이다. 현재 학교 규율을 놓고 부딪치는 교사와 학생의 관계도 그러한 전형을 보여주고 있는 것이다.

이를 해결하는 방법은 공통의 배경지식을 복원하거나 아니면 타당한 절차를 통해 합의하는 것이다. 문제는 이 두 가지 모두 한국의 학교 실정과 문화에서 대단히 어렵다는 것이다. 무엇보다도 먼저 교사와 학생의 배경지식상의, 즉 기본 의식상의 차이가 어느 정도인지도 파악되지 않았으며, 합의를 위한 절차가 어떻게 받아들여지고 있는지도 파악되지 않았다. 이 연구는 바로 이러한 문제를 해결하기 위한 출발점이자 토대를 마련하고자 다음과 같은 연구 질문을 설정하고 그 답을 구하고자 실시되었다.

> 연구문제1: 교사들의 청소년 인권 의식은 학생, 학부모와 어떻게 다른가?
> 연구문제2: 교사들이 자각하는 청소년 인권침해의 정도는 학생, 학부모와 어떻게 다른가?
> 연구문제3: 교사, 학생, 학부모가 생각하는 학교에서의 청소년 인권침해의 해법의 차이는 무엇인가?

2. 연구의 의의와 한계

이 연구는 다음과 같은 의의를 가진다.

첫째, 구체적으로 청소년 인권침해가 이루어지는 사례에 대한 보편적이고 실증적 자료를 제시할 수 있다. 그동안 청소년 인권침해 사례는 개별 사례 중심으로 선정적으로 보고되는 경우가 많았다. 이 연구는 전국의 중·고등학교를 모집단으로 대규모 표집을 실시한 본격적인 통계연구로서 개별사례가 아닌 일반적인 학생 인권 실태의 상황을 제시할 수 있다.

둘째, 교사(학교 측)와 학생의 갈등지점을 발견할 수 있다. 그동안 개별사례 중심의 접근으로는 충돌 당사자의 의식 전반의 모습을 드러낼 수 없기 때문에 보편적인 갈등지점을 발견하는 데 어려움이 있었다. 이 연구는 인권의식, 교칙의식 등에 대한 보편적인 척도를 구성하여 이를 교사, 학생, 학부모에게 응답하도록 하고, 이 세 집단 간의 의식 차이를 분명하게 비교분석함으로써 갈등의 정확한 지점의 발견을 기대할 수 있다.

그러나 이 연구는 다음과 같은 한계를 가지고 있기 때문에 해석상의 주의를 요한다.

첫째, 연구 범위상의 문제다. 이 연구는 학교에서의 청소년 인권 침해 실태와 그것에 대한 교육주체 간의 의식 차이를 조사하고 있다. 따라서 이 연구는 청소년 전체의 문제를 드러내지 못하고 중·고등학교 재학생만의 문제를 보여줄 뿐이다.

둘째, 이 연구는 자기기입식 질문지법을 사용하였다. 설문지법을 통해서 알아낼 수 있는 정보의 깊이가 한정되어 있기 때문에 각 응답자의 구체적인 의식과 생각은 드러나지 않는다.

Ⅱ. 조사 설계

중·고등학생학교 학생들과 교사 학모의 청소년 인권에 대한 생각의 차이를 확인하기 위해 다음과 같이 조사를 설계하였다.

1. 조사대상

이 연구의 모집단은 대한민국 전국의 중·고등학교 재학생, 교사, 그리고 학부모들이다. 모집단을 설정하기 위한 표집틀로는 교육인적자원부의 교육기초통계를 사용하였다. 표집 방법으로는 층화 집락 표집을 사용하였다. 학교를 집락으로 설정하였으며, 각 지역, 교급, 성별, 설립별로 층화하였다. 이렇게 층화하여 선정된 학교들의 목록은 <표 6-1>과 같다. 표집된 학교들을 시도별·지역별 규모로 보면 서울특별시 4개교, 부산 2개교, 대구 3개교, 인천 3개교, 광주 3개교, 대전 3개교, 울산 2개교, 경기 3개교, 강원 2개교, 충북 2개교, 충남 2개교, 전북 3개교, 전남 2개교, 경북 2개교, 경남 3개교, 제주 3개교이다.

〈표 6-1〉 설문 대상 학교

지역별	설립별	단계별	공학형태	계열	학교 수
서울(4개교), 부산, 대구, 인천, 광주, 대전, 울산 (16개교)	국·공립	중학교	남중 / 여중: 각 1개교	—	5개교
			공학: 3개교	—	
		고등학교	남고 / 여고: 각 1개교	인문계	5개교
			공학: 3개교	인문계 2개교 / 실업계 1개교	
	사립	중학교	남중 / 여중: 각 1개교	—	5개교
			공학: 3개교	—	
		고등학교	남고 / 여고: 각 1개교	인문계	5개교
			공학: 3개교	인문계 2개교 / 실업계 1개교	
경기, 강원, 충북, 충남, 전북, 전남, 경북, 경남, 제주 (22개교)	국·공립	중학교	남중 / 여중: 각 1개교		6개교
			공학: 4개교		
		고등학교	남고 / 여고: 각 1개교	인문계	5개교
			공학: 3개교	인문계 2개교 / 실업계 1개교	
	사립	중학교	남중 / 여중: 각 1개교	—	5개교
			공학: 4개교	—	
		고등학교	남고 / 여고: 각 1개교	인문계	6개교
			공학: 4개교	인문계 3개교 / 실업계 1개교	

이렇게 1차 집락 단위인 학교들을 선정한 뒤 2차 집락 단위로 학급을 설정하였다. 한국의 학교들은 통상 우열반 편성이 되지 않기 때문에 여러 다양한 특성을 가진 학생들이 골고루 분포하는 이상적인 집락의 조건을 갖추고 있기 때문이다. 이렇게 전국에 걸쳐 선정된 42개교를 대상으로 학급을 다시 추출한 결과 <표 6-2>와 같이 최종적인 표본을 선정하였다.

〈표 6-2〉 최종 표본 선정

집단	대상	학교 수	대상자 수
학생	중학생 2, 3학년별 무작위 15명=30명 고등학생 1, 2, 3학년별 무작위 10명=30명	20개교 22개교	1,260명
학부모	1, 2, 3학년 5명씩=15명	42개교	630명
교사	교장, 교감, 생활지도부장, 각 학년부장, 학교운영위원회 위원장=7명	42개교	294명
계			2,184명

이렇게 총 2184명의 표본을 대상으로 2006년 10월 27일 설문지를 배포하였으며 총 1,955부가 회수되어 89.5%의 높은 회수율을 보였다.

2. 조사 방법

조사 방법으로는 자기기입식 설문지법을 사용하였다. 설문지의 내용을 약술하면 학교생활에서 경험한 인권침해적 요소를 얼마나 많이 경험했는가에 대한 것, 그리고 그러한 경험에 대한 응답자의 생각을 묻는 질문들로 주로 구성되었다. 이를 위해 학교 규칙 인지도, 제정 절차, 바람직한 제정 및 개정 절차에 관한 것, 학교 규칙 준수 정도 및 인권침해 인식 정도에 관한 것, 처벌 여부, 처벌 종류, 지도 방법, 징계처리에 관한 것, 학교생활 인권침해 여부, 인권침해 대응 방안에 관한 것, 청소년 권리 인식 정도에 관한 것, 인권침해 방지 과제, 인권 교육 필요성에 관한 것, 건강권 침해에 관한 것, 일할 권리에 관한 영역의 문항들을 작성하였다.

설문지들은 학생용, 학부모용, 교사용으로 별도 제작하였다. 배포하기 전해 학생들을 대상으로 3차에 걸쳐 파일럿 스터디를 실시했으며, 관련 전문가, 교수들을 대상으로 타당도 검증을 받았다.

3. 분석방법

수합된 설문지는 정선과 코딩 작업을 거쳐 SPSS Window Version 13.0을 사용하여, 통계 처리하였다. 중학생과 고등학생들이 느끼는 인권 상황에 대한 파악을 위하여, 빈도분석을 기초로, 지역별, 설립별, 단계별, 공학별, 계열별에 따른 차이를 검증하기 위하여 교차분석을 실시하였다. 학생뿐만 아니라 학부모집단, 교사집단과의 차이를 알아보기 위한 교차분석을 함께 실시하였다. 아울러 학교생활규칙에 대한 지지 정도의 집단 간 차이를 알아보기 위한 분산분석(ANOVA)을 실시하였다.

Ⅲ. 조사 결과

1. 응답자들의 인구학적 특성

이 연구의 조사 대상자는 전국의 중고 재학생 및 교사와 학부모를 모집단으로 층화 표집한 1,955명이다. 이들을 집단별로 나누어 보면 <표 6-3>과 같다. 이 가운데 학생이 1,160명으로 가장 많고, 다음은 학부모 533명이며, 교사가 262명으로 가장 적다.

〈표 6-3〉 응답자의 집단별 비율

	빈도	백분율	유효백분율	누적백분율
학생	1,160	59.3	59.3	59.3
학부모	533	27.3	27.3	86.6
교사	262	13.4	13.4	100.0
합계	1,955	100.0	100.0	

응답자들을 거주 지역별로 살펴보면 <표 6-4>와 같다. 서울 및 5대 광역시를 합산한 대도시 응답자가 전체의 40% 이상을 차지하고 있으며 농어촌 응답자는 20%에 미달하고 있다. 이 분포는 실제의 인구분포를 잘 반영하고 있다. 여기에 학생, 학부모, 교사 간의 차이는 나타나지 않는다.

〈표 6-4〉 응답자 거주 지역 특성별 분류

지역	학생		학부모		교사	
	빈도	백분율	빈도	백분율	빈도	백분율
대도시	527	45.4	253	47.5	116	44.3
중소도시	432	37.2	201	37.7	103	39.3
농어촌	201	17.3	79	14.8	43	16.4
합계	1160	100.0	533	100.0	262	100.0

응답자를 학교 급별로 보면 <표 6-5>와 같다. 학생, 학부모, 교사 모두 중학교가 가장 많아 절반에 육박하고 있다. 다음으로 인문계 고등학교가 35% 내외의 비율을 보이고 있다. 이는 실제 학교 급간 구성비와 큰 차이가 없는 비율로 표본이 골고루 수집되었음을 보여준다.

〈표 6-5 〉 응답자의 학교 급별 분포

학교 편성별	학생		학부모		교사	
	빈도	백분율	빈도	백분율	빈도	백분율
중학교	558	48.1	263	49.3	128	48.9
인문고	407	35.1	195	36.6	96	36.6
실업고	87	7.5	39	7.3	17	6.5
특목고	58	5.0	21	3.9	12	4.6
대안학교	50	4.3	15	3.4	9	3.8
합계	1,160	100	533	100	262	100

응답자가 재학하는 학교를 설립별로 살펴보면 <표 6-6>과 같다. 국공립학교 재학생이 사립학교보다 약간 더 많음을 확인할 수 있다. 이는 학부모와 교사에게서도 마찬가지로 나타나서 대체로 53 : 47의

비율에 이른다. 이는 실제 전체 학교에서 사립학교가 차지하는 비중보다 더 많은 표집이 이루어졌다는 의미다. 사립학교에 상대적으로 더 많은 표집이 이루어진 이유는 인권침해와 관련한 진정들이 사립학교에서 더 많이 나타나고 있는 현실을 감안하여 가중 표집했기 때문이다.

〈표 6-6〉 응답자 재학 학교 설립별

학교 설립별	학생		학부모		교사	
	빈도	백분율	빈도	백분율	빈도	백분율
국공립	616	53.1	282	52.9	140	53.4
사립	544	46.9	251	47.1	122	46.6
합계	1,160	100.0	533	100.0	262	100.0

응답자의 성별 분포는 〈표 6-7〉과 같다. 학생의 경우는 남녀의 성비가 전국 인구 평균과 일치하여 약간의 남초 현상을 보여주고 있지만 학부모와 교사의 경우는 여자의 비율이 한결 높다. 이는 아버지보다 어머니가 자녀에 더 관심이 많은 현실, 그리고 여교사의 비율이 높아지는 현상이 초등에 이어 중등교육 기관에서도 이미 보편화된 현실을 반영하는 것이다.

〈표 6-7〉 응답자의 성별 분포

	학생		학부모		교사	
	빈도	백분율	빈도	백분율	빈도	백분율
남자	614	53.2	136	25.5	85	32.4
여자	540	46.8	377	70.7	166	63.4
Total	1,154	100.0	513	96.2	251	95.8

청소년들을 직접 대면하고 많은 영향을 주는 교사의 특성은 <표 6-8>과 같다. 응답 교사들 중 경력이 20~30년인 교사들이 가장 많았다. 이는 최근 들어 심화된 교단 노령화 현상을 보여주며, 청소년들과의 문화적 세대 차이가 그만큼 더 심해질 가능성을 보여준다. 다음으로는 경력 10년~20년 이내의 이른바 386세대 교사들이 많은 수를 차지하고 있다. 교사들이 가입한 교직단체를 살펴보면 응답자들 중 가장 많은 44.5%가 교총에 가입해 있다. 그런데 경력 20년 이상 교사 층에서는 2/3가 넘어서 주로 노년층이 주류임을 알 수 있다. 그다음으로 아무 단체에도 가입하지 않은 교사가 36%로 나타났는데, 경력 10년 이내의 교사들은 무려 77% 이상이 아무런 단체에 가입하지 않아서 개인주의가 심화되고 있음을 보여주고 있다. 전국교직원노동조합 소속의 교사는 전체 응답자들 중 17%인데 10~20년인 이른바 386 세대는 30% 이상이 가입해 있다.

〈표 6-8〉 응답 교사들의 특성

		경력				Total
		10년 이내	20년 이내	30년 이내	30년 이상	
교총	빈도	5	28	57	20	110
	백분율	8.8%	36.8%	67.9%	66.7%	44.5%
전교조	빈도	6	24	11	1	42
	백분율	10.5%	31.6%	13.1%	3.3%	17.0%
한교조	빈도	0	0	1	0	1
	백분율	.0%	.0%	1.2%	.0%	.4%
좋은교사	빈도	0	0	0	1	1
	백분율	.0%	.0%	.0%	3.3%	.4%
자유교조	빈도	0	1	0	0	1
	백분율	.0%	1.3%	.0%	.0%	.4%

		경력				Total
		10년 이내	20년 이내	30년 이내	30년 이상	
없음	빈도	44	23	15	7	89
	백분율	77.2%	30.3%	17.9%	23.3%	36.0%
기타	빈도	2	0	0	1	3
	백분율	3.5%	.0%	.0%	3.3%	1.2%
합계	빈도	57	76	84	30	247
	백분율	22.1%	30.5%	32.4%	14.9%	100.0%

2. 학교생활규칙과 관련한 인권문제

지금까지 응답자들의 인구학적 특성을 살펴보았다. 이제 구체적인 응답 내용을 살펴보도록 하자. 먼저 학교 현장에서 가장 첨예하게 부딪치는 문제인 복장규정이 포함된 학교생활규칙과 관련한 인권문제를 살펴보자.

1) 학교생활규칙의 인지 및 공개 정도

본격적으로 학교생활규칙과 관련한 실태를 살펴보기 전에 먼저 학교생활규칙에 대한 인지도 및 공개도를 살펴보았다. 이는 인권 문제를 다룸에 있어 대단히 중요한 전제조건을 이룬다. 만약 학교 규칙을 위반한 학생에게 어떤 규제가 가해졌을 때 학생이 그 규칙을 잘 모르고 있었다면 이는 정당한 지도라고 보기 어려울 것이며, 인권침해의 소시노 있을 것이다. 하지만 위반한 학생이 그것이 학교규칙임을 알고 있다면 이는 공연한 규칙 위반을 한 것으로서 규칙에 따른

처벌 자체가 인권침해라고 보기는 어려워진다. 따라서 학생이 규칙을
어느 정도 인지하고 있는가 하는 것은 대단히 중요하다.

<표 6-9>는 응답자들의 학교규칙 인지도를 보여주는 것이다. 우선
응답자 전체를 살펴보면 학교 규칙에 대해 잘 알고 있다는 응답은
45.4%이며 어렴풋이 알고 있다는 응답이 48.0%다. 잘 모른다는 응답
은 6.6%에 불과하다. 하지만 이를 집단별로 구별해 보면 교사가 다른
집단에 비해 잘 알고 있다는 응답이 월등히 높아 78.3%에 이르며, 학
부모의 경우는 모른다는 응답이 다른 집단의 두 배가 넘는 13.8%에
달했다. 이는 교사가 다른 집단들에 비해 교칙에 훨씬 더 가까이 있음
을 보여주는 결과다. 반면 학생은 모른다는 응답은 매우 적었지만 잘
알고 있다는 응답이 교사에 크게 미치지 못한다. 이를 통해 확인할 수
있는 것은 교사는 교칙을 상세하게 알고 있는 반면, 학생과 학부모는 어
렴풋이 알고 있으며, 따라서 교칙을 적용함에 있어 상호 간의 오해가 발
생할 소지가 높다는 것이다. 교사는 엄정하게 교칙을 적용했다고 생각하
는데 학생은 이를 부당한 침해라고 해석할 가능성이 높은 것이다.

〈표 6-9〉 학교생활규칙 인지 정도

		규칙인지			Total	Chi-Square	p
		잘 알고 있다	어렴풋이 알고 있다	잘 모른다			
학생	빈도	462	642	52	1156		
	백분율	40.0%	55.5%	4.5%	100.0%		
학부모	빈도	217	238	73	528	187.453	.000
	백분율	41.1%	45.1%	13.8%	100.0%		
교사	빈도	202	53	3	258		
	백분율	78.3%	20.5%	1.2%	100.0%		
total	백분율	881	933	128	1942		
	백분율	45.4%	48.0%	6.6%	100.0%		

이러한 차이는 공교롭게도 학교 규칙에 가까운 순서대로다. 가장 가까이 있는 교사가 가장 많이, 구체적으로 알고, 가장 먼 학부모가 가장 모호하게 알고 있는 것이다. 이는 학교생활규칙이 학교 구성원들의 공동의 참여를 통해 만들어지지 않았으며, 설사 그렇다 하더라도 충분히 공개되고 안내되지 않았음을 의미한다.

<표 6-10>은 학교 홈페이지를 통한 학교생활규칙 공개 여부에 대한 응답결과다. 그런데 그 결과를 살펴보면 각 집단별 규칙 인지도와 홈페이지 공개 정도가 거의 비슷한 분포를 보이고 있다는 흥미로운 현상을 발견할 수 있다. 교사의 70% 이상이 학교생활규칙이 홈페이지를 통해 공개되어 있다고 응답했다. 그런데 50% 이상의 학생과 학부모들은 학교생활규정이 학교 홈페이지에 학교 규칙이 공개되었는지를 모르고 있었다. 이는 매우 역설적인 결과다. 규칙을 집행하는 측은 충분히 공개했다고 생각하고 있는데, 그 집행 대상이 되는 측은 그런 사실을 모르고 있는 것이다.

〈표 6-10〉 집단별 학교생활규칙 홈페이지 공개 인지 정도

| | | 학교생활규칙 홈페이지 공개 | | | Total | Chi-Square | p |
		있다	없다	모른다			
학생	빈도	451	80	621	1152		
	백분율	39.1%	6.9%	53.9%	100.0%		
학부모	빈도	210	42	269	521	233.45	.000
	백분율	40.3%	8.1%	51.6%	100.0%		
교사	빈도	186	39	33	258		
	백분율	72.1%	15.1%	12.8%	100.0%		
Total	빈도	847	161	923	1931		
	백분율	43.9%	8.3%	47.8%	100		

이상의 결과를 종합해 보면 교사들은 명확하게 학교 규칙임을 알고, 따라서 명백하게 규칙을 위반한 학생에게 교육적 의미의 징계를 내린다고 생각하는 반면, 학생들은 자신들이 무엇을 위반했는지 모호한 상태에서 벌을 받는 경우가 많음을 확인할 수 있다. 따라서 학교 측에서 보다 적극적으로 학교 규칙을 알릴 필요가 있다. 학생들이 자신이 어떤 규칙을 위반했는지 충분히 인지한 상태에서 각종 징계나 처벌이 이루어진다면 불필요한 인권침해 시비는 현저히 줄어들 것이기 때문이다.

하지만 이를 반드시 학교만의 책임이라고 보기는 어렵다. 학생과 학부모 역시 보다 적극적인 관심을 가져야 한다. 특히 학부모의 경우 학업성취도를 제외한 거의 모든 학교 사안에 무관심으로 일관하고 있다가, 어떤 불이익이 발생하면 감정적으로 대응하는 경우가 많은데, 이런 경우까지 인권 문제로 간주하여 보호해야 하는가는 논쟁거리로 남게 된다.

2) 학교생활규칙의 재·개정 절차

교사들은 학교 규칙에 대해, 또 그것의 공개 여부에 대해 잘 알고 있는 반면, 학생과 학부모가 잘 모르고 있다는 것은 그것이 제정되거나 개정되는 절차가 충분히 공유되고 있지 않음을 의미한다. <표 6-11>은 학교생활규칙이 재·개정되는 절차에 대한 응답 결과다. 그런데 표를 살펴보면 학교생활 규칙이 재·개정되는 절차에서 의견수렴 절차가 없는 경우는 그리 많지 않다. 어떤 식이든 학생의 의견은 수렴되고 있다. 또 의견수렴을 학생회가 주도하는 경우와 생활지도부가 주도하는 경우도 비슷하게 나타났다. 이 중 가장 많은 빈도

를 보여준 재개정 절차는 학생회가 학생의 의견을 수렴해 오면 교무
회의에서 교사들이 논의하고 최종적으로 학교 운영위원회에서 심의
결정하는 방식이었다. 다음으로 많은 빈도를 보여준 절차는 생활지
도부가 학생의견 및 교사의견을 수렴하여 운영위원회를 통해 심의
결정하는 방식이었다. 그런데 학생 응답자들 중 가장 많은 9.1%가
의견 수렴 절차가 없다고 응답한 반면 그런 절차가 없다고 응답한
학부모와 교사는 각 6.9%와 3.1%에 지나지 않아 학교생활규칙 재·
개정 시 의견수렴에 대한 반응 차이가 큰 것으로 나타났다. 즉 어른
들은 충분히 의견수렴을 했다고 생각하지만 학생들은 그런 절차가
없었다고 간주하는 것이다. 그러나 기본적으로 의견수렴 절차가 있
다는 점을 흔들 정도는 아니다.

〈표 6-11〉 학교생활규칙 재·개정 절차

	학생		학부모		교사	
	빈도	백분율	빈도	백분율	빈도	백분율
학생회 학생의견 수렴, 운영위 심의	150	12.9	55	10.3	23	8.8
학생회 학생의견 수렴, 교무회의, 운영위 심의	211	18.2	86	16.1	45	17.2
학생회 학생, 학부모 의견 수렴, 운영위 심의	89	7.7	28	5.3	9	3.4
학생회 학생, 학부모 의견 수렴, 교무회의, 운영위 심의	75	6.5	45	8.4	20	7.6
생활지도부 학생, 교사의견 수렴, 운영위 심의	69	5.9	26	4.9	23	8.8
생활지도부 학생, 교사의견 수렴, 교무회의, 운영위 심의	89	7.7	58	10.9	47	17.9
생활지도부 학생, 학부모, 교사의견 수렴, 운영위 심의	45	3.9j	20	3.8	23	8.8
생활지도부 학생, 학부모, 교사의견 수렴, 교무회의, 운영위 심의	46	4.0	43	8.1	46	17.6
의견수렴절차 없음	211	9.1	37	6.9	8	3.1
기타	107	9.2	60	11.3	3	1.1
합 계	1102	95.0	458	85.9	247	94.3

Chi-Square: 249.442(p = .000)

그렇다면 학교생활규칙 재·개정 과정에서 의견 수렴의 절차에는 큰 문제가 없다고 결론 내려야 할 것이다. 그럼에도 불구하고 학생과 교사 간의 학교규칙을 두고 온도 차가 크게 나타나는 것은 이 의견 수렴 절차가 지극히 형식적이거나 방법상 문제가 있기 때문일 것이다. <표 6-11>은 바로 학교생활규칙 재·개정 시 학생의견 수렴 방법에 대한 응답 결과를 제시한 것이다. 표를 확인해 보면 학생과 교사의 온도 차이는 의견수렴 절차의 유무가 아니라 그 방법에서 나타나고 있음을 확인할 수 있다. 교사들의 2/3인 67.6%는 학생들의 의견수렴 방법으로 학급회, 학생회와의 협의를 활용한다고 응답했다. 하지만 학생들은 불과 35.6%만 교사가 학급회, 학생회와 협의한다고 응답했다. 또 의견수렴 방법을 잘 모른다고 응답한 학생이 17.9%, 학부모가 29.6%에 달해 교육주체들 간의 의사소통이 잘 이루어지지 않음은 물론 의사소통 방법도 잘 모름을 보여주었다. 학교 홈페이지 게시판을 이용한 의견개진은 매우 저조하여 거의 제 기능을 발휘하지 못하는 것으로 나타났다. 이는 대부분의 학교 게시판이 실명제로 운영되기 때문에 학생들이 의견개진을 꺼리기 때문으로 보인다.

〈표 6-11〉 학교생활규칙 재·개정 시 의견수렴 방법

	학생		학부모		교사	
	빈도	백분율	빈도	백분율	빈도	백분율
학급회, 학생회와 협의	413	35.6	223	41.8	177	67.6
설문조사, 공청회	138	11.9	42	7.9	19	7.3
학생회 대표	201	17.3	44	8.3	37	14.1
게시판 의견	23	2.0	8	1.5	1	.4
의견수렴 없음	142	12.2	29	5.4	10	3.8
잘 모름	208	17.9	158	29.6	10	3.8
기타	10	.9	2	.4	0	0
합계	1135	97.8	506	94.9	254	96.9

Chi-Square: 129.274(p = .000)

이러한 반응 차이는 다른 문항에서도 계속 드러난다. <표 6-12> 와 같이 학생들이나 학부모들은 과반수가 언제 학교생활규칙이 개정 되었는지 잘 모르고 있다. 그러나 교사들은 41.2%가 2004년~2005 년 사이에 학교 규칙이 개정되었다고 정확하게 지적했으며 잘 모른 다는 응답은 16.4%에 불과하였다.

〈표 6-12〉 학교규칙 개정 시기 집단별 비교

	학생		학부모		교사	
	빈도	백분율	빈도	백분율	빈도	백분율
2000년 이전	21	1.8	14	2.6	13	5.0
2001~2003년	50	4.3	22	4.1	31	11.8
2004~2005년	235	20.3	71	13.3	108	41.2
2006년	152	13.1	50	9.4	49	18.7
잘 모름	626	54.0	314	58.9	43	16.4
합계	1,084	93.4	471	88.4	244	93.1

Chi-Square: 149.740(p = .000)

반면 무엇이 개정되었는가에 대해서는 <표 6-13>에서 확인할 수 있듯이 세 집단이 고루 비슷하게 알고 있는 것으로 나타났다. 개정 된 학교 규칙들 중 가장 많은 것은 두발 관련 규정이며, 다음으로 많은 것은 징계와 관련한 규정이다. 그러나 두발 관련 규정은 그 기 준이 조금 완화된 것에 불과하다. 또 징계 관련 규정의 개정은 중학 교 의무교육화로 인해 자퇴나 퇴학이 자동적으로 폐지된 것에 기인 한 것이다. 그 외 MP3, 휴대폰 소지 허용 등 보편화되어 통제가 사실 상 불가능해진 영역에 대한 개정이 기타 의견 중 다수를 치지하였다.

〈표 6-13〉 개정된 규칙

	교복 및 복장	양말, 스타킹	두발	장신구	신발	가방	학생회	징계 절차	징계 기준	기타
학생	226	182	500	54	115	83	109	150	180	72
학부모	93	70	170	20	53	45	56	46	53	33
교사	75	58	168	17	38	25	76	85	90	7

Chi-Square: 127.740(p = .000)

<표 6-14>는 바뀐 교칙에 대한 교사, 학부모, 학생의 만족도를 조사한 결과다. 학생의 20.5%, 학부모의 29.7%가 바뀐 학교규칙이 이전보다 합리적이라고 생각하고 있는 반면, 교사들은 무려 60.3%가 이전보다 더 합리적으로 개정되었다고 응답했다. 즉 교사들은 2004년~2005년 사이에 집중적인 개정으로 학교 규칙과 관련한 문제는 사라졌다고 믿는 경향이 강한 반면 학생과 학부모는 여전히 개선해야 할 점이 많다고 생각하는 것이다. 따라서 학생들은 여전히 학교 규칙에 대한 불만을 토로하고 더 많은 개정을 요구하지만 교사들은 이미 충분히 개정했다고 생각하기 때문에 여기에 대한 불만을 교권에 대한 도전으로 생각할 가능성이 커지는 것이다.

〈표 6-14〉 교칙 개정 집단별 만족도

		집단별		
		학생	학부모	교사
이전보다 합리적	빈도	150	94	135
	백분율	20.5%	29.7%	60.3%
약간 미흡	빈도	171	29	45
	백분율	23.4%	9.1%	20.1%
이전과 비슷	빈도	143	63	24
	백분율	19.5%	19.9%	10.7%
이전보다 나쁨	빈도	84	10	7
	백분율	11.5%	3.2%	3.1%
잘 모름	빈도	184	121	13
	백분율	25.1%	38.2%	10.2%
합계	빈도	732	317	224
	백분율	100.0%	100.0%	100.0%

Chi-Square: 117.740(p = .000)

3. 학교생활규칙의 시행 정도와 처벌

지금까지 살펴본 바와 같이 학교생활규칙은 그 재개정 과정에서 학생들의 의견 수렴을 거치기는 하였으나, 그 과정이 형식적이고 또 방법이 완전치 않음을 확인할 수 있다. 또 교사들은 개정 정도가 충분하다고 생각하는 반면 학생들은 미진하다고 생각함을 알 수 있다. 따라서 일선 학교에서는 오히려 이전보다 학교규칙을 놓고 더 많은 충돌과 갈등이 나타날 가능성이 있다.

그렇다면 학교생활규칙은 학교 현장에서 얼마나 지켜지고 있을까? <표 6-15>는 현재 학교에서 가장 보편적으로 집행되는 학교생활규칙들에 대한 준수 정도를 응답하게 한 결과다. 여기에서 대단히 흥미로우면서도 심각한 현상 하나를 발견할 수 있는데, 그것은 모든 영역을 막론하고 학생들의 다수가 학교생활규칙이 있으나 마나 하다고 응답하였거나 아니면 그런 교칙이 있는지 모른다고 응답하였다는 것이다. 학교생활규칙들 중 학생들이 엄격하게 지켜지거나 비교적 잘 지켜지고 있다고 응답한 비율이 높은 것은 교복 변형, 무스·스프레이, 염색·파마, 매니큐어, 화장과 같이 용의복장 규정 중에 비교적 눈에 잘 띄는 것들이었다. 반면 교복상용, 머리 길이, 머리 모양 같은 경우는 상당수가 있으나 마나 하다고 응답하였다. 또 이성 교제 관련, 집회 및 결사 관련, 자치회 관련 규칙에 대해서는 학생들의 대다수가 잘 모른다고 응답했다. 이는 학생들이 관심이 없거나 혹은 있다 하더라도 사실상 교사가 단속하기 불가능한 사적 영역에서 일어나는 일들이기 때문이다.

〈표 6-15〉 학교규칙 준수 정도의 집단별 빈도 비교(단위 %)

규칙	학생				학부모				교사			
	엄격히 지켜짐	제대로 지켜짐	있으나 마나	모름	엄격히 지켜짐	제대로 지켜짐	있으나 마나	모름	엄격히 지켜짐	제대로 지켜짐	있으나 마나	모름
교복상용	14.1	28.9	43.6	13.4	27.2	50.1	12.9	9.7	23.2	61.8	11.8	3.3
교복 변형 금지	16.1	34.2	34.0	15.8	19.9	48.4	23.7	8.0	16.7	66.7	15.4	1.2
외투 제한	7.0	14.5	40.1	38.3	21.9	44.3	23.2	10.7	11.2	61.0	26.1	1.7
외래어 표기 금지	10.1	22.0	47.5	19.8	11.9	28.6	34.9	24.6	11.7	44.2	34.6	9.6
잠바 금지	14.5	27.9	39.4	18.3	12.5	31.6	39.2	16.7	7.4	45.0	42.4	5.2
속옷 제한	9.5	17.9	52.2	20.4	19.3	44.5	21.3	14.8	11.2	61.6	24.4	2.9
양말 제한	20.6	26.2	40.7	12.6	16.3	34.7	36.3	12.7	7.9	50.4	37.2	4.5
두발 길이	16.0	18.5	48.5	17.0	16.3	42.6	32.1	9.0	7.4	53.3	36.5	2.9
두발의 형태	27.8	34.2	26.3	11.7	15.0	31.9	39.6	13.4	8.7	34.9	50.2	6.1
무스 금지	40.8	34.0	19.3	5.8	28.7	41.7	20.6	9.0	17.3	60.5	19.4	2.8
염색, 파마금지	29.1	32.7	24.9	13.3	42.9	41.7	10.4	5.0	29.1	61.0	8.4	1.6

규칙	학생				학부모				교사			
	엄격히 지켜짐	제대로 지켜짐	있으나 마나	모름	엄격히 지켜짐	제대로 지켜짐	있으나 마나	모름	엄격히 지켜짐	제대로 지켜짐	있으나 마나	모름
화장 금지	24.3	33.0	28.8	13.9	39.2	41.8	10.0	9.0	29.7	59.8	8.8	1.6
매니큐어 금지	24.8	34.0	31.4	9.9	37.9	40.1	12.6	9.4	27.4	55.6	14.5	2.4
장신구 금지	15.2	29.2	40.7	14.9	37.8	38.4	15.0	8.7	24.7	56.8	16.5	2.1
신발 제한	8.4	16.7	52.2	22.7	32.6	42.7	15.5	9.1	17.4	71.3	10.1	1.2
가방 제한	11.0	10.7	34.8	43.5	17.6	38.7	31.0	12.6	7.0	52.9	36.0	4.1
이성 손 잡기금지	13.3	12.0	28.8	45.9	20.2	31.5	19.3	29.1	17.2	30.1	40.7	12.0
이성 포옹 금지	17.9	18.6	17.2	46.3	30.2	29.8	12.6	27.4	23.0	44.7	19.4	12.9
불건전한 이성 교제 금지	17.9	27.5	14.5	40.1	33.8	34.0	8.6	23.5	31.4	55.9	6.8	5.9
동아리 제한	16.6	24.5	14.7	44.1	27.5	38.7	7.9	25.9	28.6	56.9	9.3	5.2
모금 제한	14.3	25.0	13.9	46.8	29.1	37.4	8.7	24.7	35.7	52.6	7.2	4.4
간행물 제한	14.3	23.6	11.9	50.2	29.7	38.0	7.7	24.6	34.5	51.8	7.2	6.4
정치활동 금지	11.5	19.9	19.5	49.1	35.2	32.4	8.3	24.1	42.3	48.8	4.0	4.8
집회 제한	16.8	26.4	20.6	36.1	25.4	36.8	12.0	25.8	27.9	55.9	9.7	6.5
입후보 성적 제한	14.4	25.1	15.1	45.4	13.1	36.1	19.5	31.4	11.9	44.9	33.5	9.7
입후보 벌점 제한	14.2	25.3	25.0	35.5	14.5	36.6	12.8	36.0	12.0	56.8	19.9	11.2

　　그런데 보다 엉뚱한 현상은 학생보다는 학부모가, 또 학부모보다는 교사가 규칙이 엄격히 지켜지거나 비교적 잘 지켜진다는 응답자가 많았다는 것이다. 즉 학생들은 이미 유명무실하다고 생각하고 있는 학교 규칙을 어른들은 제대로 지켜지고 있다고 생각하고 있다는 것이다. 이는 학생들이 어른들을 기만함으로써 규칙에 저항하고 있다는 해석을 가능하게 한다. 특히 교사들은 두발 관련 규칙을 제외하면 거의 모든 규칙들에 대해 과반수가 제대로 지켜지고 있다고 응답했다. 서꾸로 학생들은 두발 관련 규칙만이 비교적 엄격히 적용되고 있다고 응답했다. 이는 다른 영역에 비해 두발과 관련한 규칙만

유독 엄격하게 적용되고 있다는 의미이며, 즉 이 영역에서 학생과 교사의 충돌이 일어날 가능성이 가장 높음을 시사한다.

그런데 규칙이 엄격하게 지켜지고 있는지 아닌지에 대해서조차 모른다는 응답이 높게 나온 영역이 학생 자치와 관련한 부분이라는 사실은 심각한 현상이다. 이러한 현상들을 종합하면 학생들은 그저 머리모양 정도에서나 자기 권리를 생각하고, 정작 진정한 시민권의 영역인 공공에의 참여 영역에서는 무지하거나 무관심하다는 결론이 나오기 때문이다. 바로 이런 이유 때문에 단지 학생인권 보장의 수준이 아니라 인권 교육의 필요성이 제기되는 것이다.

<표 6-16>은 학교생활규칙이 청소년 인권침해라고 생각하는 정도를 측정하여 평균을 비교한 결과다. 이 수치가 4에 가까울수록 해당 규칙이 인권을 침해하고 있다고 생각하는 경향이 높은 것이며 1에 가까울수록 인권침해와 무관하다고 생각하는 것이다. 표를 살펴보면 학생들은 복장관련 규칙들, 두발관련 규칙들, 그리고 학생회 입후보자 성적제한 규정 등을 인권침해라고 생각하는 경향이 높은 것으로 나타났다. 그런데 거의 모든 규칙에 걸쳐 일관되게 교사들은 해당 규칙이 인권침해라고 생각하는 정도가 세 집단 중 가장 낮았으며 학부모는 그 중간에 위치했다. 분산분석(ANOVA)결과 세 집단 간의 학교생활규칙 인권침해 인식 정도의 차이는 전체 평균 및 각 규칙별로 모두 통계적으로 유의한 것으로 나타났다. 그리고 후속검사(Scheffe) 결과 이 차이는 주로 학생과 교사 사이에서 나타났다. 이는 학생들은 학교생활규칙이 인권을 침해한다고 여기는 정도가 높은 반면, 교사들은 그렇게 여기는 정도가 낮다는 것을 의미한다. 이는 해당 규칙에 근거하여 제재를 가하는 측은 그것을 교육적 행위라고 생각하고 있는데 제재를 받고 있는 측은 인권을 침해받고 있다고 여기고 있다는 것이다.

〈표 6-16〉 학교규칙 인권침해 인식의 집단별 비교

내용	순	규칙	학생		학부모		교사		F값	p
			평균	표준편차	평균	표준편차	평균	표준편차		
복장	1	교복상용	2.24	.876	1.94	.791	1.70	.771	50.447	.000
	2	교복 변형 금지	2.43	.859	1.98	.761	1.74	.701	95.624	.000
	3	외투 제한	2.62	.883	2.20	.833	1.95	.760	77.897	.000
	4	외래어 표기 금지	2.69	.968	2.29	.875	1.99	.753	70.847	.000
	5	잠바 금지	2.78	.924	2.42	.857	2.07	.786	69.187	.000
	6	속옷 제한	2.55	.917	2.21	.828	1.94	.739	58.381	.000
	7	양말 제한	2.69	.970	2.29	.854	2.07	.788	60.441	.000
두발	8	두발 길이	3.14	.945	2.38	.929	2.13	.815	180.167	.000
	9	두발의 형태	3.17	.977	2.47	.965	2.26	.886	135.903	.000
	10	무스 금지	2.38	.961	2.08	.890	1.95	.732	31.560	.000
	11	염색, 파마 금지	2.32	.974	1.88	.871	1.82	.713	52.477	.000
용모	12	화장 금지	2.12	.929	1.78	.832	1.76	.700	32.384	.000
	13	매니큐어 금지	2.27	.906	1.83	.827	1.80	.686	57.757	.000
	14	장신구 금지	2.46	.945	1.90	.830	1.86	.671	89.158	.000
	15	신발 제한	2.62	.947	2.01	.863	2.01	.666	107.981	.000
	16	가방 제한	2.79	.950	2.20	.874	2.20	.705	107.078	.000
이성	17	이성 손 잡기 금지	2.74	.980	2.17	.973	2.12	.951	189.831	.000
	18	이성 포옹 금지	2.54	.973	1.91	.900	1.79	.843	103.651	.000
	19	불건전 교제 금지	2.12	.951	1.79	.753	1.73	.706	31.548	.000
집회와 결사	20	동아리 제한	2.47	.932	2.09	.882	1.94	.741	50.948	.000
	21	모금 제한	2.31	.920	1.97	.856	1.83	.724	43.576	.000
	22	간행물 제한	2.29	.900	2.00	.884	1.87	.729	32.629	.000
	23	정치활동 금지	2.36	.930	1.92	.889	1.79	.725	62.442	.000
	24	집회 제한	2.57	.978	2.19	.925	1.98	.761	51.631	.000
자치	25	입후보 성적제한	2.86	.993	2.55	.920	2.22	.831	48.752	.000
	26	입후보 벌점제한	2.53	.973	2.28	.878	2.00	.781	35.575	.000
		합계	2.5276	.6166	2.1134	.5962	1.9304	.5992	142	.000

그런데 교사는 청소년들이 하루 중 가장 많은 시간을 접해야 하는 성인이다. 그 시간은 오히려 부모보다 더 많다고 할 수 있다. 따라서 이런 교사들과 청소년의 인권의식에서 반응 차이가 나타나는

것은 가볍게 넘어갈 일이 아니다. 따라서 이번에는 교사들의 교칙 인권침해 인식 정도를 교사 내부 집단별로 좀 더 상세히 분석해 보았다. 이 수치가 4에 가까우면 학교규칙이 인권을 침해하고 있다고 생각하는 것이며, 1에 가까우면 그 반대다. 그 결과는 <표 6-17>에 나온 바와 같다.

〈표 6-17〉 학교규칙 인권침해 인식의 교사 집단별 비교

교사집단		평균	사례 수	표준편차	F	p
경력별	10년 이하	2.0291	51	.59735	3.545	.015
	10-20년	2.0614	74	.64184		
	20-30년	1.7859	84	.60817		
	30년 이상	1.8603	37	.39690		
교원 단체별	한국교총	1.8416	106	.60080	4.553	.012
	전교조	2.1667	41	.67559		
	기타 / 무소속	1.9187	81	.51622		

먼저 경력별로 살펴보면 경력이 20년~30년 사이의 교사들이 학교생활규칙이 학생들의 인권을 침해하고 있다는 인식이 낮았으며 경력 10~20년의 교사들이 가장 높았다. 소속 교원 단체별로 보면 한국교총 소속 교사들이 학교생활규칙이 학생들의 인권을 침해하고 있다는 인식이 가장 낮았으며 전교조 소속 교사들이 가장 높았다. 그러나 인권침해의식이 가장 높다는 전교조 소속 교사들의 경우도 겨우 학부모들의 평균 수준에 불과하다. 즉 교사들 중 가장 진보적인 교사들이 겨우 일반인 수준으로 학교규칙의 인권침해성을 느끼고 있는 것이다.

그런데 학교규칙과 관련한 인권침해는 구체적으로는 그것을 위반

했을 경우 가해지는 제재에 의해 발생하게 된다. 따라서 학생들은 스스로 인권침해라고 생각되는 학교생활규칙에 의해 실제 얼마나 처벌을 받고 있는가 하는 것이 중요하다. 그 결과는 <표 6-19>와 같다.

그런데 표를 살펴보면 흥미로운 결과들을 여럿 발견할 수 있다. 우선 한 번 이상 학교규칙을 위반하여 처벌을 받은 적 있다고 응답한 학생은 전체의 30.2%였다. 그런데 자신의 자녀가 처벌을 받은 적 있다고 응답한 학부모는 불과 17.2%에 불과하다. 이러한 결과는 최근 자녀가 처벌을 받았다는 이유로 학교에 가서 행패를 부리는 학부모들이 늘어나는 현상이 어디에서 비롯되는지 보여주고 있다. 학생들은 특별한 경우가 아니면 학교에서 받은 처벌을 굳이 집에 말하지 않는다. 따라서 학부모는 자기 자녀가 실제보다 규칙을 더 잘 지키는 것으로 착각하고 있기가 쉽다. 즉 학교에서 아이는 집에서 알고 있는 것보다 더 불량하기 마련이라는 것이다.

또 하나 흥미로운 사실은 교사들 중 59.7%가 처벌을 가한 적이 있다고 응답한 사실이다. 즉 100명 중 60명의 교사가 처벌을 했는데, 처벌을 받은 학생은 30명인 것이다. 물론 처벌이 특정한 학생들에게 집중되기 때문에, 즉 걸리는 녀석만 자꾸 걸리기 때문일 수도 있다. 하지만 교사들은 스스로 학생들을 처벌했다고 생각하지만 실제 학생들은 그것을 처벌이 아니라 별것 아닌 것으로 받아들이고 있다는 해석도 가능하다. 이렇게 해석한다면 이는 일선 학교에서 훈육이 제대로 이루어지지 않는다는 뼈아픈 현상을 반영하는 것일 수 있다. 하지만 이 결과가 둘 중 어디에 해당되는지는 지금 제시된 자료만 가지고는 확인할 수 없기 때문에 보다 상세한 추후조사가 필요할 것이다.

〈표 6-19〉 학교생활규칙에 의한 처벌 경험

처벌경험		집단별			합계
		학생	학부모	교사	
아니다	빈도	665	373	91	1129
	백분율	57.9%	71.3%	35.3%	58.5%
그렇다	빈도	347	90	154	591
	백분율	30.2%	17.2%	59.7%	30.6%
잘 모르겠다	빈도	136	60	13	209
	백분율	11.8%	11.5%	5.0%	10.8%

Chi-Square: 149.740(p = .000)

하지만 처벌을 받았다는 것만으로 인권침해라고 볼 수는 없다. 청소년들은 어쨌든 이들은 학생들이며, 교육적 이유에서 처벌이 가해지는 것은 당연하다. 심지어 어른들도 정당한 절차에 의해 규정된 규범을 위반하면 처벌을 받는다. 따라서 중요한 것은 처벌을 받았느냐가 아니라 어떤 처벌을 받았느냐. 학교 규칙을 어긴 학생들이 주로 어떤 처벌을 받았는가에 대한 응답 결과는 <표 6-20>과 같다.

여러 처벌 종류들 중 학생들의 인권에 대한 가장 직접적인 침해라고 할 수 있는 것은 신체에 가해지는 처벌, 즉 처벌이다. 그런데 표에 따르면 학생들은 가장 직접적인 인권침해에 해당되는 기합, 구타 등의 체벌류 처벌은 모두 합해 10% 미만으로 그리 많이 받지 않는 것으로 나타났다. 불과 6%의 학생들이 몽둥이나 회초리 혹은 손발로 때리는 체벌을 받았다. 이는 전체의 40% 가량이 체벌을 경험했던 2000년의 상황(전교조, 한길리서치)과 비교하면 확실히 크게 개선된 것이다. 또 2000년대 들어 도입된 벌점제도가 점점 확대되어 가고 있는 효과도 확인할 수 있다. 교사들 역시 체벌을 가했다는 응답자는 전체 4.8%로 학생들의 절반 수준이기는 하지만 그리 많지 않은 것으로 나타났다. 학생들이 가장 많이 받았다고 응답한, 그리고 교사들이 가장 많이 가했다고 응답한 처벌은 훈계 혹은 잔소리로 나타났다. 그런데 여기서도 흥미로운 결과가 나타나고 있는데 훈계 또는 잔소리를 했다고 생각하는 교사들에 비해 훈계 또는 잔소리를 받았다고 생각하는 학생들의 수가 훨씬 적은 것이다. 이는 실제로 청소년들이 교사의 처벌을 처벌로 여기지 않는다는 위험한 현상을 보여준다.

〈표 6-20〉 처벌의 유형

처벌 종류		집단별			합계
		학생	학부모	교사	
처벌받지 않음	빈도	123	20	3	146
	백분율	11.0%	4.0%	1.4%	8.0%
훈계 또는 잔소리	빈도	331	103	138	572
	백분율	29.6%	20.8%	64.5%	31.3%
교내봉사	빈도	327	229	43	599
	백분율	29.2%	46.2%	20.1%	32.8%
사회봉사	빈도	77	60	4	141
	백분율	6.9%	12.1%	1.9%	7.7%
특별교육	빈도	30	18	1	49
	백분율	2.7%	3.6%	.5%	2.7%
기합	빈도	27	6	4	37
	백분율	2.4%	1.2%	1.9%	2.0%
몽둥이나 회초리	빈도	47	18	4	69
	백분율	4.2%	3.6%	1.9%	3.8%
손발로 맞음	빈도	21	4	4	29
	백분율	1.9%	.8%	1.9%	1.6%
벌점	빈도	116	30	8	154
	백분율	10.4%	6.0%	3.7%	8.4%
기타	빈도	19	8	5	32
	백분율	1.7%	1.6%	2.3%	1.8%

Chi-Square: 220.467(p = .000)

이렇게 체벌이라든지 기타 인권침해적인 처벌의 빈도가 그리 많지 않음이 확인되었다. 그렇다면 청소년들이 학교에서 학교생활규칙과 관련하여 아무런 인권침해도 받지 않는다고 말할 수 있을까? 사실은 그렇게 단정지을 수 없다. 왜냐하면 아무리 처벌이 가볍고 사소하다 하더라도 그것이 정당한 절차와 당사자의 충분한 소명기회 없이 가해진다면 그 역시 분명한 인권침해이기 때문이다.

따라서 아무리 가벼운 처벌이라도 청소년들이 그 과정에서 정당한 절차와 충분한 소명기회를 가졌는지 살펴볼 필요가 있다. 그 결과는 다음의 <표 6-21>과 같다. 여기서도 앞에서부터 계속 반복되어 나타나는 현상인 교사와 학생의 심각한 인식 차이가 드러났다. 교사의 86.7%는 처벌을 하기 전에 학생에게 충분히 그 이유와 절차에 대해 통보했다고 응답했지만 학생들과 학부모는 이와 거의 대칭되는 반응을 보여 각 83.7%, 90.0%가 충분한 통보를 받지 못했다고 응답했다. 즉 대부분의 교사들은 이유를 가르쳐 주었다고 주장하는데 정작 처벌을 받은 학생들은 무슨 이유 때문에 처벌받아야 하는지 잘 모르는 상태에서, 또 어떤 처벌을 어떤 절차에 따라 받게 될지 잘 모르는 상태에서 처벌받은 것이다. 즉 교사의 자의가 반영되었을 가능성이 큰 것이다. 이는 소명 절차에서도 마찬가지로 나타나서 대부분의 교사는 충분히 소명기회를 주었다고 응답한 반면 대부분의 학생과 학부모는 그렇지 않다고 응답했다. 다만 상담 등의 전문적인 지원 제공 여부에 대해서는 비교적 세 집단의 반응이 가까웠지만 그럼에도 불구하고 여전히 교사가 보다 긍정적이었다. 이렇게 연거푸 나타나는 교육주체 간의 반응의 차이는 한결같이 교사는 현 상황이 별 문제 없다고 여기고 있는 반면 학생과 학부모는 문제가 많다고 여기고 있음을 보여준다.

<표 6-21> 징계 절차에서 소명기회

			집단별			합계	Chi−Square	p
			학생	학부모	교사			
징계 통보	아니다	빈도	427	135	32	594	406.571	.000
		백분율	83.7%	90.0%	13.3%	66.0%		
	그렇다	빈도	83	15	208	306		
		백분율	16.3%	10.0%	86.7%	34.0%		
소명 절차	아니다	빈도	444	131	27	602	484.569	.000
		백분율	87.7%	91.6%	11.1%	67.5%		
	그렇다	빈도	62	12	216	290		
		백분율	12.3%	8.4%	88.9%	32.5%		
전문 지원	아니다	빈도	484	140	145	769	188.871	.000
		백분율	95.3%	99.3%	60.9%	86.7%		
	그렇다	빈도	24	1	93	118		
		백분율	4.7%	.7%	39.1%	13.3%		

4. 학교에서의 인권침해 경험

지금까지는 학교생활규칙과 관련한 인권침해 요소들에 대해 살펴보았다. 물론 학생들의 인권침해와 관련한 충돌이 가장 많이 일어나는 영역이 학교생활규칙을 두고 일어나는 실랑이지만, 학교에서 인권침해적 요소가 학교생활규칙만 있는 것은 아니다. 따라서 학생들의 학교생활 전반에 걸친 인권침해 실태에 대해 살펴볼 필요가 있다.

1) 기본권적 인권 상황

<표 6-22>는 청소년들이 학교에서 여러 가지 기본권적 인권을 침해받은 경험이 어느 정도 되는지 측정한 결과다. 이 결과는 기본 권적 인권과 관련되는 대표적인 사례들을 제시하고 그 사례에 해당 되는 침해 경험을 얼마나 많이 당했는지 물은 것이다. 교사와 학생 은 같은 수치라도 그 의미가 다르다. 교사의 경우는 침해받은 경험 이 아니라 침해한 경험이다. 이 수치가 4에 가까울수록 학생의 경우 는 인권을 침해받는 경험이 많은 것이며 1에 가까울수록 경험이 적 은 것이다. 학부모의 경우는 4에 가까울수록 자녀의 인권침해 경험 이 많은 것이며, 교사의 경우는 4에 가까울수록 인권침해를 행한 경 험이 많은 것이다.

각 항목들에 대한 침해 정도를 합산하여 평균을 구해 보았더니 학생이 가장 높아서 1.45, 학부모가 가장 낮아서 1.12를 나타내고 있 다. 그러나 어느 경우나 중간 값인 2에 미달하기 때문에 우리나라 학교에서 인권침해 사례는 평균적으로 보아 그 발생 빈도가 그리 많 다고 보기는 어렵다.

각 항목들을 살펴보면 차별과 관련한 권리, 그리고 복장·두발 등 표현과 관련한 자유권 등에서 침해받은 경험이 높은 것으로 나타났 다. 또한 교사의 폭행과 폭언도 다른 항목들에 비해 높은 수치를 보 여주었다. 그러나 참여와 관련한 공공권리에 대해서는 대체로 침해 경험이 많지 않은 것으로 나타났다. 이는 워낙 학생 자치활동이 침 체되어 있기 때문에 이와 관련하여 학교로부터 침해를 받을 기회 자 체가 적기 때문이라고 보아야 할 것이다.

〈표 6-22〉 학교에서의 각종 인권침해 경험 정도

침해 항목			학생		학부모		교사		F	Sig.
			평균	표준편차	평균	표준편차	평균	표준편차		
평등	차별받지않을권리	가정배경차별	1.22	.562	1.15	.473	1.22	.594	3.250	.039
		성별차별	1.56	.925	1.22	.545	1.35	.694	32.505	.000
		성적차별	2.03	1.045	1.51	.825	1.23	.522	105.805	.000
		임원차별	1.62	.886	1.34	.675	1.23	.540	38.546	.000
		외모차별	1.39	.795	1.15	.478	1.14	.456	27.426	.000
자유권	표현	두발간섭	1.87	1.080	1.47	.802	1.63	.978	30.200	.000
		복장간섭	1.68	.969	1.28	.594	1.63	.955	37.778	.000
		매체침해	1.31	.714	1.12	.410	1.17	.540	18.006	.000
		의견묵살	1.48	.827	1.21	.527	1.18	.495	34.630	.000
		학칙개정시 참여제한	1.24	.653	1.09	.391	1.14	.450	12.029	.000
	사상양심	국가관 강요	1.25	.649	1.08	.378	1.11	.441	18.693	.000
		국기경례강요	1.18	.523	1.06	.320	1.24	.589	14.108	.000
		종교강요	1.17	.598	1.09	.418	1.09	.439	5.248	.005
		종교강요(기독학교)	2.17	.454	2.15	.599	1.87	.566	14.555	.000
	집회결사	자치제한	1.28	.660	1.12	.457	1.09	.424	19.977	.000
		결사제한	1.34	.723	1.13	.442	1.16	.485	22.697	.000
		집회참여제한	1.20	.588	1.11	.424	1.15	.452	5.584	.004
	사생활통신	일기장검사	1.20	.676	1.08	.384	1.18	.579	7.235	.001
		소지품검사	1.63	.845	1.36	.656	1.72	.834	24.977	.000
		사적정보공개	1.31	.670	1.11	.404	1.16	.493	22.126	.000
		통신자유침해	1.29	.737	1.13	.459	1.14	.527	12.658	.000
보호권	착취학대	교사의 폭력	2.00	1.136	1.53	.888	1.90	.977	36.123	.000
		교사의 폭언	1.82	1.032	1.37	.751	1.76	.857	40.398	.000
		친구의 폭력	1.25	.683	1.12	.426				
		친구의 폭언	1.44	.870	1.22	.609				
전체			1.45	.834	1.12	.532	1.28	.665	59.279	.000

특정종교 강요 행위 역시 그리 높지 않은 것으로 나타났다. 다만 대상을 기독교계 학교로 좁혔을 경우는 수치가 2.0을 넘어서 비교적 빈번하게 특정종교 강요행위가 발생하는 것으로 나타났다. 그러나 다른 종교계 학교에서는 일반 학교와 큰 차이를 보이지 않았다.

그런데 여기에서도 여전히 학생과 교사의 인식 차이가 분명하게 나타나고 있다. 이는 거의 모든 영역에 걸쳐서 반복되는 현상으로 교사가 스스로 인권을 침해했다고 여기는 정도에 비해 학생이 인권을 침해당했다고 여기는 정도가 월등히 더 높게 나왔다. 게다가 학부모의 수치가 가장 낮은 것에 주목해야 한다. 이는 학부모들이 생각하는 것보다 학교에서 인권침해 사례가 더 많이 발생하고 있음을 보여주고 있기 때문이다.

특히 교사에 의한 신체적, 언어적 폭력의 경우 학생들의 응답과 교사들의 응답이 유일하게 거의 일치하고 있음을 주목해야 한다. 적어도 폭력과 폭언에 대해서는 교사들 스스로도 학생의 인권을 침해했다고 느끼고 있음을 보여주고 있기 때문이다. 다만 학부모들은 폭력과 폭언에 대해 현저하게 낮은 값을 보여준다. 이는 두 가지로 해석할 수 있다. 하나는 학생들은 학부모가 상상하는 것보다 더 많이 언어적, 신체적 폭력을 경험한다는 것이다. 또 다른 해석은 학부모들이 도구주의적 교육관으로 인해 학교에서의 폭력에 대해 무감각하다는 것이다. 이는 성적향상을 이유로 학원에서 매우 강도 높게 행해지는 폭력과 폭언에 대해 학부모들이 적극적으로 동조하고 있는 현실을 감안할 때 설득력이 높은 해석이다.

어쨌든 이상의 결과는 한국 학교가 청소년 인권의 사각지대이며 일상적인 인권침해가 일어나고 있는 공간인 양 묘사하는 것이 지나친 과장임을 보여준다. 한국 학교의 청소년 인권침해 정도는 중간

이하로 나타나 흔하게 발생하는 일이 아닌 것으로 나타났기 때문이다. 다만 문제는 교사와 학생의 인식 차이에 있지 그 빈도에 있는 것이 아니다.

5. 인권의식

지금까지 학교 및 부업 현장에서의 학생 인권 실태에 대한 분석 결과를 살펴보았다. 이제 학교 주체들인 학생, 학부모, 교사들이 발생하는 인권침해 사례에 어떻게 대응하고 있으며, 또 그들의 인권의식은 어느 정도인지 살펴보도록 하자.

1) 인권침해 대응

<표 6-23>은 교사나 학교가 청소년의 인권을 침해하는 사례가 발생할 경우 어떻게 하는 것이 가장 바람직한가 하는 질문에 대한 응답결과다. 그냥 넘어가야 한다는 응답은 학생, 학부모, 교사를 막론하고 매우 낮게 나타나 청소년의 인권침해를 방치해서는 안 된다는 공감대는 일단 형성된 것으로 보인다. 하지만 학교에서 청소년 인권침해를 방지하기 위한 법적, 제도적 장치 마련에 대해서는 다른 반응을 보여주었다. 교사들은 상담 창구를 마련해야 한다는 응답이 압도적으로 많은 반면 학생은 상담 창구과 정부의 감시·징계가 42%로 동일하게 나왔다. 즉 교사들은 인권침해로 인한 청소녀들의 상처를 치유할 수 있는 창구로서 상담창구를 바라보는 반면 학생들의 요구는 정부가 학교 인권침해 상황에 적극적으로 개입하고 학교

나 교사를 통제하기를 희망한다고 볼 수 있다. 교사는 불과 3%만 국가개입에 동의하였다.

〈표 6-23〉 교사나 학교의 인권침해 발생 시 바람직한 대응

		집단별			합계
		학생	학부모	교사	
그냥 넘어감	빈도	63	14	14	91
	백분율	5.6%	2.8%	5.4%	4.8%
상담 창구 마련 필요	빈도	475	349	217	1041
	백분율	42.0%	68.7%	84.4%	54.9%
정부가 감시 징계	빈도	476	106	8	590
	백분율	42.0%	20.9%	3.1%	31.1%
잘 모름	빈도	106	34	14	154
	백분율	9.4%	6.7%	5.4%	8.1%
기타	빈도	12	5	4	21
	백분율	1.1%	1.0%	1.6%	1.1%

Chi-Square: 230.773(p = .000)

2) 청소년 인권 의식

학교의 3주체인 학생, 학부모, 교사들의 인권의식 수준이 어느 정도인지 측정한 결과는 <표 6-24>와 같다. 인권의식이라 함은 인권에 해당되는 여러 항목들을 제시하고 그것을 지키는 것이 중요하다고 응답한 정도의 평균을 구한 것이다. 표를 살펴보면 가장 기본적인 권리인 차별받지 않을 권리에 대한 의식은 세 집단 사이에 유의한 차이가 없으나 나머지 권리들에 대해서는 차이가 있음을 확인할수 있다. 대체적으로 학생들이 청소년 인권의식이 높았고, 다음은 학

부모, 그리고 교사가 가장 낮은 것으로 나타났다. 청소년들은 특히 폭력으로부터 보호, 합리적인 징계절차 등에 대한 권리 의식이 높았고 이는 학부모도 마찬가지로 나타났다. 그러나 교사들은 여기에 대해 대체로 둔감한 것으로 나타났으며 특히 두발, 복장, 신체의 자유에 대해서는 매우 낮은 것으로 나타났다. 다만 정책 결정에의 참여, 자치활동의 자유, 정치적 소신의 표현, 동아리·서클 활동의 자유 같은 경우는 교사와 학생의 의식의 차이가 거의 없었지만 오히려 학부모들의 의식이 매우 낮았다.

〈표 6-24〉 청소년 인권의식 집단별 비교

	학생		학부모		교사		전체		F	p
	평균	표준편차	평균	표준편차	평균	표준편차	평균	표준편차		
차별받지 않을 권리	3.49	.749	3.46	.653	3.41	.636	3.47	.710	1.600	.202
두발, 신체 자유	3.25	.736	2.68	.757	2.48	.707	2.99	.803	178.318	.000
매체. 정보 접근권	3.33	.664	3.22	.578	3.09	.572	3.27	.635	17.244	.000
정책 결정 참여 권리	3.30	.692	3.20	.573	3.05	.595	3.24	.655	17.710	.000
정치소신 표현 권리	3.29	.703	3.11	.668	2.89	.679	3.19	.705	40.373	.000
종교 강요 거부 권리	3.25	.761	3.14	.658	3.10	.628	3.20	.720	7.109	.001
자치활동 참여권리	3.40	.670	3.29	.616	3.24	.600	3.35	.649	9.783	.000
동아리, 서클 활동 권리	3.18	.775	2.91	.719	2.93	.648	3.07	.754	27.980	.000
사생활 보호 권리	3.27	.790	3.03	.709	2.83	.658	3.15	.769	45.183	.000
폭력 보호 권리	3.61	.621	3.51	.592	3.26	.550	3.54	.615	36.150	.000
합리적 절차에 따른 징계	3.47	.664	3.47	.598	3.33	.582	3.45	.638	5.441	.004
징계 시 자기 변호권리	3.35	.676	3.27	.611	3.16	.529	3.31	.644	9.665	.000
일할 권리	3.25	.808	2.95	.866	3.04	.695	3.14	.821	27.181	.000
인권의식	3.33	.508	3.10	.428	3.01	.421	3.25	.481	45.75	.000

이는 인권교육이 학부모를 대상으로도 반드시 이루어져야 함을 보여준다. 학부모들이 학교에 요구하는 것은 결국 교사로부터 체벌 받

지 않으면서 학생들의 표현의 자유는 억압하고 입시교육이나 잘 시켜주는 것이기 때문이다. 이는 이른바 교육수요자라는 논리로 학부모의 학교 의사결정권 강화를 추진하는 정책이 오히려 청소년 인권을 압살할 수도 있음을 보여주는 결과다. 실제로 아침 8시부터 밤 11시까지 학교−학원으로 이어지는 13시간의 중노동을 시키고도 이것이 학생들의 기본적인 건강권마저 침해한다는 사실을 인정하지 않는 집단이 학부모다.

<표 6−25>는 학교 구성 집단들 중 인권의식이 가장 낮은 것으로 나타난, 그럼에도 불구하고 가장 많은 권력을 부여받고 있어서 사태를 더욱 심각하게 만드는 교사들의 인권의식을 내부집단별로 분석해본 결과다. 표에 따르면 가장 기본적이고 상식적인 '차별받지 않을 권리'를 제외하면 거의 모든 인권 항목에 걸쳐서 내부집단 간의 차이가 있음을 확인할 수 있다. 특히 경력 10~20년 사이의 교사들, 즉 이른바 386세대 교사들의 인권의식이 가장 높음을 확인할 수 있다. 심지어 이들은 항목에 따라서는 학생 자신들보다도 학생 인권의식이 더 높다. 따라서 학교에서 학생 인권이 보호되고 진작되기 위해서는 교사에 대한 무차별적인 제제와 간섭보다는 인권의식이 높은 이들 386세대 교사들의 자발적인 노력이 가능하도록 지원하는 방안이 가장 효과적일 것이다. 그럼에도 불구하고 두발, 복장과 관련한 문제를 학생 인권이라고 인정하는 정도는 가장 높은 386세대 교사들조차도 학생과 큰 차이를 보이고 있다. 즉 학생들이 큰 문제를 느끼지 못하고 있는 부분에서는 386교사들의 인권의식이 높으나, 정작 학생들이 가장 큰 불만을 느끼고 있는 복장, 두발 부분에서는 386교사가 다른 교사와 큰 차이가 없는 것이다. 따라서 학생들은 일상적인 만남 속에서 386교사들을 특별히 인권친화적이라고 여기지 않을

가능성이 크며, 따라서 스스로 인권친화적이라고 느끼고 있는 이들과 더 격렬한 충돌을 일으킬 가능성이 크다.

〈표 6-25〉 교사 경력별 청소년 인권 의식 차이

	10년 이내		10-20년		20-30년		30년 이상		F	p
	평균	표준편차	평균	표준편차	평균	표준편차	평균	표준편차		
차별받지 않을 권리	3.38	.499	3.57	.603	3.35	.735	3.34	.627	1.663	.176
두발, 신체 자유	2.56	.706	2.71	.693	2.35	.751	2.26	.503	4.662	.003
매체. 정보 접근권	3.08	.494	3.29	.522	3.05	.657	2.95	.524	3.218	.023
정책 결정 참여 권리	2.99	.514	3.34	.584	2.95	.634	2.95	.517	6.178	.000
정치소신 표현 권리	2.91	.502	3.30	.578	2.71	.769	2.66	.627	11.840	.000
종교 강요 거부 권리	3.09	.525	3.37	.599	2.96	.702	3.03	.545	5.059	.002
자치활동 참여권리	3.14	.499	3.43	.611	3.21	.622	3.21	.622	2.755	.043
동아리, 서클 활동 권리	2.91	.477	3.25	.660	2.79	.713	3.84	.547	6.596	.000
사생활 보호 권리	2.88	.643	3.04	.624	2.73	.683	2.66	.627	3.574	.015
폭력 보호 권리	3.13	.496	3.41	.513	3.33	.565	3.18	.609	3.814	.011
합리적 절차에 따른 징계	3.25	.539	3.52	.563	3.30	.597	3.29	.611	2.648	.049
징계 시 자기 변호권리	3.13	.563	3.29	.409	3.13	.593	3.14	.536	1.256	.290
일할 권리	2.84	.616	3.36	.689	2.98	.707	3.08	.640	6.612	.000
인권의식	3.02	.391	3.31	.384	2.99	.461	2.97	.380	9.671	.000

다음 <표 6-26>은 교사들이 가입한 교직단체별 교사들의 청소년 인권의식을 조사한 결과다. 몇 가지 항목을 제외하면 전교조 교사들의 청소년 인권의식이 가장 높고 교총 교사들이 가장 낮음을 확인할 수 있다. 그러나 이들은 주로 학생 자치, 정치, 동아리, 서클 활동, 사생활 보호 등에 대해 매우 높은 인권의식을 편중되게 가지고 있다. 정작 두발, 신체의 자유나 일할 권리 같은 경우는 그리 높은 인권의식을 보여주지 못하고 있다. 이러한 결과는 교사들 중 인권의식이 높은 집단이 존재하기는 하지만 여전히 사각지대가 있고, 특히

두발, 복장과 관련한 부분은 앞으로도 심지어는 진보적인 교사들조차 학생과 충돌을 일으키는 영역을 남을 가능성이 큼을 보여주고 있다.

〈표 6-26〉 교직단체별 청소년 인권의식 차이

	교총		전교조		기타 / 무단체		F	p
	평균	표준편차	평균	표준편차	평균	표준편차		
차별받지 않을 권리	3.31	.701	3.62	.492	3.42	.599	3.713	.026
두발, 신체 자유	2.34	.667	2.69	.811	2.61	.685	5.587	.004
매체. 정보 접근권	3.02	.641	3.33	.477	3.11	.507	4.663	.010
정책 결정 참여 권리	2.94	.595	3.24	.617	3.12	.557	4.908	.008
정치소신 표현 권리	2.73	.662	3.17	.730	3.03	.608	9.084	.000
종교 강요 거부 권리	2.94	.628	3.40	.627	3.15	.598	9.253	.000
자치활동 참여권리	3.18	.626	3.52	.594	3.17	.546	6.017	.003
동아리, 서클 권리	2.73	.676	3.31	.643	3.00	.561	13.479	.000
사생활 보호 권리	2.71	.643	3.14	.718	2.85	.617	6.935	.001
폭력 보호 권리	3.21	.592	3.43	.501	3.27	.536	2.363	.096
합리적 절차에 따른 징계	3.29	.613	3.50	.552	3.31	.574	1.995	.138
징계 시 자기 변호권리	3.13	.544	3.25	.588	3.18	.492	.823	.440
일할 권리	2.95	.734	3.03	.768	3.17	.611	2.367	.096
인권의식	2.96	.424	3.28	.433	3.12	.416	9.984	.000

이렇게 청소년 인권에 대해 민감하게 생각하고 있는 교사집단 내 하위집단이 존재하고는 있으나, 그 존재가 정작 청소년 인권침해를 방지하는 데는 그리 기여하지 못하고 있음을 <표 6-27>과 <표 6-28>의 결과가 보여준다. 이 표에 제시한 자료는 교사들의 인권침해 경험을 교직 경력별로 또 가입 교직단체별로 비교해 본 것이다. 즉 이는 본인의 생각 여부와 무관하게 실제 학생들의 인권을 침해한 경험의 빈도를 측정한 것이다. 경력 10~20년의 이른바 386 교사들의 인권의식이 다른 집단에 비해 높음은 앞에서 확인한 바와 같다(<표

6-26> 참조). 그런데 이들은 정작 청소년의 인권을 침해한 경험이 얼마나 있는가 하는 질문에 대한 응답에서는 다른 연령집단과 의미 있는 차이를 보이지 않았다. 특히 교사들이 가장 빈번하게 침해했다고 응답한 항목인 폭력과 폭언에서 386교사들은 다른 연령층과 아무 차이를 보이지 못했다. 이는 교사들의 인권의식과 교사들의 실제 인권보호 행동과는 관계가 없는 현실을 보여준다. 아무리 인권의식이 높은 교사라 할지라도 학교의 규칙이 있고, 학교의 체제가 그렇게 움직인다면 선택의 여지가 없는 것이다. 학교생활규칙 제정 과정에서 소외되는 것은 학생뿐 아니라, 대다수의 교사에게도 해당되는 이야기이다.

〈표 6-27〉 청소년 인권침해 가해 경험 교직 경력별 비교

	10년 이내		20년 이내		30년 이내		30년 이상		F	p
	평균	표준편차	평균	표준편차	평균	표준편차	평균	표준편차		
가정배경차별	1.18	.606	1.18	.497	1.31	.673	1.21	.577	.834	.476
성별차별	1.39	.796	1.42	.712	1.33	.646	1.19	.577	.957	.414
성적차별	1.28	.491	1.20	.513	1.24	.527	1.24	.590	.263	.852
임원차별	1.30	.566	1.19	.480	1.26	.580	1.13	.529	.966	.409
외모차별	1.19	.480	1.13	.432	1.11	.411	1.18	.563	.543	.653
두발간섭	1.60	.842	1.61	.961	1.64	1.056	1.68	1.056	.056	.982
복장간섭	1.61	.846	1.64	.984	1.64	.998	1.62	.982	.014	.998
매체침해	1.11	.363	1.20	.624	1.21	.558	1.14	.536	.570	.635
의견묵살	1.18	.428	1.14	.476	1.21	.514	1.22	.591	.360	.782
학칙개정시 참여제한	1.09	.342	1.11	.421	1.15	.476	1.22	.584	.720	.541
국가관 강요	1.07	.260	1.06	.368	1.16	.531	1.17	.561	1.085	.356
국기경례강요	1.18	.428	1.18	.471	1.36	754	1.19	.677	1.916	.127
종교강요	1.07	.420	1.06	.401	1.11	.442	1.14	.543	.333	.801
자치제한	1.04	.187	1.05	.352	1.12	.521	1.17	.561	1.045	.373

	10년 이내		20년 이내		30년 이내		30년 이상		F	p
	평균	표준편차	평균	표준편차	평균	표준편차	평균	표준편차		
결사제한	1.11	.363	1.10	.409	1.22	.564	1.22	.591	1.338	.263
집회참여제한	1.07	.320	1.14	.443	1.16	.459	1.25	.604	1.233	.298
일기장검사	1.25	.606	1.19	.618	1.20	.632	1.03	.164	1.145	.332
소지품검사	1.63	.747	1.76	.885	1.79	.874	1.64	.762	.563	.640
사적 정보공개	1.16	.455	1.19	.553	1.15	.500	1.11	.398	.205	.893
통신자유침해	1.11	.489	1.21	.630	1.12	.448	1.11	.516	.678	.566
교사의 폭력	1.95	1.042	1.95	.953	1.99	1.006	1.50	.775	2.395	.069
교사의 폭언	1.65	.876	1.85	.802	1.87	.910	1.51	.768	2.116	.099

이는 교직단체별 학생 인권침해 경험을 조사한 <표 6-28>의 결과에서도 그대로 확인된다. 전교조 소속 교사들의 학생 인권의식이 교총 소속교사들이나 기타/무소속 교사들에 비해 높음은 앞에서 확인한 바 있다(<표 6-26> 참조). 그러나 정작 학생 인권침해의 가해자가 되었던 경험은 소속 교직단체와 무관한 것으로 나타났다. 유일하게 차이가 나타난 것은 소지품 검사 경험에서 무소속 교사들이 다른 교직단체 교사들에 비해 경험이 더 적게 나타난 것뿐이다. 더욱이 전교조 소속 교사들은 한국교총 소속 교사들보다 폭력이나 폭언을 더 많이 행사했다고 응답하여 나타나서 의식과 실행 사이의 큰 괴리를 보여준다. 물론 이런 표면적인 결과를 그대로 받아들일 수는 없다. 학생에게 폭력을 행사한 뒤 이를 폭력이라고 느끼는 감수성에도 차이가 있기 때문에 전교조 교사들이 교총교사들보다 폭력을 다 자주 행사한다고 말할 수는 없다. 그러나 적어도 전교조 교사들의 이상, 생각과 실제 그들이 행하는 현실 사이에 괴리가 크고, 개인의 힘으로 어쩔 수 없을 만큼 고착화되어 있음은 확인할 수 있다.

	한국교총		전국교직원노동조합		기타 / 무당파		F	p
	평균	표준편차	평균	표준편차	평균	표준편차		
가정배경차별	1.24	.649	1.26	.544	1.21	.590	.106	.900
성별차별	1.29	.670	1.46	.778	1.40	.713	1.132	.324
성적차별	1.21	.576	1.19	.397	1.26	.513	.387	.679
임원차별	1.23	.585	1.24	.484	1.26	.554	.108	.897
외모차별	1.16	.512	1.12	.328	1.16	.478	.139	.870
두발간섭	1.60	.979	1.69	1.070	1.54	.823	.348	.707
복장간섭	1.63	.975	1.67	1.004	1.52	.813	.511	.600
매체침해	1.19	.583	1.21	.682	1.14	.439	.286	.752
의견묵살	1.19	.535	1.20	.511	1.16	.450	.145	.865
학칙개정시 참여제한	1.18	.528	1.05	.216	1.11	.409	1.549	.215
국가관 강요	1.17	.536	1.05	.309	1.10	.400	1.145	.320
국기경례강요	1.31	.646	1.21	.565	1.19	.562	1.030	.359
종교강요	1.10	.450	1.05	.312	1.11	.513	.293	.746
자치제한	1.13	.493	1.10	.484	1.04	.334	.889	.413
결사제한	1.25	.562	1.07	.463	1.10	.400	2.994	.052
집회참여제한	1.20	.521	1.10	.297	1.11	.438	1.252	.288
일기장검사	1.22	.641	1.21	.682	1.16	.495	.299	.742
소지품검사	1.88	.872	1.71	.944	1.51	.676	5.089	.007
사적 정보공개	1.15	.522	1.24	.617	1.16	.424	.529	.590
통신자유침해	1.13	.490	1.21	.682	1.14	.531	.395	.674
교사의 폭력	1.85	.985	2.02	1.047	1.89	.970	.449	.639
교사의 폭언	1.73	.846	1.98	.869	1.67	.874	1.891	.153

6. 학교 내 청소년 인권 문제의 원인과 대책에 대한 견해

지금까지 학생 인권 문제의 실태, 그리고 이와 관련한 교육주체들의 의식에 대해 살펴보았다. 그렇다면 이러한 문제의 원인과 대책에 대해 이들은 어떤 생각을 가지고 있는지 살펴보도록 하자.

<표 6-29>는 학교 내 청소년 인권문제의 발생 원인에 대해 교육주체들이 가지고 있는 의견을 비교한 것이다. 표에 따르면 교육 주체들 간의 의견이 엇갈리고 있음을 확인할 수 있다. 교사들을 살펴보면 학교 내 청소년 인권문제 발생원인으로 2 / 3 정도가 학급당 인원수의 과다로 꼽았다. 즉 과밀학급이 통제와 질서유지의 압력을 생산하고, 이를 위해 교사가 필요악처럼 학생들의 인권을 침해할 수밖에 없다는 것이다.

〈표 6-29 〉 학교 인권문제의 원인

		집단별			합계
		학생	학부모	교사	
학생수 과다	빈도	392	231	156	779
	백분율	35.5%	48.0%	66.7%	42.8%
제도 장치의 미흡	빈도	188	64	8	260
	백분율	17.0%	13.3%	3.4%	14.3%
규칙 자체 반인권적	빈도	128	23	15	166
	백분율	11.6%	4.8%	6.4%	9.1%
제도의 형식적 운영	빈도	150	60	15	225
	백분율	13.6%	12.5%	6.4%	12.4%
교사 인권교육 미비	빈도	59	20	7	86
	백분율	5.3%	4.2%	3.0%	4.7%
인권교육 프로그램 미비	빈도	40	40	12	92
	백분율	3.6%	8.3%	5.1%	5.1%
교사의 자질 부족	빈도	105	30	9	144
	백분율	9.5%	6.2%	3.8%	7.9%
기타	빈도	42	13	12	67
	백분율	3.8%	2.7%	5.1%	3.7%

Chi-Square: 130.704(p = .000)

그러나 학급당 인원수 과다가 인권침해의 원인이라고 응답한 학부모는 48%, 학생은 35.2%로 교사보다 현저히 적었다. 사실 학급당 인원수 과다 문제는 어떤 종류의 교육 사안이 나오더라도 빈번히 원인으로 제기되어 거의 식상할 정도의 요인이다. 하지만 이 경우에는 설득력이 높지 않다. 학교 내 인권침해 사례가 중소도시나 농어촌 학교에서도 발생하고 있으며, 그 빈도가 대도시 학교와 비교해 유의한 차이가 없기 때문이다. 주지하다시피 농어촌 학교는 과다학급은 커녕 과소학급 문제에 시달리고 있다. 따라서 과밀학급이 학교 내 청소년 인권문제의 결정적 원인이라고 보기는 어렵다.

과밀학급 다음으로는 제도의 문제가 많이 제기되었다. 제도가 미흡하거나 있더라도 형식적으로 운영되었다는 것이다. 여기에 대해서는 교사집단이 특별히 낮은 응답률을 보여 학생, 학부모와 큰 차이를 보이고 있다. 학생들의 경우는 학교 규칙자체가 반인권적이라는 응답도 비교적 높은 비율을 보여주었다. 반면 학생에 대한 인권교육, 교사에 대한 인권교육의 부족을 원인으로 꼽은 응답자가 가장 적어, 전반적으로 인권문제를 제도와 시스템의 문제로 보는 편향을 보여주었다.

그렇다면 학교 내 학생 인권문제를 해결하기 위해 어떤 대책이 필요할까? <표 6-30>은 이 문제에 대한 응답 결과다. 교사들은 과밀학급을 원인으로 주로 꼽았던 것과 마찬가지로 37.7%가 학급당 인원수 감축이 무엇보다 먼저 해결되어야 한다고 응답하였다. 그러나 학생과 학부모는 교사보다 현저하게 적은 응답비율을 보여주어 여기에 동의하지 않았다. 반면 학생과 학부모는 제도마련, 학교 규칙의 자율적 제정을 가장 시급한 것으로 꼽았으며 이와 더불어 교사에 대한 인권교육 강화를 제기하였다. 흥미 있는 사실은 교사들 역시 상당수가 학교규칙의 자율적 제정과 교사에 대한 인권교육 강화가 시급하다고 응답했다는 점이다. 반면 교사들은 인권개선을 위한 제도장치 마련에 대해서는 부정적이었다.

이러한 현상은 두 가지 측면에서 시사점을 보여준다. 그중 하나는 학생과 학부모의 요구에 따라 제도적 장치를 마련하고 이를 바탕으로 학교 내 인권문제를 해결하고자 할 경우 제도적으로는 큰 문제가 없다고 생각하고 있는 교사들의 저항에 부딪치거나 혹은 단지 관료제적 형식주의로 그칠 가능성이 크다는 것이다. 다른 하나는 학생 인권을 보호하기 위해 제도적 장치를 강화할 경우 오히려 이것이 교사들의 권리를 압살하고 간섭하는 장치로 받아들여질 가능성이 크다는 것이다. 이렇게 될 경우 이 제도가 학교 현장에서 큰 힘을 발휘하기 어려울 것이다. 그러나 교사들에 대한 인권교육을 강화하고 각종 연구·연수기회를 부여한다면 교사들의 자발적 실천을 통해 비교적 좋은 효과가 있을 것이다.

〈표 6-30〉 학교 내 청소년 인권문제 개선을 위해 필요한 조치

		집단별			합계
		학생	학부모	교사	
학생 수 축소	빈도	104	70	88	262
	백분율	9.3%	14.4%	37.6%	14.3%
제도 장치 마련	빈도	281	79	11	371
	백분율	25.2%	16.3%	4.7%	20.2%
교칙 자율제정	빈도	259	68	37	364
	백분율	23.3%	14.0%	15.8%	19.9%
교사 교육 강화	빈도	166	99	38	303
	백분율	14.9%	20.4%	16.2%	16.5%
인권교육 프로그램 개발	빈도	81	71	19	171
	백분율	7.3%	14.6%	8.1%	9.3%
교사 인격 자질 함양	빈도	123	60	19	202
	백분율	11.1%	12.3%	8.1%	11.0%
상담기회 확대	빈도	79	35	15	129
	백분율	7.1%	7.2%	6.4%	7.0%
기타	빈도	20	4	7	31
	백분율	1.8%	.8%	3.0%	1.7%

Chi-Square: 203.763(p = .000)

그러나 문제는 교사들의 자질이다. 교사들은 한사코 과밀학급의 문제만 제기할 뿐 학교 인권문제에서 자신들의 책임을 거부하였다. 또 해결책으로도 제도적인 강제에 강한 반발을 보여주었다. 그렇다면 우리나라 교사들은 이러한 제도적 장치 없이 학생들의 인권을 지켜줄 수 있는 집단일까? 교사들이 스스로 학생 인권의 침해자에서 수호자로 바뀔 수 있을까? 또 교사들은 학생 인권의 수호자로 과연 어느 정도나 신뢰받고 있으며, 그들 스스로는 얼마나 자신하고 있는가? 그 결과는 <표 6-31>과 같다. 이 결과를 살펴보면 매우 냉소적인 모습이 드러난다. 우선 교사들의 반응을 보면 무려 72.6%가 자신들이 청소년의 인권을 매우 잘 지켜주거나 잘 지켜준다고 자평했다. 교사들은 스스로를 청소년 인권의 수호자로 높게 평가하고 있는 것이다. 학부모 역시 이보다는 낮지만 절반에 가까운 49.1%가 매우 잘 지켜주거나 잘 지켜준다고 응답하여 교사들을 비교적 신뢰하는 것으로 나타났다. 그런데 학생은 이보다 훨씬 낮아서 33.2%가 잘 지켜주거나 매우 잘 지켜준다고 응답하였다. 그렇다고 해서 학생과 학부모가 교사에게 부정적인 것은 아니다. 학부모의 11.9%, 학생의 21.8%가 교사가 청소년의 인권을 지켜주지 못한다고 응답하여 잘 지켜준다는 응답보다 훨씬 낮았기 때문이다. 따라서 일선 학교에서 교사들은 학생들 인권의 보호자로서는 그런대로 신뢰받고 있지만 그렇다고 충분한 신뢰는 확보하고 있지 못하고 있는 것이다.

<표 6-31> 청소년 인권 보호자로서 교사에 대한 신뢰

		집단별			합계
		학생	학부모	교사	
매우 잘 지켜줌	빈도	72	55	44	171
	백분율	6.3%	10.6%	17.0%	8.9%
잘 지켜줌	빈도	307	200	144	651
	백분율	26.9%	38.5%	55.6%	33.9%
보통	빈도	513	202	60	775
	백분율	45.0%	38.9%	23.2%	40.4%
잘 지키지 못함	빈도	167	49	8	224
	백분율	14.6%	9.4%	3.1%	11.7%
전혀 지키지 못함	빈도	82	13	3	98
	백분율	7.2%	2.5%	1.2%	5.1%

Chi-Square: 62.772(p = .000)

물론 이 정도 결과를 가지고 교사가 학생 인권의 수호자로서 충분한 신뢰를 받고 있다고 보기도, 또 완전히 불신받고 있다고 보기도 어렵다. 다만 학생과 학부모는 교사에 대한 기대를 완전히 거두지는 않은 상태다. 즉 학생 인권의 개선과 보호의 열쇠는 여전히 교사가 쥐고 있는 것이다. 따라서 교사의 행동에 제약을 가하는 제도보다는 교사의 의식을 개선시키는 교사 대상의 학생 인권교육이, 또 학생들 자신들에게 스스로의 권리를 인식시키는 학생 대상의 인권교육이 현장의 저항도 적고 효과적인 방법이 될 수 있을 것이다. 여기에 대한 교육 주체들의 생각은 <표 6-32>와 같다. 표에서 보는 바와 같이 학생을 대상으로 하는 인권교육에 대해서는 학생의 88.2%, 학부모의 96%, 교사의 93.7%가 필요하거나 반드시 필요하다고 응답하였다. 그런데 반드시 필요하다는 응답의 비율이 교사가 가장 낮은 것이 두드러진다. 또 학생의 경우에는 모른다는 응답이 다른 집단보다 높은 것이 두드러진다. 다음 교사를 대상으로 하는 인권교육에 대해서는 학생의 89.8%, 학부모의 96.7%, 그리고 교사의 95.8%가 필요하거나 반드시 필요하다고 응답하였다. 특히 교사들의 매우 높은 찬성률이 두드러진다. 이는 교사들 역시 최근 자주 대두되는 학생 인권 문제에 대해 보다 많은 정보와 분명한 기준을 확인하고 싶어 함을 보여주는 결과다. 그런데 여기에서도 학생들은 다른 집단보다 모른다고 응답한 비율이 높았다. 이는 청소년들이 정작 자기들의 문제임에도 불구하고 여기에 대해 무관심하거나 아니면 어떤 의견을 표시하기에 충분한 정보를 가지고 있지 못함을 반영하는 것이다. 따라서 그 대상이 교사든, 학생이든, 학부모든 간에 학교 청소년 인권 문제의 해법은 교육주체들에 대한 인권 교육에 있음을 이 결과는 강하게 지지하고 있다.

〈표 6-32〉 인권교육의 필요성

			집단별			합계	Chi-Square	p
			학생	학부모	교사			
학생 인권 교육	반드시 필요	빈도	377	199	63	639	23.451	.000
		백분율	33.1%	38.1%	24.8%	33.4%		
	필요	빈도	628	302	175	1105		
		백분율	55.1%	57.9%	68.9%	57.7%		
	불필요	빈도	48	12	12	72		
		백분율	4.2%	2.3%	4.7%	3.8%		
	모름	빈도	87	9	4	100		
		백분율	7.6%	1.7%	1.6%	5.2%		
교사 인권 교육	반드시 필요	빈도	522	241	69	832	37.431	.003
		백분율	46.0%	46.5%	27.0%	43.6%		
	필요	빈도	497	260	176	933		
		백분율	43.8%	50.2%	68.8%	48.8%		
	불필요	빈도	30	4	9	43		
		백분율	2.6%	.8%	3.5%	2.3%		
	모름	빈도	87	13	2	102		
		백분율	7.7%	2.5%	.8%	5.3%		

Ⅳ. 요약 및 결론

1. 요 약

학생 인권에 대한 개선 요구가 높아지는 상황에서, 학생, 학부모, 교사들은 현 학생 인권 상황에 대해 어떻게 파악하고 있는지에 대한 설문조사의 결과는 다음과 같다.

조사 대상자는 전국의 중고 재학생 및 교사와 학부모를 모집단으로 층화 표집된 1,955명이다. 이들을 집단별로 나누어 보면 학생이 1160명, 학부모 533명, 교사가 262명이다. 서울 및 5대 광역시를 포함한 대도시 응답자가 전체의 40% 이상을 차지하고 있으며 농어촌 응답자는 20%에 미달하고 있다.

1) 학교생활규칙의 인지 및 공개 정도

학교 규칙에 대해 잘 알고 있다는 응답은 45.4%이며 어렴풋이 알고 있다는 응답이 48.0%다. 잘 모른다는 응답은 6.6%에 불과하다. 집단별로 살펴보면 교사가 다른 집단에 비해 잘 알고 있다는 응답이 월등히 높아 78.3%에 이르며 학부모의 경우는 모른다는 응답이 다른 집단의 두 배가 넘는 13.8%에 달했다. 국·공립학교보다 사립학교의 교칙이 더 많이 인지된 것으로 나타났다. 또 대안학교의 교칙이 가장 많이 인지되었으며 인문계 고등학교가 가장 적게 인지되고 있음을 확인할 수 있다.

학교 홈페이지에 학교 규칙을 공개했는지 여부를 조사한 결과를 살펴보면 절반 이상의 학생과 학부모들은 학교 홈페이지에 학교 규칙이 공개되었는지를 모르고 있었다.

2) 학교생활규칙의 재개정 절차

학교 규칙이 재개정되는 절차는 대체로 학생회 혹은 생활지도부가 주도하는 것으로 나타났다. 학생회가 학생의 의견을 수렴해 오면 교무회의에서 교사들이 논의하고 최종적으로 학교 운영위원회에서 심의 결정하는 방식이 가장 많고, 생활지도부가 학생의견 및 교사의견을 수렴하여 운영위원회를 통해 심의 결정하는 방식도 많이 사용되는 것으로 나타났다. 또 어른들은 충분히 의견수렴을 했다고 생각하지만 학생들은 그런 절차가 없었다고 간주했다. 의견수렴 방법을 잘 모른다고 응답한 학생이 17.9%, 학부모가 29.6%에 달해 의사소통 방법도 잘 모름을 보여주었다. 바뀐 교칙에 대한 만족도를 살펴보면 학생의 20.5%, 학부모의 29.7%가 이전보다 합리적이라고 생각하고 있었지만 교사들은 무려 60.3%가 이전보다 합리적이라고 대답해서 집단 간 차이를 보여주었다.

3) 학교생활규칙의 시행 정도와 처벌

현재 학교에서 가장 보편적으로 집행되는 규칙들에 대한 준수 정도를 응답하게 한 결과 학생들 다수가 해당 규칙이 있으나 마나 하다고 응답했고, 그런 교칙이 있는지 모른다는 반응을 보였다. 그중 엄격히 지켜지거나 비교적 잘 지켜지는 것은 교복 변형, 무스·스프레이, 염색·파마, 매니큐어, 화장과 같이 용의복장 규정 중에 비교적 눈에 잘 띄는 것들이었다. 반면 교복상용, 머리 길이, 머리 모양은 대부분 있으나 마나 하다고 응답하였다. 이성교제 관련, 집회 및 결사 관련, 자치회 관련 규칙에 대해서는 학생들 대다수가 잘 모른다고 응답했다. 학생보다는 학부모가, 또 학부모보다는 교사가 규칙이 엄격히 지켜지거나 비교적 잘 지켜진다는 응답자가 많았다.

학교 규칙이 청소년 인권침해라고 생각하는 정도를 측정하여 평균을 비교한 결과 학생들은 복장관련 규칙들, 두발관련 규칙들, 그리고 학생회 입후보자 성적제한 규정 등을 인권침해라고 생각하는 경향이 높은 것으로 나타났다. 모든 규칙에 걸쳐 일관되게 교사들은 해당 규칙이 인권침해라고 생각하는 정도가 세 집단 중 가장 낮았으며 학부모는 그 중간에 위치했다. 교사들의 교칙 인권침해 인식 정도를 교사 내부 집단별로 좀 더 상세히 분석해 본 결과 경력 20년~30년 사이의 교사들이 학교규칙의 인권침해인식이 낮았으며 경력 10~20년의 교사들이 가장 높았다. 교원 단체별로 보면 한국교총 소속 교사들이 가장 낮았으며 전교조 소속 교사들이 가장 높았다.

학생들의 30.2% 정도가 학기 초부터 한 번 이상 학교 규칙을 위반하여 처벌을 받았다. 학부모는 불과 17.2%만이 자녀가 처벌을 받았다고 응답했다. 교사들은 59.7%가 처벌을 가한 적이 있다고 응답했다. 교칙을 어길 경우 학생들이 가장 많이 받는, 또 교사들이 가장 많이 가하는 처벌은 훈계 혹은 잔소리로 나타났다. 이는 전체의 40% 가량이 체벌을 경험했던 2001년의 상황(전교조·한길리서치, 2001)과 비교하면 크게 개선된 것이다.

아무리 가벼운 처벌이라도 청소년들이 그 과정에서 정당한 절차와 충분한 소명기회를 가졌는지 살펴볼 필요가 있다. 그 결과 교사의 86.7%는 처벌을 하기 전에 충분히 통보했다고 응답했지만 학생들과 학부모는 이와 거의 대칭되는 반응을 보여 각 83.7%, 90.0%가 충분한 통보를 받지 못했다고 응답했다.

4) 기본권적 인권 상황

청소년들이 학교에서 여러 가지 기본권적 인권을 침해받은 경험이 어느 정도 되는지 측정한 결과 학생이 가장 높아서 1.45, 학부모가 가장 낮아서 1.12를 나타내고 있다. 그러나 어느 경우나 중간 값인 2에 미달하기 때문에 우리나라 학교에서 인권침해 사례는 평균적으로 보아 그 발생 빈도가 그리 많다고 보기는 어렵다.

평등권과 관련한 침해 정도를 살펴보면 대체로 중간 값인 2 이하를 나타내어 차별대우 자체는 그렇게 많지 않은 것으로 나타났다. 다만 여기에서도 여전히 학생과 교사의 인식 차이가 나타나고 있다. 이는 거의 모든 영역에 걸쳐서 반복되는 현상으로 교사가 스스로 인권을 침해했다고 여기는 정도에 비해 학생이 인권을 침해당했다고 여기는 정도가 월등히 더 높게 나왔다.

5) 청소년 인권의식

학교의 3주체인 학생, 학부모, 교사들의 인권의식 수준이 어느 정도인지 측정한 결과 가장 기본적인 권리인 차별받지 않을 권리에 대한 의식은 세 집단 사이에 유의한 차이가 없으나 나머지 권리들에 대해서는 차이가 있다. 대체적으로 학생들이 청소년 인권의식이 높았고, 다음은 학부모, 그리고 교사가 가장 낮은 것으로 나타났다. 청소년들은 특히 폭력으로부터 보호, 합리적인 징계절차 등에 대한 권리 의식이 높았고 이는 학부모도 마찬가지로 나타났다. 그러나 교사들은 여기에 대해 대체로 둔감한 것으로 나타났으며 특히 두발, 복장, 신체의 자유에 대해서는 매우 낮은 것으로 나타났다. 다만 정책 결정에의 참여, 자치활동의 자유, 정치적 소신의 표현, 서클 동아리 활동의 자유 같은 경우는 교사와 학생의 의식의 차이가 거의 없었지만 오히려 학부모들의 의식이 매우 낮았다. 교직단체별 교사들의 청소년 인권의식을 조사한 결과다. 몇 가지 항목을 제외하면 전교조 교사들이 가장 높다. 그러나 이들은 주로 학생 자치, 정치, 서클 동아리 활동, 사생활 보호 등에 대해 매우 높은 인권의식을 편중되게 가지고 있다. 정작 두발, 신체의 자유나 일할 권리 같은 경우는 그리 높은 인권의식을 보여주지 못하고 있다.

6) 학교 내 청소년 인권 문제의 원인과 대책에 대한 견해

청소년 인권문제의 발생 원인에 대해서는 교사들의 2/3 정도가 학급당 인원수의 과다를 원인으로 꼽았지만 여기에 동의한 학부모는 48%, 학생은 35.2%다. 다음으로는 제도의 문제가 많이 제기되었다. 제도가 미흡하거나 있더라도 형식적으로 운영되었다는 것이다. 다음은 교사의 자질이 부족하기 때문이라는 응답이 많았으며, 인권교육, 교사에 대한 인권교육 부족을 원인으로 꼽은 응답자가 가장 적었다.

학교 내 청소년 인권상황을 개선하기 위해 시급히 시행되어야 할 대책을 물어본 결과 교사들의 37.7%가 학급당 인원수 감축을 주장했지만 학생과 학부모는 제도마련, 학교 규칙의 자율적 제정을 가장 시급한 것으로 꼽았으며 이와 더불어 교사에 대한 인권교육 강화를 제기하였다.

교사들의 청소년 인권 수호 여부를 묻는 질문에 대해 교사들은 72.6%가 청소년의 인권을 매우 잘 지켜주거나 잘 지켜준다고 스스로 평가했다. 학부모 역시 49.1%가 매우 잘 지켜주거나 잘 지켜준다고 응답하였다. 학생은 이보다 훨씬 낮아서 33.2%가 잘 지켜주거나 매우 잘 지켜준다고 응답하였다. 그러나 학부모의 11.9%, 학생의 21.8%가 교사가 청소년의 인권을 지켜주지 못한다고 응답하여 잘 지켜준다는 응답보다 훨씬 낮았다.

학생을 대상으로 하는 인권교육에 대해서는 학생의 88.2%, 학부모의 96%, 교사의 93.7%가 필요하거나 반드시 필요하다고 응답하였다. 교사를 대상으로 하는 인권교육에 대해서는 학생의 89.8%, 학부모의 96.7%, 그리고 교사의 95.8%가 필요하거나 반드시 필요하다고 응답하였다. 특히 교사들의 매우 높은 찬성률이 두드러진다. 이는 교사들 역시 최근 자주 대두되는 청소년 인권 문제에 대해 보다 많은 정보와 분명한 기준을 확인하고 싶어 함을 보여준다.

2. 결 론

학교에서 일어나는 인권침해의 중심은 결국 학교생활규정을 중심으로 부딪치게 되는 교사와 학생의 충돌지점에서 발생한다. 이를 생활지도라 부르며 교육의 한 종류로 간주하려는 교사들과 명백한 인권침해로 간주하고 저항하는 학생들 간의 충돌은 그 과정 속에 폭언이나 체벌, 폭행 같은 새로운 갈등, 새로운 인권침해을 파생시킨다.

특히 교사들은 이러한 인권침해들이 교육적으로 합리화될 수 있다고 생각할 뿐 아니라 인권침해라고 생각하는 정도도 학생, 학부모보다 현저하게 낮아 앞으로도 이런 갈등이 계속 반복될 가능성을 보여 주었다. 물론 학교는 공동체이고 이 속에서 지켜야 할 규칙은 필요하다. 그러나 그 규칙이 인권을 침해하고 있으며, 그것이 제정되는 절차가 일방적이며 피해자의 의견을 거의 반영하지 않고 있다면 어떤 이유로도 이를 합리화하기 어렵다.

게다가 만 15세 이상의 청소년을 보호나 특별한 지도가 필요한 미성숙 개체로 간주할 특별한 이유가 없음은 앞에서 누차 확인한 바다. 이들은 한 사람의 시민으로서 기본권을 누려야 한다. 그럼에도 불구하고 교육이라는 이름으로 이러한 인권침해가 계속된다면 이는 헌법을 크게 거스르는 행위가 될 것이다.

그런데 한 가지 특기할 만한 상황은 교사들은 벌을 주었다고 생각하는데 학생들은 그렇지 않다고 여기는 현상이다. 즉 이는 교칙의 이름으로 가해지는 이른바 교육적 제재가 전혀 효과를 발휘하지 못하고 있으며 학생들의 사보타쥬성 저항에 직면하고 있음을 보여주는 현상이다. 한마디로 학교의 붕괴가 시작되고 있는 것이다. 이러한 점에서 학생들이 공감하고 인정할 수 있는 학교생활규칙이 필요한 것이며, 그들의 참여가 보장되어야 하는 것이다.

다만 학생들이 두발·복장과 같은 영역에서만 민감하게 반응하고 정작 기본권의 가장 핵심이 되는 참여의 영역에 무관심하거나 무지한 반응을 보인 것은 심각하게 지적해야 할 사항이다. 인권침해는 학생들 스스로의 낮은 인권의식에서도 기인하는 것이다. 세상에는 머리털과 옷보다 더 중요한 것들이 많다. 자신의 권리들 중 머리카락과 복장만 생각하는 사람은 다른 사람의 권리도 머리카락과 옷의 문제가 아니라면 무심히 침해할 가능성이 크다. 따라서 교사든 학생이든 인권교육의 문제는 시급하다. 이들에게 체계적인 인권교육을 제공하고 인권에 대한 깊은 수준의 성찰과 고민의 기회를 제공하여 스스로 권리의식을 일깨우고 인권침해에 대한 불의감을 예리하게 할 때, 해마다 잊을 만하면 재현되는 학교 내 인권침해 문제는 해소될 수 있을 것이다.

참고문헌

강순원 외(2001). 『인권교육과 평화교육 국가정책방안』. 청와대 정책기 획수석실 연구과제.

권재원(2004). "청소년 문화 활동 저해 요인으로서의 학원문제와 그 원인에 대한 연구: 학교 내 불만을 중심으로", 『시민교육연구』, 36(2), pp.1－22.

　　　(2005). "학교 복장규정이 청소년의 정치문화와 비행 가능성에 미치는 효과 연구", 『청소년학연구』, 12(1), pp.257－275.

길은배(2001). 『청소년 인권지표 개발연구, ― 청소년인권지표 개발을 위한 기초연구 ― 』. 한국청소년개발원.

김영지(2001). 『청소년 권리 시장 정책 프로그램 활성화 방안 연구』. 한국청소년개발원.

　　　(2004). 『외국의 청소년 인권정책연구』, 한국청소년개발원.

김정래(2002). 아동권리향연, 서울: 교육과학사.

문용린 외(2003). 『유・초・중・고 인권교육과정 개발 연구』. 서울: 국가인권위원회.

배경내(1998). 『학생인권침해에 관한 연구』. 연세대학교 석사학위논문.

배경내(2000). 『인권은 교문 앞에서 멈춘다』. 서울: 우리교육.

서경화(1990). 『학생의 권리』. 서울대학교 석사학위논문.

성정숙(1998). 학생과 교사의 아동・청소년 권리의식에 관한 연구, 중앙대학교 석사학위논문.

유네스코한국위원회(1998). 세계 청소년의 권리와 책임에 관한 결의들.

육이은(2001). "학생의 눈으로 본 어린이 · 청소년의 인권침해 실태 — 학교 현장을 중심으로 — ", 아시아 · 태평양 국제이해교육원 / 한국국제이해교육학회, '어린이 · 청소년의 인간적 권리', 2001년 제2차 국제이해교육 연구토론회 자료집, pp.35 − 48.

이순형 외(1992). 『청소년의 권리와 사회적 불평등』. 한국청소년연구원.

이용교, 이희길 역(1996). 『인권교육의 기법(Amnesty International)』. 한국청소년개발원.

이용교 외(1999), 『청소년 권익증진을 위한 국내외 활동 동향 연구』. 한국청소년개발원.

이용교(2004). 『청소년인권과 인권교육』. 서울: 인간과 복지.

이해주, 최윤진, 구정화(2005). 『중학생 인권교육 프로그램』. 국가인권위원회.

인권교육 사랑방(1999). 『인권교육 길잡이』. 서울: 사람생각.

전국교직원노동조합 · 한길리서치(2001). 스승의 날 기념 교사 의식조사, 서울: 전국교직원노동조합.

전국사회교사모임 인권교육분과(2003). 『땅콩선생, 드디어 인권교육하다』. 서울: 우리교육.

정준교(2002). 『사회적 자본으로서의 청소년인권 증진 방안』. 한국청소년개발원.

정희욱 외(2000). 『권리에 대한 청소년 의식 조사 연구』. 한국청소년개발원.

조금주 외 4인(1999). 『학교규율에 대한 교사와 학생의 인식에 기초한 대안 탐색 연구』. 한국청소년개발원.

조금주 외(2000). 『학교 자율 규율 제정 방안 연구』. 한국청소년개발원.

주희종 외(1998). 『청소년 인권의 현황과 대책』. 청소년보호위원회.

천정웅(1999). "청소년인권: UN · 국제기구의 발전노력과 주요국 동향", 한국청소년학회(1999). 『청소년 인권개선을 위한 대토론회』 자료집, pp.95 − 129.

최윤진(1991). "학생 청소년 권리의 내용과 그 제한 근거에 관한 고찰", 『한국청소년연구』, 2(4).

(1998). 『청소년의 권리』. 서울: 양서원.

(1999). "청소년권리제한 논리의 부당성에 관한 고찰", 『한국청소년 연구』, 10(1). pp.23-77.

(2000). "아동의 권리와 청소년의 권리", 『청소년학 연구』, 7(2).

최윤진, 이해주(2004). 『청소년 인권론』. 서울: 교육과학사.

표시열(1997). "학생 청소년의 인권 실태와 개선방안", 『오늘의 청소년』, 4월호, pp.14-20.

홍정선(1986). 『교육의 자유와 대학의 자치』. 서울대학교출판사.

Amnesty International(1996). *Our World, Our Rights -Teaching about Rights and Responsibilities in the Primary School.*

(1998). *Guideline for Human Rights Education for Teachers.*

Coles, B.(1995) *Youth and social policy.* London; UCL press.

Fischer, L., Schimmel, D., & Kelly, C.(1987). *Teachers and the Law.* New York & London: Longman.

Franklin B. (ed) (1995). *The Handbook of Children's Rights.* London and New York: Routledge.

Franklin B. (ed) (1986). The Rights of Children. Oxford: Basil & Blackwell.

Freeman, M. D. A. (1983). *The Rights and Wrongs of Children.* London: Frauces Pinter.

Levin L. (1988). The rights of the Child in P. Davies(ed). *Human Rights.* NY: Routledge, pp.40-51.

Nazario, T. A.(1988). *In Defense of Children.* N. Y.: Charles Scribner's So.

UNESCO(1998). *All Human Beings Manual for human rights education.* The Teacher's Library UNESCO Publishing.

United Nations(1998). *HUMAN RIGHTS -The United Nations Decade for Human Rights Education 1995 -2004 Lessons for Life.*

Wringe C. (1981). *Children's Rights.* London; Routledge & Kegan Paul.

부록: 설문지

『중·고등학생 인권상황 실태 조사』(학생용)

안녕하십니까?

이 설문지는 「국가인권위원회」와 「국가청소년위원회」가 공동으로 시행하는 2006년 중·고등학생 인권상황 실태 조사를 위한 과제의 일환으로 실시하는 것입니다. 이 설문지는 모두 익명으로 처리되어 여러분의 신상자료는 공개되지 않으며, 조사 결과는 학술적인 목적 외에는 절대 사용하지 않을 것입니다. 여러분의 성실한 답변은 학생들의 인권 상황을 이해하고, 나아가 청소년들의 인권과 처우개선에 도움을 줄 수 있는 귀중한 자료가 될 것입니다. 바쁘시더라도 솔직하게 성의껏 응답해 주시면 감사하겠습니다.

2006년 10월

(사단법인) 청소년교육전략 21 연구진 드림

본인 및 학교에 대한 질문입니다.

1. 본인 및 학교에 대한 질문입니다. 해당되는 곳에 ∨표해 주십시오.

 1) 나는 ① 남자다(   )   ② 여자다(   )

 2) 우리 학교가 있는 곳은

　　① 서울(   )　② 부산(   )　③ 대구(   )　④ 인천(   )

　　⑤ 광주(   )　⑥ 대전(   )　⑦ 울산(   )　⑧ 경기(   )

　　⑨ 강원(   )　⑩ 충북(   )　⑪ 충남(   )　⑫ 전북(   )

⑬ 전남(   )   ⑭ 경북(   )   ⑮ 경남(   )   ⑯ 제주(   )

3) 내가 사는 지역은

    ① 대도시(   )   ② 중·소도시(   )   ③ 농어촌 지역(   )

4) 우리 학교는 ① 국·공립학교(   )   ② 사립학교(   )

5) 우리 학교 역사는 (   )년

6) 우리 학교 재단은

    ① 기독교재단(   )   ② 천주교재단(   )   ③ 불교재단(   )

    ④ 원불교재단(   ) ⑤ 대순진리교재단(   ) ⑥ 비종립재단(   )

    ⑦ 기타(   )

7) 우리 학교는

    ① 남학교(   )   ② 여학교(   )   ③ 남녀공학(   )

8) 우리 학교는

    ① 중학교(   )   ② 인문계고등학교(   )

    ③ 정보산업고등학교(   )   ④ 공업고등학교(   )

    ⑤ 디자인고등학교(   )   ⑥ 외국어고등학교(   )

    ⑦ 과학고등학교(   )   ⑧ 대안중학교(   )   ⑨ 대안고등학교(   )

9) 나는 ① 1학년(   )   ② 2학년(   )   ③ 3학년(   )

학교 규칙 인지도, 제정 절차, 바람직한 제정 및 개정 절차에 대한 질문입니다.

2. 현재 '학교생활에 관한 각종 규칙(두발, 복장, 징계, 처벌 등)'에 대해 알고 있습니까?

① 잘 알고 있다(   )

② 생활지도부가 규제하는 내용으로 미루어 어렴풋이 알고 있는 정도다(   )

③ 잘 모르고 있다(   )

3. 현재 학교생활규칙이 학교 홈페이지에 실려 있습니까?
　① 있다(   )　② 없다(   )　③ 잘 모른다(   )

4. 학교생활규칙들은 다음 중 어떤 절차에 따라 만들어지고 있습니까?
　① 학생회가 학생들의 의견을 모아 초안을 작성하고, 학교운영위원회가 심의하여 만들고 바꾼다(   )
　② 학생회가 학생들의 의견을 모아 초안을 작성하고, 교무회의에서 논의한 후 학교운영위원회가 심의하여 만들고 바꾼다(   )
　③ 학생회가 학생 및 학부모들의 의견을 모아 초안을 작성하고, 학교운영위원회가 심의하여 만들고 바꾼다(   )
　④ 학생회가 학생 및 학부모들의 의견을 모아 초안을 작성하고, 교무회의에서 논의한 후 학교운영위원회가 심의하여 만들고 바꾼다(   )
　⑤ 생활지도부가 학생, 교사들의 의견을 수렴하여 초안을 작성하고, 학교운영위원회가 심의하여 만들고 바꾼다(   )
　⑥ 생활지도부가 학생, 교사들의 의견을 수렴하여 초안을 작성하고, 교무회의에서 논의한 후 학교운영위원회가 심의하여 만들고 바꾼다(   )
　⑦ 생활지도부가 학생, 교사, 학부모들의 의견을 수렴하여 초안을 작성하고, 학교운영위원회가 심의하여 만들고 바꾼다(   )
　⑧ 생활지도부가 학생, 교사, 학부모들의 의견을 수렴하여 초안을 작성하고, 교무회의에서 논의한 후 학교운영위원회가 심

의하여 만들고 바꾼다(   )

⑨ 의견수렴 절차 없이 생활지도부와 학교운영위원회에서 일방
적으로 결정한다(   )

⑩ 기타(   )

5. 학교생활규칙을 만들고 바꾸기 위해 학생들의 의견을 어떻게
수렴합니까?

① 학급회의와 학생회 회의를 거친다(   )

② 설문조사 또는 공청회를 거친다(   )

③ 학생회 대표들의 의견만 묻는다(   )

④ q게시판에 의견을 게재한다(   )

⑤ 의견 수렴 과정이 없다(   )   ⑥ 잘 모르겠다(   )

⑦ 기타(   )

6. 현재 학교생활규칙은 언제 바뀐 것입니까? (⑤번 응답자는 9번
문항으로)

① 2000년 이전(   )   ② 2001~2003년(   )

③ 2004~2005년(   )   ④ 2006년(   )   ⑤ 잘 모르겠다(   )

7. 이전의 학교생활규칙과 비교해 볼 때, 개정된 학교생활규칙 내
용에 대해 어떻게 생각하십니까?

① 이전보다 합리적이고 만족스럽다(   )

② 이전보다 완화되었지만 불만족스럽다(   )

③ 이전과 비슷하나(   )   ④ 이전보다 더 나빠졌다(   )

⑤ 잘 모르겠다(   )

8. 2000년 이후 바뀐 학교생활규칙 중 개정된 부분은 어떤 것입니까? (해당 항목 모두 표시)
① 교복 및 복장(   )   ② 양말·스타킹(   )   ③ 두발(   )
④ 장신구(   ) ⑤ 신발(   )   ⑥ 가방(   )
⑦ 학생회칙 및 학생회 활동(   )   ⑧ 징계절차(   )
⑨ 징계기준(   )   ⑩ 기타(   )

9. 학교생활규칙들은 다음 중 어떤 절차를 거쳐 만들어지고 바뀌는 것이 바람직하다고 생각하십니까?
① 학생회가 학생들의 의견을 모아 초안을 작성하고, 학교운영위원회가 심의하여 만들고 바꾼다(   )
② 학생회가 학생들의 의견을 모아 초안을 작성하고, 교무회의에서 논의한 후 학교운영위원회가 심의하여 만들고 바꾼다(   )
③ 학생회가 학생 및 학부모들의 의견을 모아 초안을 작성하고, 학교운영위원회가 심의하여 만들고 바꾼다(   )
④ 학생회가 학생 및 학부모들의 의견을 모아 초안을 작성하고, 교무회의에서 논의한 후 학교운영위원회가 심의하여 만들고 바꾼다(   )
⑤ 생활지도부가 학생, 교사들의 의견을 수렴하여 초안을 작성하고, 학교운영위원회가 심의하여 만들고 바꾼다(   )
⑥ 생활지도부가 학생, 교사들의 의견을 수렴하여 초안을 작성하고, 교무회의에서 논의한 후 학교운영위원회가 심의하여 만들고 바꾼다(   )
⑦ 생활지도부가 학생, 교사, 학부모들의 의견을 수렴하여 초안을 작성하고, 학교운영위원회가 심의하여 만들고 바꾼다(   )

⑧ 생활지도부가 학생, 교사, 학부모들의 의견을 수렴하여 초안을 작성하고, 교무회의에서 논의한 후 학교운영위원회가 심의하여 만들고 바꾼다( )

⑨ 의견수렴 절차 없이 생활지도부와 학교운영위원회에서 일방적으로 결정한다( )

⑩ 기타( )

― 설문 계속 ―

학교 규칙 준수 정도 및 인권침해 인식 정도에 관한 질문입니다.

10. 한 문항당 두 개씩 표시해 주십시오. 먼저 여러 학교 규칙들이 학교에서 지켜지는 정도에 관한 4항목에서 하나와, 그러한 규칙에 대한 여러분의 생각에 관한 4항목 중 하나를 선택하여 각각 ∨표 해 주시기 바랍니다(두 군데 표시해 주십시오).

내용	순	규 칙	현재 우리 학교에서 다음 항목은				나는 이 규칙이 학생들의 인권을 침해한다고 생각한다.			
			엄격하게 지켜짐	제대로 지켜짐	있으나 마나 함	모른다	전혀 아닌 편	아닌 편	그런 편	매우 그런 편
복장	1	학생은 교내 및 외출 시에 항상 교복을 입어야 한다.								
	2	교복의 폭이나 길이를 줄이는 등 원래 형태를 임의로 변형할 수 없다.								
	3	외투는 학생용만 허용하며 색상이 화려한 일반 외투를 입을 수 없다.								
	4	전·후면에 외래어가 표기된 겉옷을 입을 수 없다.								
	5	학생외투가 아닌 잠바류의 겉옷을 입을 수 없다.								
	6	화려한 색상의 속옷(티셔츠, 조끼, 스웨터 등)으로 입는 것을 금한다.								
	7	양말은 검은색, 흰색으로 허용하고, 성인용 스타킹이나 발목 양말, 긴 양말, 쫄양말은 금한다.								
두발	8	두발은 정해진 길이를 지켜야 한다.(예: 귀밑 5센티, 앞머리 3센티 등)								
	9	두발의 형태는 남학생은 스포츠형, 여학생은 단발 및 커트머리로 정해진 형태를 지켜야 한다.								
	10	무스, 스프레이 등을 일절 사용할 수 없다.								
	11	염색, 파마 등을 할 수 없다.								

용모	12	학생은 얼굴에 화장을 할 수 없다.							
	13	손·발톱에 일절 매니큐어를 바를 수 없다							
	14	팔찌, 귀걸이, 반지 등의 장신구 등을 착용할 수 없다.							
	15	신발은 단정한 운동화나 학생용 단화를 허용한다. 굽이 높거나, 색상이 화려하거나, 발목 위까지 길이가 긴 신발, 샌들 등은 허용하지 않는다.							
	16	학생용 가방만 허용하며, 외래어 표기나 그림이 있는 가방, 서류가방, 자루가방 등은 금한다.							
이성	17	교내에서 이성과 손을 잡는 행위를 한 경우 징계한다.							
	18	교내에서 이성과 껴안는 행위를 한 경우 징계한다.							
	19	불건전한 이성교제로 사회적 물의를 야기한 경우 징계한다.							
집회와결사	20	학교장이 허가하지 않는 동아리를 만들 수 없다.							
	21	학교장의 허가 없이 모금행위를 할 수 없다.							
	22	학교장이 허가 안 한 간행물을 제작, 배포할 수 없다.							
	23	학생 신분에 맞지 않는 정치활동을 할 수 없다.							
	24	학교장이 허가하지 않는 외부단체 행사나 집회에 참석할 수 없다.							
자치활동	25	학급 회장이나 학생회장에 출마하기 위해 성적 제한을 둔다(상위 30% 등).							
	26	학급 회장, 학생회장 출마의 생활지도규정 제한을 둔다(벌점 10점 이하 등).							

11. 현재 시행되고 있는 학교 규칙은 어떻게 지켜지고 있다고 생각하십니까?

① 모든 규칙이 자율적으로 잘 지켜지고 있다(　　)

② 학교장 또는 생활지도부장의 성향에 따라 엄해지기도 하고, 느슨해지기도 한다(　　)

③ 모든 규칙이 제대로 지켜지지 않고 있다(　　)

④ 잘 모르겠다(   )

처벌 여부, 처벌 종류, 지도 방법, 징계 처리에 관한 질문입니다.

12. 본인은 학기 초인 3월부터 지금까지 위의 규칙들 중 적어도 하나를 어겨서 처벌받은 적이 있습니까?
    ① 아니다(   ) ② 그렇다(   ) ③ 잘 모르겠다(   )

13. 본인은 위의 규칙들을 어길 경우 주로 어떤 종류의 처벌을 받는 것이 가장 바람직하다고 생각하십니까?
    ① 처벌 받지 않음(   ) ② 훈계 또는 잔소리를 들음(   )
    ③ 교내봉사(   ) ④ 사회봉사(   ) ⑤ 특별교육(   )
    ⑥ 기합을 받음(   ) ⑦ 몽둥이나 회초리로 맞음(   )
    ⑧ 손 또는 발로 맞음(   ) ⑨ 벌점(   )
    ⑩ 기타(   )

14. 학교의 규칙을 어긴 학생을 지도하는 방법들입니다. 본인은 어떻게 생각하십니까?

순	징계방법	적극 반대	반대	찬성	적극 찬성
1	훈계한다.				
2	교내봉사, 사회봉사 등의 방법으로 지도한다.				
3	환경, 생태 공동체나 종교시설 등에 위탁하여 특별교육을 받되, 그 기간을 출석으로 인정한다.				
4	규정된 몽둥이나 회초리로 규정된 부위를 엄하게 체벌한다.				
5	벌점제를 도입하여 벌점의 누계에 따라 징계하는 방법으로 지도한다.				
6	학생회에서 자율적인 선도활동을 벌이고, 공동체적 학교생활을 통해 문제를 시인하고 교정하게 한다.				
7	상담전문가의 학교 순회를 통한 상담으로 자신을 돌아보게 한다.				

15. 학교에서 징계 받은 적이 있는 경우에만 응답해 주세요. 징계 시 어떻게 처리되었습니까?

순	항 목	아니다	그렇다
1	징계절차에 대해 통보를 받은 적이 있습니까?		
2	징계결정 전 소명의 기회를 얻은 적이 있습니까?		
3	징계과정에서의 전문가의 지원을 받은 적이 있습니까?		

학교생활 인권침해 여부, 인권침해 대응 방안에 관한 질문입니다.

16. 지난 학기 학교생활 중 본인은 다음의 각 항목들에 해당되는
    것을 얼마나 자주 경험하셨습니까?

순	경험 여부	전혀 없다	한두 번 정도	서너 번 정도	다섯 번 이상
1	가정배경에 따라 다르게 대우받은 적이 있다.				
2	성별에 따라 다르게 대우받은 적이 있다.				
3	성적에 따라 다르게 대우받은 적이 있다.				
4	임원이냐 아니냐에 따라 다르게 대우받은 적이 있다.				
5	외모에 따라 다르게 대우받은 적이 있다.				
6	두발에 대한 부당한 간섭을 받은 적이 있다.				
7	복장에 대해 부당한 간섭을 받은 적이 있다.				
8	매체를 통한 의견 표현의 자유를 침해당한 적이 있다.				
9	교사나 학교 측에 의견전달을 묵살당한 적이 있다.				
10	학칙을 만들 때나 개정 시 참여를 제한당한 적이 있다.				
11	국가, 정치에 대한 선생님으로부터의 설명에 반기를 들어 혼난 적이 있다.				
12	국기에 대한 경례를 하지 않는 등의 행위로 혼난 적이 있다.				
13	학교 측에서 정한 예배와 같은 종교행사를 강요당한 적이 있다.				
14	학생회와 같은 자치활동의 참여권, 선거권 등의 제약을 느낀 적이 있다.				
15	학생회 연합 및 교외 서클 활동에 제약을 느낀 적이 있다.				
16	외부 집회 참여에 제약을 느낀 적이 있다.				
17	일기장 검사를 당한 적이 있다.				
18	소지품 검사를 당한 적이 있다.				
19	사적 정보를 공개당한 적이 있다.				
20	통신(서신 왕래 등)의 자유를 침해당한 적이 있다.				
21	교사에게 신체적 폭력(체벌)을 당한 적이 있다.				
22	교사에게 언어적 폭력(심한 꾸지람 혹은 욕이나 위협적인 언행)을 당한 적이 있다.				

순	경험 여부	전혀 없다	한두 번 정도	서너 번 정도	다섯 번 이상
23	친구 및 선·후배에게 신체적 폭력을 당한 적이 있다.				
24	친구 및 선·후배에게 언어적 폭력을 당한 적이 있다.				
25	교사에게 심부름, 강제 노력 등을 강요받은 적이 있다.				
26	교사나 학교로부터 억울한 처벌을 받은 적이 있다.				
27	교사나 학교로부터 야간자율학습, 보충학습 등을 강요 받은 적이 있다.				

17. 여학생 교복에 바지가 있습니까?(남학교 학생은 다음 18번 문항으로)

① 치마 교복만 있다( ) ② 치마 및 바지를 선택할 수 있다( )

③ 바지교복만 있다( ) ④ 잘 모르겠다( )

⑤ 기타(   )

18. 학교에 CCTV가 설치되어 있습니까?

① 있다( ) ② 없다( ) ③ 잘 모르겠다( )

19. 학교에 CCTV가 설치되어 있는 것에 대해 어떻게 생각하십니까?

① 기물 도난 및 비행 등 교내에서 일어나는 사건들을 추적하기 위해 필요하다고 생각한다( )

② 설치되어 있든, 없든 상관없다( )

③ CCTV는 학생 및 교사 등 교직원의 행위를 감시하는 것이므로, 설치하지 않았으면 좋겠다( )

④ 기타 (   )

20. 교사나 학교로부터 인권침해를 당했다고 판단되는 경우, 어떻게 하는 것이 가장 바람직하다고 생각하십니까?

① 교사나 학교로부터 당한 것이므로, 그냥 넘어간다(   )

② 교사나 학교로부터 당한 인권침해 사항을 상담할 수 있는 창구를 마련해야 한다(   )

③ 시·도교육청이나 교육인적자원부 차원에서 강력하게 감시하고 징계해야 한다(   )

④ 잘 모르겠다(   )

⑤ 기타 (   )

청소년 권리 인식 정도에 관한 질문입니다.

21. 청소년 권리에 대한 다음 각 항목들에 대해 어떻게 생각하십니까?

순	항 목	전혀 중요하지 않다	중요 하지 않다	중요 하다	매우 중요 하다
1	청소년은 출신·성별·종교·학력·연령·지역·장애 등을 이유로 차별받지 않을 권리를 가진다.				
2	청소년은 자신의 두발, 복장 등을 자유롭게 선택할 권리를 가진다.				
3	청소년은 다양한 매체를 통하여 자신이 삶에 필요한 정보에 접근할 권리를 가진다.				
4	청소년은 자신의 삶과 관련된 학교의 정책결정과정에 민주적 절차에 따라 참여할 권리를 가진다.				
5	청소년은 국가적, 정치적인 자신의 생각과 느낌을 자유롭게 펼칠 권리를 가진다.				
6	청소년은 자신의 종교적 신념과 다른 종교 활동을 거부할 권리를 가진다.				

순	항 목	전혀 중요하지 않다	중요 하지 않다	중요 하다	매우 중요 하다
7	청소년은 학교의 자치활동에 자유롭고 평등하게 참여할 권리를 가진다.				
8	청소년은 자유로이 동아리, 서클 등을 결성하고 활동할 권리를 가진다.				
9	청소년은 사생활 침해(소지품 검사, 몸수색 등)를 받지 않을 권리를 가진다.				
10	청소년은 물리적 폭력과 정신적인 폭력으로부터 보호받을 권리를 가진다.				
11	청소년을 징계하거나 처벌하려면 합리적인 절차와 규정에 따라야 한다.				
12	청소년은 징계절차 과정에 참여하여 자신을 변호할 권리를 가진다.				
13	청소년은 일할 권리와 직업을 선택할 권리를 가진다.				

인권침해 방지 과제, 인권 교육 필요성에 관한 질문입니다.

22. 선생님들은 학생들의 인권을 어느 정도 지켜준다고 생각하십니까?
  ① 매우 잘 지켜주고 있다( ) ② 잘 지켜주고 있다( )
  ③ 보통이다( ) ④ 잘 지켜주지 못하고 있다( )
  ⑤ 전혀 지켜주지 못하고 있다( )

23. 학교가 학생들의 인권을 잘 지켜주지 못하는 가장 큰 이유는 무엇이라고 생각하십니까?
  ① 학생 수가 많아 통제위주로 지도할 수밖에 없기 때문( )
  ② 학생의 인권침해를 감시하는 제도나 장치가 미흡하기 때문( )
  ③ 학교 규칙 자체가 인권침해적 내용이기 때문( )
  ④ 학교제도가 형식적으로 운영(예를 들어 소리함 같은 것이 있

으나 제대로 반영되지 못함)되기 때문(　)

⑤ 교사에 대한 인권 교육이 미비하기 때문(　)

⑥ 인권 교육 프로그램이 잘 개발되어 있지 않기 때문(　)

⑦ 교사의 인격적 자질이 부족하기 때문(　)

⑧ 기타(　　　　　　　　　　)

24. 학생들의 인권침해를 막기 위해 가장 우선해야 할 과제는 무엇이라고 생각하십니까?

　① 학생 수의 축소(　)

　② 학생의 인권침해를 감시하는 제도나 장치 마련(　)

　③ 학교 규칙의 인권침해적 요소를 없애고 자율적으로 제정(　)

　④ 학생 및 교사에 대한 인권 교육 강화(　)

　⑤ 체험적 인권 교육 프로그램 개발 및 운영(　)

　⑥ 교사의 인격적 자질 함양(　)

　⑦ 상담 교사를 통한 인권 상담기회 확대(　)

　⑧ 기타(　　　　　　　　　　)

25. 청소년이 누려야 할 인권에 대해 교육받은 경험이 있습니까?

　① 있다(　)　② 없다(　)

26. 학생 대상의 청소년 인권교육의 필요성에 대해 어떻게 생각하십니까?

　① 반드시 필요하다(　)　② 필요하다(　)

　③ 필요하지 않다(　)　④ 잘 모르겠다(　)

27. 교사 대상의 청소년 인권교육의 필요성에 대해 어떻게 생각하
십니까?

① 반드시 필요하다(   )   ② 필요하다(   )

③ 필요하지 않다(   )   ④ 잘 모르겠다(   )

건강권 침해에 관한 질문입니다.

28. 학교의 급식시간은 어떻게 정해져 있습니까?

① 특별한 규칙 없이 점심시간 내내 식사 가능(   )

② 학년이나 학급별로 식사 시간 제한(   ) ③ 모른다(   )

④ 기타(   )

29. 학교의 급식장소는 어디입니까?

① 교실(   )   ② 식당(   )   ③ 모른다(   )

④ 기타(   )

30. 학교의 급식방식은 무엇입니까?

① 학교직영(   )   ② 급식업체위탁(   )   ③ 모른다(   )

④ 기타(   )

31. 학생증을 통한 바코드 처리나 지문인식기를 통해 급식비를 내지
못한 학생들에게 '급식불가'라는 메시지가 표시되고 있습니까?

① 바코드기나 지문인식기가 없다(   )

② 바코드나 지문인식기를 사용하며, '급식불가'라는 메시지가
표시된다(   )

③ 바코드나 지문인식기를 사용하나, '급식불가'라는 메시지는 표시되지 않는다(   )

④ 잘 모르겠다(   )

⑤ 기타(   )

32. 학생증을 통한 바코드 처리나 지문인식기를 통해 급식비를 내지 못한 학생들에게 '급식불가'라는 메시지가 표시되는 것에 어떻게 생각하십니까?

① 인권침해라고 생각한다(   )   ② 잘 모르겠다(   )

③ 인권침해라고 생각하지 않는다(   )

④ 기타(   )

33. 본교에서 지방자치단체로부터 급식비를 지원받는 학생들이 배식에 동원되고 있습니까?

① 있다(   )   ② 없다(   )   ③ 잘 모르겠다(   )

34. 학교의 급식과 관련한 문항입니다. 해당되는 곳에 ∨표 해 주시기 바랍니다.

순	항 목	전혀 아님	아닌 편	그런 편	매우 그림
1	급식시간은 식사를 여유 있게 할 만큼 넉넉하다.				
2	급식장소는 불쾌하지 않을 정도로 넉넉한 공간을 준다.				
3	식사의 양은 충분하게 주어진다.				
4	음식 열량의 고려 등 균형 있는 식단이 제공된다.				
5	패스트푸드나 인스턴트식품을 사용하지 않는다.				

순	항 목	전혀 아님	아닌 편	그런 편	매우 그럼
6	신선하고 좋은 음식재료를 사용한다.				
7	학생 급식과 교직원 식당의 식사 질이 동등하다.				
8	급식 메뉴 결정에 학생, 학부모의 의견이 반영된다.				
9	급식 업자나 담당자 선정에 학생, 학부모의 의견이 반영된다.				
10	현재 급식 업체나 담당자가 계속했으면 한다.				

35. 학교 건물 및 시설과 관련한 건강권에 대한 만족도는 얼마나 되십니까? (①, ②, ③번 응답자는 37번 문항으로)

　① 매우 만족한다(　)　② 만족한다(　)　③ 보통이다(　)

　④ 불만족한다(　)　⑤ 매우 불만족한다(　)

36. 학교 건물 및 시설이 건강을 해친다고 생각하는 측면은 어떤 것입니까?

　① 건물 간의 간격이 좁아 일조권을 침해하고 있다(　)

　② 건물 및 시설이 오래되고 낡아 다칠 위험이 있다(　)

　③ 환풍이 되지 않는다(　)

　④ 냉·난방기 등 시설이 되어 있지 않다(　)

　⑤ 식수가 제대로 마련되어 있지 않다(　)

　⑥ 기타(　　　　　　　　　　　　　　　　　　)

일할 권리에 관한 질문입니다.

37. 자신이 학교 공부 이외에 아르바이트나 일할 기회를 갖는 것에 대해 어떻게 생각하십니까? (③, ④번 응답자는 39번 문항

으로)

① 기회가 꼭 있었으면 좋겠다(   )

② 기회가 되면 경험해 보는 것이 좋다(   )

③ 학교 공부에 전념했으면 좋겠다(   )   ④ 잘 모르겠다(   )

38. 자신에게 아르바이트나 일할 기회는 실제 얼마나 있었습니까?

① 원하는 대로 쉽게 얻어 일할 수 있었다(   )

② 몇 번의 기회를 얻어 일할 수 있었다(   )

③ 몇 번의 기회가 있었으나 일하지 않았다(   )

④ 잘 모르겠다(   )

39. 지난 1년간 아르바이트나 일한 경험이 있습니까? (②번 응답
자는 42번 문항으로)

① 있다(   )   ② 없다(   )

40. 지난 1년 동안 했던 아르바이트 중 가장 많은 시간 일한 것은
무엇이었습니까?

① 일반 사무(   )   ② 컴퓨터 / 전산(   )   ③ 과외지도(   )

④ 관광가이드 / 통역(   )   ⑤ 고객상담 / 텔레마케터(   )

⑥ 주방보조 / 서빙(   )   ⑦ 매장 / 판매 / 편의점(   )

⑧ 배달 / 운반 / 물류(   )   ⑨ 일용직 / 노무(   )

⑩ 청소(   )   ⑪ 주차 / 운전 / 주유소(   )

⑫ 기타 (   )

41. 아르바이트를 하면서 다음과 같은 일을 경험한 적 있습니까?

순	문항	예	아니오
1	근로 계약서를 작성하고 서명하였다.		
2	임금을 제때 주지 않거나 원래 약속한 것보다 적게 주었다.		
3	원래 약속한 것보다 더 많은 시간 동안 일하게 하였다.		
4	밤 10시 이후 심야 근무를 강요하였다.		
5	위험한 일을 할 것을 강요하였다.		
6	업주나 상급자로부터 폭력이나 협박을 받았다.		
7	업주나 상급자로부터 성폭력이나 성희롱을 받았다.		

다음은 여러분의 신상에 대한 질문으로, 개인이 아닌 집단 간의 차이를 알아보기 위한 것입니다. 절대로 공개되지 않을 것이므로 솔직하게 답변해 주시기 바랍니다.

42. 본인이 지난 학기에 가장 잘 본 시험의 점수는 몇 점이였습니까?
　　① 60점 이하(　　) ② 61~70점(　　) ③ 71~80점(　　)
　　④ 81~90점(　　) ⑤ 91점 이상(　　)

43. 아버님의 최종 학력은 어떻게 됩니까?
　　① 중졸 이하(　　) ② 고교 중퇴(　　) ③ 고졸(　　)
　　④ 전문대 중퇴(　　) ⑤ 전문대졸(　　)
　　⑥ 대학교 중퇴(　　) ⑦ 대졸(　　) ⑧ 석사(　　) ⑨ 박사(　　)

44. 어머님의 최종 학력은 어떻게 됩니까?
　　① 중졸 이하(　　) ② 고교 중퇴(　　) ③ 고졸(　　)

④ 전문대 중퇴(   ) ⑤ 전문대졸(   ) ⑥ 대학교 중퇴(   )

⑦ 대졸(   ) ⑧ 석사(   ) ⑨ 박사(   )

45. 본인의 가정 월평균 소득은 어느 정도입니까?

① 100만 원 이하(   ) ② 100~200만 원 미만(   )

③ 200~300만 원 미만(   ) ④ 300~400만 원 미만(   )

⑤ 400~500만 원 미만(   ) ⑥ 500만 원 이상(   )

46. 본인의 종교는 어떤 것입니까?

① 무교(   ) ② 기독교(   ) ③ 천주교(   ) ④ 불교(   )

⑤ 원불교(   ) ⑥ 통일교(   ) ⑦ 증산교(   )

⑧ 기타(   )

♣ 모두 끝났습니다. 대단히 수고하셨습니다. ♣

저자약력

권재원은 서울대학교 사범대학 독어교육과를 졸업하고, 같은 학교 대학원 사회교육과에서 교육학 박사학위를 받았다. 15년간 중학교에서 사회를 가르쳤으며, 청소년 인권과 문화에 깊은 관심을 가지고 많은 연구를 수행하였다.

서울대학교, 방송통신대학교, 상명대학교 등에서 강의하였고, 현재 참교육연구소 부소장으로 있으면서 전통주의와 인간자본론을 극복하고 학습자의 권리가 중심이 되는 복지로서의 교육이라는 화두를 놓고 씨름하고 있다.

본 도서는 한국학술정보(주)와 저작자 간에 전송권 및 출판권 계약이 체결된 도서로서, 당사와의 계약에 의해 이 도서를 구매한 도서관은 대학(동일 캠퍼스) 내에서 정당한 이용권자(재적학생 및 교직원)에게 전송할 수 있는 권리를 보유하게 됩니다. 그러나 다른 지역으로의 전송과 정당한 이용권자 이외의 이용은 금지되어 있습니다.

학교에서의 청소년 인권

- 초판 인쇄   2008년 6월 10일
- 초판 발행   2008년 6월 10일

- 지 은 이   권재원
- 펴 낸 이   채종준
- 펴 낸 곳   한국학술정보㈜
            경기도 파주시 교하읍 문발리 513-5
            파주출판문화정보산업단지
            전화 031) 908-3181(대표) · 팩스 031) 908-3189
            홈페이지 http://www.kstudy.com
            e-mail(출판사업부) publish@kstudy.com
- 등   록   제일산-115호(2000. 6. 19)
- 가   격   29,000원

ISBN   978-89-534-9331-5 93370 (Paper Book)
        978-89-534-9332-2 98370 (e-Book)